我们美丽的母语

徐鲁的24堂阅读课

徐鲁——著

长江出版传媒　崇文书局

图书在版编目（CIP）数据

我们美丽的母语：徐鲁的24堂阅读课 / 徐鲁著. ――

武汉 ： 崇文书局，2016.9

（作家走进校园）

ISBN 978-7-5403-4208-1

Ⅰ．①我… Ⅱ．①徐… Ⅲ．①阅读课－中小学－课外
读物 Ⅳ．①G634.333

中国版本图书馆CIP数据核字(2016)第180836号

责任编辑：高娟 刘雨晴　　　　　　　　责任校对：胡英
装帧设计：壹诺　　　　　　　　　　　　责任印制：李佳超

出　　版：长江出版传媒　崇文书局
地　　址：武汉市雄楚大街268号湖北出版文化城C座11层　　　邮编：430070
出版发行：崇文书局
发行热线：027-87293001
网　　址：www.cwbook.cn
印　　刷：武汉卓冠印务有限公司

开　本：680×900　　1/16　　　　　印　张：19.5
版　次：2016年9月第1版　　　　　　印　次：2016年9月第1次印刷
字　数：304千字

定价：29.80元

《作家走进校园》序

肖复兴

崇文书局编辑出版一套"作家走进校园"丛书，其中选有我的一本，我感到很荣幸，又嘱我为这套丛书作序，我更感到荣幸。看看加盟丛书的其他几位作家朋友，和我年龄相仿，便想当年和读这套丛书的中小学生一样，也曾经是个学生，坐在校园里，渴望作家能够走进校园，和他们促膝交谈，将心中缤纷如花的一些想法，和纷乱如云未解的困惑，抛给他们，问问他们，听听他们怎么说。这会是一种很有意思的参照物。

我没有赶上这样的好时候，在我读中学的整个六年中，没有见过一位作家走进我们的校园。但是，我应该还是幸运的。初二的那一年，我们学校的特级数学教师阎述诗先生去世了，诗人光未然写来一封悼念的信，贴在了校园的板报上。因为抗战期间阎述诗先生为光未然的《五月的鲜花》谱曲，这首著名而动人的歌曲，至今仍在传唱。这是我第一次见到作家的笔迹，趴在板报前仔细地看，想看看和我们学生写在作文本上的作文有什么差别。光未然的这封信，引起我对作家的兴趣和想象。

初三的暑假，我见到的第一位作家是前辈叶圣陶先生。虽然不是在我们的校园，而是在他的家中，但因是第一次见到作家，而且是蜚声中外真正的作家，心里很是激动。和他交谈之后，再来读他的文章，感觉不一样。记得那时在语文课本里读他的《多收了三五斗》，在他的书中读《稻草人》和《春联儿》，真的学到了很多东西。这个难忘的印象，写进收入小学语文课本里的《那片绿绿的爬山虎》。

高一的那一年，冰心先生的散文集《樱花赞》出版了，我买了一本。那是我读到冰心先生的第一部作品，对她充满想象。可惜，我见不到她，她从未走进我们的校园。我便在学校的图书馆里找到她出版的所有作品集，并且整本抄录了她的《往事（二）》。未见其人，却在文字中是那样的熟悉，冰心先生的这些书籍，对我青春期的成长是至关重要的。我应该格外感谢在那时候在校园里和冰心先生的邂逅，当然，指的是和她的作品的邂逅。

作家走进校园，更重要的是作家的作品走进校园。从而使得学生们更方便地读到作家所写的适合他们阅读的作品。这是最为重要的。

其实，这是一种双向的选择，相互的走进。既是作家走进校园，也是同学们走进作家，在校园里的邂逅与碰撞，撞击出的火花才会璀璨而有趣。校园的青春气息，同学们的爱恨情愁，乃至叹息和痛苦，在作家的文字中可以找到幽婉的回声。同学们内心深处激荡起的涟漪，会在作家作品的风的吹拂下，变得惆怅，也变得摇曳生姿，是那样的清澈见底，清纯可爱，活色生香。

因此，作家走进校园和同学们的邂逅，是多了一些大朋友和同学们进行交流的平台，让同学们多了一些青春别样的参照物，多了一些成长有益的文本，多了一些情感丰富的密码，而不仅囿于作文成绩的提高，从中只是为找到一些写作的方法，或摘抄一些漂亮的词句，然后在自己的作文中去现兑现买。

我一直这样认为，青春季节的阅读，是人生之中最为美好的状态。实现这种美好的状态，需要和现在的三种阅读状态做决绝的斗争，便是拇指阅读、碎片阅读和实用主义阅读。拇指阅读，指的是现在越来越普遍的手机微信，所谓"两耳不闻窗外事，一心只读朋友圈"。碎片阅读，指的是现在流行的网络阅读方式，这种方式，更多获取的是信息，而信息和阅读是两码事。实用主义阅读，前面所说的只是为了写作文，便是实用主义阅读的一种。

实现这种美好的阅读状态，首先要坐下来，找到适合自己并且自己真正喜欢的作品认真去读。这种阅读，会让你的心里充满美感、善感和敏感，会让你和现实拉开一点距离，对生活的未来充满一点想象，总觉得会有什么事情一定发生，而即将发生的那一切将会都是很美好的。我以为，这就是这种阅读状态给予一个正在成长的中小学生最重要的收益了。

青春季节的阅读，融化在青春的血液里，镌刻在青春的生命中，让我们一生受用无穷。而在这些的阅读之中，文学书籍的作用在于滋润我们的心灵，给予我们的温馨和美感，以及善感和敏感，是无可取代的。日后我们长大当然可以再来阅读这些书籍，但和青春时的阅读已是两回事，所有的感觉和吸收都是不一样的。青春季节的阅读和青春一样，都是一次性的，无法弥补。一切可以从头再来，只是安慰自己于一时的童话。

青春季节的阅读，确实是最美好的人生状态，是青春最好的保鲜和美容，是生命最好的回忆和纪念。

崇文书局出版的这套"作家走进校园"，是一次很有意义的尝试。他们选择的作家，是为同学们所熟悉的；他们选择的文章，是语文教材和考试试题中同学们所常见的。这套丛书，便为作家和同学之间搭建了这样一个更为方便和通畅的平台与通道，让彼此有一次邂逅，有一个选择，有一种碰撞。我相信，不会让同学们失望的。如果从这里，你们能够获取一点感悟和力量，听到一点发自内心真诚的声音，发现到一点青春成长的轨迹，当然，还能多一点文字与情感表达的方法和能力的话，我相信你们肯定不会虚度年华，而会长得结实而丰腴，一夜恨不高千尺地长大。回过头，你会感谢这套丛书或这套丛书的某一本。那么，我要代表加盟这套丛书的作家们说，也要谢谢你！

2016年五一劳动节前夕于北京

目　录

第 13 堂课　伟大的风范

第 14 堂课　暴风雨中的伙伴

第 15 堂课　感恩的诗

第 16 堂课　游戏的童年（上）

第①堂课

亲亲大自然（上）

【阅读提示】

大自然就像一首最美丽的乐曲，需要我们所有人一起来演奏。我们不妨这样想象一下：每天，当黎明到来的时候，溪流叮叮咚咚；瀑布轰轰隆隆；风儿踩过森林绿色的树梢，就像纤细的手指奏着悦耳的风琴……画眉、锦鸡、杜鹃、啄木鸟、蜂鸟和快乐的小麻雀，还有许多我们叫不出名字的小鸟，都在森林里开始了盛大的歌咏比赛，歌声响彻了整座森林。所有的小动物和绿色植物，一同在早晨醒来，亲密得就像一家人——小鹿在清亮的溪边饮水；小松鼠在晨光里打开房门；啄木鸟在大树上向大家问早安……

啊，美丽的大自然，她是我们人类和动物共同的家园。让我们像爱护自己的亲人和生命一样去爱护她吧。大自然是一首美妙的乐曲，每一个热爱大自然的孩子，都是这首乐曲里的一个小小的、金色的音符。

于是我想到，为什么不用自己的笔，也来写一写我心中的大自然呢？例如，春天的田野上有些什么植物？平常我们能看见哪些乡间小鸟？还有柳树的美丽、桑叶的珍贵，还有刺猬、松鼠、大雁和乌鸦的生活，蟋蟀和知了的歌声等等。

下面的这组小散文，写的就是大自然的花草树木、小鸟昆虫带给我们的快乐。这也是大自然对我们的恩赐，是大自然妈妈送给我们这些乡村小孩子的"免费的午餐"。我们每一个人，都应该怀着感恩的心，去爱护和尊重大自然，去探索和认识那些花花草草、鸟兽鱼虫。走近大自然，其实就是去和大自然做一些"最亲密接触"，就是在大自然妈妈温暖的怀抱里快乐地散步。

亲亲大自然，这是一个多么美好的愿望啊！大自然是属于每一个人的，我们都不应该去伤害她、破坏她，也不应该去疏远她和冷落她，而应该像善待我们的生命一样去善待她、珍视她。

迎春花

传说很久很久以前，有一天，花神召集百花，商议谁在什么季节开放。

当冰雪还未融化，北风还在呼呼地吹着，一切都瑟缩在寒冷的梦中的时候，谁愿意踏着刺骨的冰雪到人间去，向人们预告春天呢？

玫瑰、牡丹、芍药、莲花……都默不作声。

沉默中，一个小姑娘毅然站出来，轻声说道："让我去，好吗？"

小姑娘诚恳的目光里含着深切的期待。

花神吃惊地看着这个娇弱而勇敢的小姑娘：她是那么天真，又是那么自信；她穿着鹅黄色的裙子，就像一个从没见过生人的小孩子似的，不胜娇羞。

最后，花神微笑着点了点头，说："去吧，只有你，才属于春天！"

她送给小姑娘一个美丽的名字——迎春。

迎春花只是稍稍打扮了一下，在发辫上插了一朵金黄色的、散发着淡淡清香的小花，便告别众多的姐妹，独自来到了人间……

啊，迎春花，迎春花！

她来到我们中间时，大地还被厚厚的冰雪覆盖着，春天还在远处的路上，孩子们还在做着堆雪人的梦呢！

可是，迎春花是春天和大地的女儿。她来了，一切都渐渐变得温暖起来，一切都变得湿润起来。小河悄悄解冻了，雪花在天空化为细雨，泥土变得松软了，小草在悄悄返青，所有冬眠的生命，都开始悄悄地苏醒了……

绿色，绿色，最美丽的颜色

这是三月里的一天下午，我在晴朗的郊外漫步。

风儿吹来一阵阵泥土的芬芳，还有香樟树的嫩芽儿的清香。布谷鸟和云雀欢叫着飞过蓝色的天空，白云像透明的锡纸一样发出耀眼的光亮。我的脚边是一片片金色的、灿烂的油菜花地，那耀眼的金光仿佛要蔓延遍整个山野。一些我叫不出名字的野花和小草，也在尽情地摇曳着，像欢乐的舞蹈着的小孩子一样。春天的大自然就像一首美丽的歌曲，充满了柔和的旋律。

这时候，一队小学生和他们的老师一起，唱着歌儿从公路那边走过来。他们打着鲜艳的队旗，有的提着水桶，有的扛着铁锹，走在最后面的几个小男生还抬着捆成捆的小树苗。

他们是一群来到郊外植树的孩子。他们是那么快乐和活泼，就像一群来到原野上迎接春天、打扮春天的小天使。不用说，他们将在大地上给我们留下一片青青的小树林。其实，他们站在一起欢欢笑笑的，已经使我觉得，他们就是一片青青的、正在生长着的小树林。他们明天就会长大的，他们会用像小树林一样茁壮的手臂，托起这个世界未来的太阳！

这时候，我一下子想起一种可爱的小鸟来了。

在遥远的美洲，有一种名叫"卡西亚"的小鸟，每到春天，它们就成群结队地飞到野外，采集一些嫩绿的甜柳枝条，然后衔在嘴里，飞到一片空旷的草地上去"会餐"。它们在食用时有一个良好的习惯：先用嘴在地上啄个小洞，把柳条儿插在地上，然后才开始美美地品尝那嫩嫩的甜柳树芽儿。等到树芽儿吃完了，剩下的那些光秃秃的枝条，沐浴着春天的阳光雨露，很快就会长出根来，发出新芽，不久，便会长成青青的、小小的柳树苗了，一片片的，遍布整个旷野。

当地的人们给了这种小鸟一个美丽的称号，叫"植树鸟"。

我在想，我是不是可以把眼前这群在原野上打扮春天的小学生，也称为"卡西亚"———一群小小的"植树鸟"呢？

我们今天的这个世界，太需要花草树木了，太需要绿色了！绿色，绿色，这是我们这个世界最美丽的颜色。我们每个人都应该去为我们的大地增添更多的绿荫、鸟语和花香。

假如我们每个人都能在新来的春天里，去种植一棵小树，或者去保护好一株绿色植物，那时候我们就会发现，我们的世界是多么美啊！我们每天都像是生活在碧绿的、清新的大自然妈妈的身旁，不论是城市里的人还是乡村里的人，我们每天都将听见柔和的大自然的乐曲，闻见大自然芬芳的气息，领受到她像妈妈的手指一样轻轻的、温柔的爱抚……

但愿一切的污染都从我们的身边里消失，万物都欣欣向荣，相亲相爱，像生活在一个和谐的大家庭里一样。

那么，为了这样一个美好的愿望，就让我们每个人都像这些打扮春天的小天使一样，像小小的"植树鸟"一样，热爱春天，热爱我们的大自然吧！付出我们的真情和努力，去保护好我们身边的每一株绿色植物吧！

年年柳色，年年春风。

绿色，绿色，永远是我们这个世界最美丽的颜色。

故乡的野菜

"我们的田野,美丽的田野,碧绿的河水流过无边的稻田,好像起伏的海面……"一曲纯真的童声合唱,又把我带回到了童年时代的田野上。

这是北方三月的田野,布谷鸟和燕子又从南方飞回来了,太阳含笑在粉红色的桃花和月白色的梨花上。

想起田野,我首先就会想起童年时在田野上剜野菜的情景。那些青青的野菜,现在生活在城市的孩子们不仅没有吃过,也许连看也没有看见过呢,更不用说去剜野菜了。

然而,我们这一代从小生活在乡村的孩子,却是吃着四季的野菜长大的。清苦和甘美的野菜,喂养了我们贫瘠的童年;嫩绿的野菜,生长在我们记忆的田野上。这是大地妈妈默默的恩赐。

我们感谢乡村的田野,感谢田野上生生不息的野菜,而且在离开了乡村之后,会常常怀念那些野菜。剜野菜是我小时候最难忘的记忆之一。

春天来了,马齿苋发芽了。路边、荒地、山坡上,都能找到长得又肥又嫩的马齿苋。不知道为什么,我们那里又把马齿苋叫作"蚂蚱菜"。

马齿苋的茎是紫红色的,肥肥的,嫩嫩的;它的叶子是圆形的,看上去也是厚厚的,嫩嫩的。挖起一株马齿苋来拿在手上,觉得沉甸甸的。马齿苋洗净了,用开水烫一下,切碎,可以凉拌着吃;也可以洗净晾干,放到冬天,再泡开,剁碎,包包子吃。马齿苋是凉性的野菜,吃起来有点酸味儿。

爷爷曾告诉过我,马齿苋还可以切碎用来喂画眉鸟。因为画眉鸟总是不停地唱歌,容易上火,吃了马齿苋就可以清火了。

灰灰菜也是北方田野上最普通的一种野菜,总是成片成片地生长在荒坡和耕地里,农民们称它们是"贱菜",因为它们无论在什么地方都很容易成活和生长。

司马迁在《史记·太史公自序》里说:"粝粢之食,藜藿之羹。"藜藿,就是指灰灰菜。它的花穗和嫩苗都可以当蔬菜吃。如果你仔细品味，会尝出灰灰菜的味道里有一点儿碱的味道，那是泥土的味道。

灰灰菜的叶很奇特，顶端的嫩叶总是粉红色的，而叶子背面有一层灰绿色的粉霜。春天是灰灰菜最嫩的季节。小时候，每到春天的下午，我们一放了学，就会挎着篮子到田野上去。

干什么去呢？当然是去剜肥肥的灰灰菜啦。

香椿芽不是长在野地里的野菜，而是高高的香椿树的幼芽和嫩叶儿。不过，它可以当野菜来吃。香椿芽儿吃起来清香可口。

农人们说："房前一棵椿，椿菜常不断。"从清明到立夏前这段日子里，香椿芽儿可以多次采摘，越采摘它越长得丰盈。

和香椿树的样子长得很像的，还有一种臭椿树。臭椿树叶总是散发着一股淡淡的臭味，当然是不能吃的。而且，臭椿树也不像香椿树那样高大，树身长不高，更长不成材料，只能砍下来当柴火烧。

榆钱儿也不是长在地里的野菜，而是榆树的嫩果儿。

初春时节，老榆树的叶子还没有长出来，花却先开了，一簇簇地开在老榆树的叶片下，不久便结出带有圆翅的果实。榆树果儿在圆翅的当中，看上去好像古时候的铜钱，所以农人们就把它叫作"榆钱儿"。

榆钱儿一串一串地挂满枝头，黄绿鲜嫩，可以摘回家当菜吃，味道清甜芬芳。不过，榆钱儿寿命很短，成熟后一个月左右就不会再发芽了。成熟了的榆钱儿就不好吃了，不过可以捡来做成"榆钱儿项链"戴着玩儿。

除了榆钱儿，老榆树的皮也可以剥下来，晒干，磨成榆皮面粉。榆皮面和小麦粉面混合在一起，可以做成馒头吃，吃起来也很香。

在过去遇到饥荒的年月里，农民们都吃过榆钱儿或榆皮面。我小时候，就多次吃过妈妈采回来的榆钱儿。现在生活富足了，很少有人再去吃榆钱儿和榆皮面馒头了。不过，如果你看到刚刚结出的嫩绿的榆钱儿，也可以摘一些吃一点儿，尝尝味道怎么样。然后还可以得意地告诉别人说："没错，我也吃过榆钱儿。"

春天的早晨，特别是下了一场小雨之后，小街上就会传来叫卖枸杞头的声音。卖枸杞头的大都是小姑娘，她们的声音又脆又亮，像唱歌一样："卖枸杞头哎！卖枸杞头哎——"

鲜嫩的枸杞头就放在她们的小篮子里，枸杞头的嫩叶上还带着亮晶晶的雨点儿呢。枸杞是春天的野地里常见的一种绿色植物。把它的嫩茎头掐下来，就是可以当野菜吃的枸杞头了。

枸杞头很容易采到，在春天的田野上、小路边，一会儿就可以采摘到一小堆。春天吃枸杞头，可以清心败火，味道也很清香。枸杞头可以炒着吃，也可以切碎，加香油凉拌了吃。

枸杞一到夏天就会开花，开花后结出许多小小的红色浆果，像小小的红玛瑙一样。这些小小的、卵形的红果实就叫枸杞子，农民们又亲切地叫它"狗奶子"。枸杞子可以作中药、泡酒或煮汤喝，是一种土生土长的补品。

民间有句谚语说："到了三月三，荠菜赛牡丹。"

每年农历三月初三这天清早，妈妈就会到田野上去采一些青嫩的荠菜回来，洗干净，用它煮鸡蛋给我们吃。妈妈说，小孩子吃了用荠菜煮的鸡蛋，一年四季就不会肚子疼了。

荠菜，又叫"地菜"或"地米菜"，是一种非常好吃的野菜。荠菜的味道清香、鲜美，可以洗净凉拌吃，也可以用来剁馅，包饺子或春卷儿吃。用荠菜做的春卷儿是非常好吃的。

在江南的一些地方，如江浙一带，这一天又被称为"荠菜花生日"。这一天，在乡村里，老奶奶们会采回一些小小的新鲜的荠菜花，簪在姑娘们的发髻和鬓边，作为纪念。据说，这一天戴了荠菜花，一年之中都不会头疼呢。

现在，有经验的菜农们，已经将本来是野生的荠菜培育成了一种棚内蔬菜，一年里可以供应八个月的新鲜荠菜呢。不信你到城市的菜场上去转转看。只是，你可要认准了，哪种绿菜才是真正的荠菜。

还有一种野菜，名叫苦苦菜。它们总是让人想起那些苦命的小女子。

我的妈妈是一位善良能干的农家妇女，她去世前唯一想吃的东西，竟然就是苦苦菜。那是一个寒冷的冬天，苦苦菜还在大雪下埋着。在妈妈生病的那些艰难的日子里，我幼小的心中总是怀着这样一个信念：苦菜花开了的时候，妈妈的病就一定会好起来的！

为此，我几乎天天一个人跑到村外，在大雪天里，在荒凉的山野上，仔细地寻找着、挖刨着我妈妈所想念的苦苦菜。终于有一天，我在一块避风处挖到了一簇刚刚露出小芽的苦苦菜根。我欣喜地捧着它们往家里跑。

可是，妈妈没能看到和吃到我挖回来的苦苦菜根，就永远地闭上了双眼。苦苦菜没有挽救回妈妈的生命。她带着一生的辛苦离开了这个世界。

古老的《诗经》里说"采苦采苦"，指的就是采撷苦苦菜。

苦苦菜的根、叶、花、茎都可以吃，苦中有香。

金色的苦菜花也很美丽。有一首歌就这么唱："苦菜花开遍地黄……"

那是一种朴素的美，像金色的星星装饰着大地妈妈的襟怀。农人们都喜欢它，不论是小孩子、老奶奶还是小媳妇。苦菜花用自己朴素的美丽赢得了人心。雍容华贵的花，不一定人人都会喜欢。更重要的是，苦菜花从不嫌弃土地贫瘠，山野角落到处都是。越是荒凉的地方，它们越开得旺盛，金色的小花格外耀眼，格外令人喜爱。

是的，苦苦菜有着最顽强的生命力，即使在被春天遗忘的角落，也照样生根、开花，苦恋着大地，年年岁岁，无怨无悔。

金色的池塘

绿树掩映的池塘，你是我们永远难忘的童年的广场。

你是在哪一个夏天里诞生的呢？你是为了我们所有山村孩子的生长才诞生的么？在妈妈的身旁，在小村庄的怀抱里，你是我们所有山村孩子的快乐和梦想的摇篮。

无论走到哪里，我都不能把你遗忘。而你，也总会像妈妈一样拥纳我们。

也只有在你的怀抱里，我们才拥有那么多的开心和幸福，拥有一个个快乐的春天和夏天，拥有自己的纸船、柳叶船和白莲花一样的小月亮，还有将来有一天，去远方航海和飞翔的梦……

小小的、温暖的池塘啊，你是我们永远的水上乐园！

你碧绿的荷伞，为我们遮出一片片阴凉；你夏日的大雷雨，洗刷着我们满身的汗水和泥土；你不多的莲蓬喂养着我们，使我们度过了童年时代饥饿的日子。你轻轻地摇晃，你轻轻地颠簸。你像妈妈的胸怀一样温暖和爱抚着我们幼小的身体。你清清的水波是一面明亮的镜子，照着我们每天的影子……

于是，像一支支荷箭一样，我们在你的怀抱里不知不觉地长大了。

小小的金色的池塘啊，你让你怀抱里的每一个乡村孩子，都这样悄悄地、不知不觉地就长成了真正的男子汉。

可是今天，岁月使我远远地离开了你，就像离开了我最好的亲人。

当我在远方的城市里想家的时候，当我感到孤独和疲惫的时候，我首先想起的就是你啊！我童年时代的快乐的广场和梦想的乐园。

我怀念你轻轻荡漾的金色的水波，怀念你静静的天空和白云的倒影，还有你四野飘来的故乡的泥土和庄稼的芬芳……

第②堂课

亲亲大自然（下）

【阅读提示】

一位哲学家说过："大自然比教育更有力量，与大自然交往，其实就是与名师交往。"文学家约翰·格林在他的名作《早晨对一位儿童的邀请》里甚至认为，"只有大自然，才是一本最美丽的书"。

大自然是属于孩子、属于童年时光的。有位儿童文学作家，曾经这样回忆自己的童年时代："我们那时就知道玩。做功课的时间只有一点点。没有人叫我们弹钢琴，没有人叫我们读'新概念英语'。"他写到了那时候在春天的大自然里做的许多好玩的事儿。他说，"我们那时的游戏并不全是好的。我们那时的游戏好的地方是在于接近自然、富有野趣，充满创造和自由的精神，也不用花什么钱。"

在约翰娜·斯佩丽的儿童小说《海蒂》里，有一位住在阿尔卑斯山上的小木屋里的"阿尔穆爷爷"，他勤劳善良，却又有些古怪和固执。当山下的牧师劝他把小海蒂送去上学时，他却固执地说："不！我并不打算送她去上学。"他的朴素的"教育观"是："小海蒂是和阿尔卑斯山上的小羊、小鸟一起长大的，与它们相伴是一件幸福的事，况且山羊和小鸟是不会教她做坏事儿的。"

我倒不是想要所有的孩子都不去上学，不，我只是希望今天的孩子们都能够时常从太多的作业、电子玩具、钢琴、卡通节目和"新概念英语"里走出来，多去亲近亲近大自然，多认识几种花草和昆虫，能准确地叫出更多一些小鸟、小甲虫和绿色植物的名字。不然，未免太可惜了。

下面这一组散文，也都是描写大自然美景的。这些散文不仅能引领你去领略大自然四季的美丽，还可以引导和帮助你去领悟，如何用自己的眼睛，去探寻和发现隐藏在大自然心中的秘密；如何用自己的文字，去准确地描述和表现大自然的千变万化的景色。

湖上黎明

黎明时分的湖水真是安静。每天早晨天还没亮，我就早早地爬了起来，披戴着尚未隐退的晨星的微光，坐在黑黢黢的湖边了。我想独自享受这短暂的安宁与寂静。

听不见任何动静。除了水边的一丝矮菖蒲底下，有一只小小的水蜘蛛在轻轻划动。它的细腿仿佛是老唱片上的唱针，在寂静的水面上划出一圈圈若有若无的波纹。黄昏时我曾聆听过的那些草丛间的鞘翅类虫子的欢快的吟唱，现在也都已停歇了。它们已在大地母亲的怀抱里沉入梦乡。只有当它们睁开眼睛醒过来的时候，生命的新一轮欢舞才又开始。其实，在仁慈而宽厚的大地母亲的心中，我们和这些小小的虫子有什么两样。

不知不觉的，湖面上有了一点点亮色。那是薄薄的曙色，暗金的色调里隐藏着一抹淡淡的玫瑰红色。我知道，新一天的太阳，我们共同的华灯，正在群山之后冉冉升起。这时候，我睁大眼睛望向大约一百米远的一处凹陷的湖岸。那里有我昨天黄昏时的一个发现：一只漂亮的、孤单的小野凫，栖息在那片茂密的草丛里。我本来可以悄悄走近那里，以便观察得更仔细些，但我又实在怕惊扰了这个与世无争的小生命，所以只好远远地坐在这里观察着。其实我是在等待着它醒来。

果然，不一会儿，那里有了一丝响动，好像是小小的翅膀扑打着草丛的声音。毫无疑问，小野凫睡醒了。它低低地飞出了草丛，贴着湖面，仿佛小孩子贴着水面扔出的一块小石片，溅起一串串美丽的水花。然后它栖落在湖水中央，机警地向四周观望着。它好像是已经看到了我这个突然出现的不速之客，所以显得有点惊奇。但它并不慌张，大约一下子就认定我是一株没有什么攻击性的老树桩吧。所以它旋即自由自在地在那里转动着身子，仿佛一个陀螺，在那里摆动着，一边整理着它的羽毛，一边跳着它的姿态优美的水上华尔兹。

这时候，我觉得整个湖只是属于我们这两个生命——不，再加上那只小小的水蜘蛛，三个生命的。我们和平共处，互不打扰，也许，应该说是在彼此欣赏呢！当小野凫在寂静的水中央做完了它的早操，天已大亮了。湖面上已经铺上了一层暗金色和完全的玫瑰红色。紧接着，湖的四周开始有各种各样的声音传过来。晨星隐退了，太阳正在升起，新的一天来临了。

随着一些银亮的小鱼的跳跃，小野凫也忽然振翅飞起，离开湖面，像箭一样直射远处而去了。它每天是飞到哪里去度过一个喧闹的白昼呢？世界的确是越来越喧闹了，但这个湖上却有安静的一角供一些小小的与世无争的生命栖息和生存。我知道，无论飞得多远，这只小野凫都会准时在黄昏时分飞回它湖岸边的草丛里，就像黄昏时的树影，拖得再长也离不开树根，像一个孩子，走得再远也走不出母亲的心。

小野凫振翅远去了，我也不能再在湖边枯坐了。早安，大地！新的一天到来了，我也得开始我的工作了。当我从湖边站起的那一瞬，我想起散文家梭罗在瓦尔登湖边的感叹：

"一条鱼跳跃起来，一个虫子掉落到湖上，都这样用圆涡，用美丽的线条来表达，仿佛那是泉源中的经常的喷涌，它的生命的轻柔的搏动，它的胸膛的呼吸起伏。那是快乐的震抖，还是痛苦的战栗，都无从分辨。湖的现象是何等的和平啊！人类的工作又像在春天里一样的发光了……每一支划桨的或每一只虫子的动作都能发出一道闪光来，而每一声桨响，又能引出何等的甜蜜的回音来啊！"

柳树和小草

在路边，在河滩，在湖畔，当柳树萌发出小小的黄芽儿的时候，春天已经来到我们身边了。

柳树枝在春天里变得那么柔软，好像女孩子们的发辫一样，风儿轻轻一吹，它们就飘飘荡荡起来。特别是垂柳，它们体态轻盈，婀娜多姿，枝条总是向下垂落着，春风吹来，所有的枝条都会随风起舞。因此，人们称垂柳为"少女树"。

一位女诗人写过这样一首诗，赞美垂柳的多情多姿：

> 是母亲的手，温柔的手
> 深情地把我抚慰
> 把我抚慰，低语着
> 春天来了！
>
> 是女儿的辫子，长长的辫子
> 在我眼前飘来飘去
> 飘来飘去，歌唱着
> 春天来了！

柳树有一种风姿绰约的美。有一种柳树，人们叫它"音乐柳"。当你沿着河边悠然漫步，也许会听到一阵阵悦耳的音乐声，好像有人正在附近拉小提琴似的。这时候，你不必诧异，也不要去寻找拉小提琴的人了，奏出这悦耳的琴音的"音乐家"，其实就是河边的翠柳树——它们的叶片中长着密密的纤维，碰击后就会发出悠扬动听的"琴声"。

还有一种老柳树，人们为了使它多长枝条，便经常给它"砍头"。"砍头"的结果，使它们变成了一副滑稽的模样，树干好像一个老树桩！时间长了，人们便把这种老柳树叫作"砍头柳"。"砍头柳"名字难听，但看上去也非常有趣，是一种滑稽之美。

每年的二三月，是柳树扬花的时节。柳树花开始时是黄绿色的，等到四月，花谢了，便会有一些细小而带着白色丝状绒毛的种子成熟了。这些种子乘风飘扬，便是人们常见的"柳絮飞舞"了。飞舞的柳絮就像漫天的雪花一样。

柳树可以由种子发芽生成，但更容易成活的，则是"插柳"——春日里，折上一段柳枝，插在潮湿的土地上，它便会生根发芽。俗话说："无心插柳柳成荫"，正好说明了柳树容易繁殖的特性。古代人送自己的好朋友远行时，总要"折柳相赠"。许多诗词写送别时，也会提到柳树，如王维的诗："渭城朝雨浥轻尘，客舍青青柳色新。劝君更尽一杯酒，西出阳关无故人。"

这里面有两层含义：一是柳与"留"谐音，折柳相送，有挽留、留恋的意思；二是柳树容易生长，无论在什么地方，都能生根发芽，而且枝叶繁茂。所以折柳相送，还有祝福的意思。

柳树不以华贵为美，而是美在平凡，美在普通。大诗人杜甫这样赞美柳树："只道梅花发，那知柳亦新。枝枝总到地，叶叶自开春。"德国诗人赫门兹在《垂柳之歌》里也这样咏唱过：

> 柳树啊，从你微风似的呻吟
> 我听到了一阵更为深沉的曲调
> 虽然你的柳丝低垂微语
> 发出悠长而甜美的声音
> 柳树啊，叹息不已的柳树

柳树也是春风和燕子的梦，是骑在牛背上吹着叶笛的小牧童们的梦。

最后，我愿把我的赞美献给你们——朴素的小草。

假如我能够，我愿送你金色的阳光与露水，而不是送你赞美诗。假如我还能够，我将改变我们的每一个平凡的日子，如春天的早晨，我知道，你是热爱晨光的！当冬天还没走远，雪还没有化尽，我独自漫步在空寂的山野，你就用悄悄的声音告诉我：不要忧愁，春天就要来了……

我蹲下身来抚摸你。我的手充满最大的温情。

　　洛威尔在他的《十四行诗集》里说过："窥见一株小草埋藏在朴素的心中的秘密，便可以窥见精神世界的细微之所在。"你正是这样：当人们争相拥抱鲜花的时候，你却往往被人忽视。直到你默默枯萎的那一天，你和大地一起，融入漫漫的长夜里。我知道，是你一直在漫漫的长夜里不知疲倦地呼唤春天，呼唤细雨、微风，呼唤花朵、绿叶和歌声。你在呼唤中生长和壮大。这是你的美学。

　　假如我还能够，我愿我的每一首诗，甚至我的整个身心，都带着你的气息，带着你的色彩和品格。我知道，越是朴素的生命，便越是美丽的生命。这同样是你的美学。

秋天之歌

江南之秋

我深深地爱着，我的江南乡村的深秋。爱着那丰盈的禾场，金色的果园，欢腾不息的河流……这是我们生生不息的心灵的家园，这是我们忍受着曝晒、经受着风雨赢得的季节，是我们整片乡土上最为欢乐的时候。

谷子收割回家了，原野上弥漫着稻草的芬芳；白嘴鸦落在稻草人身上，仿佛从异乡归来的游子，在倾诉着他深挚的乡愁。

拾穗自然是老人们的事了。其实他们哪里是在拾穗啊！他们是在背着年轻人，向着仁慈而宽厚的大地母亲深深地鞠躬。当他们直起身来，又好像在为下一代人默默地做着新的祈求。

而那些不知道忧愁的年轻人，早已聚满了阔大的乡场。小伙子们一个个就像健壮的豹子，少女们宛若那河腰的水柳。

那是谁正甩开膀子擂响了村中那面祖传的土鼓？灿烂的鼓声震动着三山五岭，阵阵回音又如风啸和雷吼……

啊，跳起来，跳起庆典的舞蹈来吧！

啊，唱起来，唱起自编的山歌来呀！

这里不怕曲高和寡；这里无须害怕害羞。老年人都知趣地躲开了这些欢笑的年轻人，他们远远地站在一边欣赏着，谈论着，自豪地回忆起几十年前各自年轻力壮的时候……

啊，敲吧，敲吧，年轻人！请你们在整个乡村这张大鼓面上，敲出属于我们的生活的新节奏……

拾穗人的梦

我梦见，我走在一片金黄色的、空旷无边的田野上。

庄稼已经收割完了。除了一个个小山似的草垛之外，空旷的田野上只剩下了我们俩：我和一个小小的稻草人。

成群的麻雀已经飞回到村边的槐树林里去了。

晚风吹着沉默的稻草人的单薄的衣裳。

这是我们的土地上最宁静的时刻。我仿佛听见了，秋后的大地母亲在微微地呼吸的声音，而且我还感到了一阵阵温热的生命气息……

小小的稻草人，在空旷的田野上随风摇晃着，仿佛还在认真地履行着自己最后的职责，好像在对自己说："再守几天吧，秋天还没有走远呢！说不定小麻雀们还会来偷食呢！"

使我高兴的是，小小的稻草人是那么信任地望着我，像一个没有家的小孩子，把我当成了他的亲哥哥……

现在，我要做的最后的事情，就是悄悄地躬下身来，从我眼前的稻田里，拾起那一串串让许多人不屑一顾的小小的稻穗儿。我知道，对于艰辛的农人来说，它们同样是来自泥土与水的恩赐，同样是我们应该珍视的闪光的珍珠。

而且在我看来，它们甚至胜过绚烂的花朵。

晚秋之林

最后的，也是最为珍贵的，绿色的生命之水，就要耗尽。西风起了……

你，你们，就要回归到那应该去的地方了么？

一片片金色的、红色的、琥珀色的林叶！

最后地坚持在这空旷的秋野里，坚持在这低沉的、灰蓝色的天空下。

这是岁月最壮丽的、也是最严峻的馈赠么？那么，这又是怎样一种馈赠呢？

不是一棵，而是十棵、百棵……是无数棵这样的树组成的，这样一片静默的晚秋之林。那些碧绿的、绚烂的和多汁液的，充满了生命最初的力量，并且闪烁着爱与美、梦幻般的青春的色泽的日子，从此将永远只成为深情的怀念了么？

——这样一些就要老去的，就要在猛烈的西风中凋谢的，却向世界呈示着最后的宽容与理解的叶子啊！

而那独自低着头，悄悄步入这林子的，是谁呢？

而那轻轻地，含着深情，将一片片琥珀色的叶子捧在手上，心中似有什么久久萦绕和沉沉地升起的，又是谁呢？

画家凡·高在写给妹妹的书信中说过，自然里有一些东西和出现在瓦格纳音乐中的很相似，那即使由一个大型管弦乐队演奏出来也仍然是很可亲的。只有面临选择时，人们才会喜欢阳光和鲜亮……

此刻，我看见，秋日的阳光正照耀着你的白发。孤独的、深情的老人啊！你在这深秋的树林里彷徨很久了吧？你是在用自己全部的神情来感受着一种生命的成熟与默契，感受着一种灵魂的净美和宽容么？

这些经受了足够的时光的曝晒和生活风霜的吹袭的叶子啊！

西风起了……你，你们，真的就要回归到应该去的地方了么？

面对这情景，我却在想，假如，假如老人倒下去了，那么，我必将更加顽强地站立起来，用我新叶一样的声音，为大地歌唱！

秋天既然来了，后面接着就是冬天。但是，诗人不是早就预言过了么！冬天既然来了，春天还会远吗？

金色的八月竹

我的心常常因为怀念那片青山而激动。那里是我的故乡。在那里，和我的生生息息的祖祖辈辈一起，静静地生长着一片片金色的八月竹。

和流云一起，和一簇簇芬芳的雏菊与坚强的苦荞一起，和一道道永远流淌不尽的山泉一起，和飘不散的山歌与炊烟一起……在那幽深而多雾的山谷里，谁能够知道，坚韧的、丛生的八月竹啊！你们默默历尽了多少艰辛，历尽了多少凄风苦雨。但你们总是忠诚而执着的——以整个生命，忠实于这片不老的乡土。你们都是我的故乡所不能失去的好儿女。

今天，在深深的八月的山谷，又见你们，面对着刚刚到来的新的岁月。我知道，你们正以你们的沉默回答着，以你们群体的端庄与秀丽，回答着你们对生活的坚韧与顽强的追求，回答着你们宁静的依恋和固有的纯朴，回答着你们被遗忘的爱，终于在自己的八月里飒飒地成熟……

比起你们来，我实在是离开故乡太久了！为了寻找自己金色的前程，我从童年起就离开了家，离开了你们。多么久了！我没有再从你们身边走过！没有听见故乡的声音，没有闻到故乡芬芳的气息了。

我还记得我曾经留在这里的誓愿与梦想，记得我悄悄爱过的忠贞而善良的故乡的少女，记得二十多年前，那日日召唤过我的山村小学的钟声。而那位年轻、辛勤的女教师，如今你在哪里呢？——我忧郁的怀念是一片爱啊！

还有拥抱过我的禾场与麦垛，我记得你们——在最贫穷的日子里，我们一同拾穗于旷野，躲雨于茅棚。永远怀着兄弟般情谊的、我的童年时代的伙伴啊！在我不辞而别之后，你们却都坚定地留守在自己的山谷与村庄。你们那时候是不是已经知道，有一天，我终会捧着一颗怀乡的心回来的呢？

美丽的八月竹，我听见了！我听见你们正满怀信心，在唱着一支我从来没有听到的歌。我听见你们正用这自信又自豪的歌声，同新的年月的阳光，同这金色的八月的秋风悄悄絮语。用你们的雨季之后的每一片新叶，用你们的一颗颗重获生机的心，你们都在尽情地诉说着整个乡土上的簇新的渴望与欢乐啊！

那么，能允许我和你们共享这乡土上得之不易的欢欣吗？

那么，能允许我像从前一样，搂着你们宽大的臂膀，握着你们的手，齐心协力，去建设我们明天的家园，去开辟我们新的生活的道路，去拓展我们更广阔的幸福的天地吗？

相信吧，我的故乡的金色的八月竹，我的相濡以沫的家乡的兄弟，生我养我的，我的被多少人踏过、又被多少人爱过的，默默无语的大青山啊！

第③堂课

哲理小诗库

【阅读提示】

诗歌是点燃人类理想和信念的火焰；诗歌是在黑夜里为人们照亮道路的星光；诗歌是在黎明时滋润着小草和花朵的露珠；诗歌也是播洒在人类心灵原野上的阳光和细雨。因此，文学家们常说：一个人如果热爱诗歌，那么他就会更加热爱生活、热爱世界、热爱生命；而哲学家们说：读诗使人灵秀。

有的诗歌偏重抒情，人们称之为"抒情诗"；有的诗歌是叙事的，我们可以称为"叙事诗"；还有一些诗歌，展现的是幻想的世界、童话般的故事，让我们领略到诗人的想象之美，例如"童话诗"；还有一些诗歌，往往带有哲理、理趣，蕴涵着一定的人生道理，表达着个人的心志和最细微的感觉与意念，我们可以称它们是"哲理诗"。

下面所选的这组短小的诗歌，都是带有哲理意味和智慧、理趣的哲理诗。它们的特点是，把一些人生的哲理和生活的道理，通过一些单纯和生动的意象与形象，完美而贴切地表现出来。

一首好的哲理诗，总是会闪耀着它们灼灼的光华，为我们照亮迷茫的人生，就像在寒冷的日子里点燃的温暖的篝火，在酷热的日子里吹来的怡人的清风，给我们送来信心、力量、智慧和无限的慰藉。

有一位著名的诗歌评论家和传记作家，专门写过一本书：《诗歌为何很重要》。他在书中写道："拿我自己来说，至少四十年来，我一直都在读诗、写诗。每个早晨，作为一天的开始，我都会在早餐桌上打开一本诗集。我会读上一首或两首诗歌。我思考着诗，经常在日记里写下心得。读诗让我每天充满活力，照亮我的前路，产生更多丰富的感受……我深信不疑的是，如果没有诗歌，没有它的韵律和深远的智慧，我的生活会变得无比贫乏。……诗歌始终让我的存在更为具体，更为深切。它塑造了我的思想，提升了我的心灵。它让我更加投入地去热爱着我的生活。"

他的话说得真好。不过，我在这里想告诉小读者的是，诗歌，往往是充满浪漫和幻想色彩的。可是，在现实中，我们决不可以怀着完全浪漫的心情去看待生活。就像诗人何其芳在《生活是多么广阔》那首诗中告诉我们的一样，我们也要准备和习惯，去过极寻常的日子，去在平凡的事物中睁大你的眼睛，去以心发现心。

童年是一本打开的书

童年是一本打开的书，
有多少秘密在等待你。
不要问我：将来会怎样？
我的梦想在哪里？
这世界很小又很大，
一本书，就是一个小小阶梯。
打开它，让你的故事，
就从现在开始……

美丽的愿望

即使在平凡的日子里，
也要有一些美丽的愿望。
就像在漆黑的夜晚，
把一盏盏灯儿点亮。

金色的小花，
有个金色的愿望：
春天来了，
我要发出淡淡的清香……

绿色的小树，
有个绿色的愿望：
夏天来了，
我要送给人们一片阴凉……

明净的小河，
有个明净的愿望：
秋天来了，
我要为丰收的大地歌唱……

轻柔的雪花，
有个轻柔的愿望：
冬天来了，
我要给孩子送去新年的梦想……

就像在漆黑漆黑的夜晚，
把一盏盏灯儿点亮，
我们在平凡的日子里，
也要有一些美丽的愿望。

别碰我们的绿树

你用斧头和锯子砍倒的，
不是一棵棵美丽的大树。
你是在砍伐着全人类的肺叶，
和地球上所有生物的幸福。
你是在砍伐世界上所有孩子的梦，
和风雨中小鸟们的房屋……

像小麦一样生长

越过寒冷的冬天，
像小麦一样生长。
像小麦一样返青、拔节，
在风中抽穗，
在雨中灌浆。

迎着烈日的曝晒，
像小麦一样生长。
像小麦一样饱满、健康，
为人们送上金色的麦粒，
和纯净的麦秸的芳香。

像小麦一样生长吧，
像小麦一样去学会，
生存的顽强，
和奉献的快乐！

给女儿

为了给你
亲手做出十支铅笔，
我要在春天，
到荒凉的山坡上，
去种下一百棵小树。

为了让你
长大后遇上一位
英俊的青蛙王子，
我多想教会你，
怎样去爱
每一只小蝌蚪。

为了使你懂得，
一小块面包的珍贵，
我要带你去田野上，
从一粒金色的小麦中，
看见成熟和收获的艰辛。

布谷鸟的歌

伴随着春天的脚步声，
哪一片辽阔的山野上，
听不见布谷鸟的歌唱？
布谷！
布谷！
布谷！
歌声唤醒了寂静的群山，
歌声像露水一样清亮。

啊，艰辛也属于山野，
欢乐也属于山野，
布谷鸟殷勤的歌声，
永远回荡在大地的心上！

大海和小溪

大海上的云彩，
你要飘向哪里？

我飘向深深的山谷里。

山谷里的小溪，
你要流向何处？

我流向辽阔的海洋里。

大海和小溪互相思念，
就像妈妈和自己的孩子。

第 4 堂课

与小动物为邻

【阅读提示】

我曾经听说过这样一个小故事:一天清晨,有一辆公共汽车驶过乡间的公路上时,有人突然看见,村边的一群白色大鹅,都兴奋地仰着长长的颈子冲向了公路。司机按了三下喇叭,这时候,鹅群便纷纷拍打着翅膀,仰颈高歌起来。旁边的人于是就问司机:"请问,这些大鹅是在这里等你的吗?"

"是的,"司机自豪地说,"每天一大早,它们就会在这里等着我。我朝它们按喇叭,它们就会向着我叫唤。这样,我每天都会感到无比的快乐。"

听了司机的话,车上的人们都陷入了沉思。是啊,既然一群鹅和一辆公共汽车都可以这样彼此愉快地沟通和交流感情,那么,人与人之间还有什么隔阂、防范、恩怨、得失……不能沟通和化解的呢?只要我们一起付出友善和爱心,一起真诚努力。

下面的这组小散文,讲的是大自然中的一些小动物的生命故事,以及它们和人类之间的相互依存关系。我想通过这些小故事,告诉所有的孩子:美丽的大自然,是属于我们每一个人的土地和家园,我们一定要珍惜和爱护它们,永远也不要漠视和践踏它们,包括那一棵棵普普通通的小草,无论是狗尾草、蒲公英,还是车前草与野苜蓿;包括那一只只像小麻雀一样的乡间小鸟。也许,在小鸟们弱小的生命里,在小花小草朴素的花朵和根茎里,或者在它们赖以生存的黑暗的泥土之下,都有一些不为人知的感人的生命的故事……

我希望通过一只小鸟、一群大雁、一只小刺猬、一只斑鸠,甚至一只乌鸦的生命故事,唤起大家的良知和爱心,唤起我们的一种爱憎分明、保护弱小者的道义感,激起我们对一些小动物的悲悯情怀。

我希望,每一个人,都能从小时候起,就学会以大自然为家,与鸟兽为邻,和昆虫做伴。用自己的爱心,编织成守护大自然的芳草苗圃和美丽花园的栅栏;用自己的文字,替自然界的一些弱小的动物,向更多的人发出请求关爱与救助的呼唤。

我相信,没有一个孩子是不喜欢小动物的。当他们的友爱和怜悯之心,被小动物们真诚的请求所打动、所唤醒,他们就会向这些弱小的生命伸出自己温暖的关爱的小手,献出他们力所能及的援助和爱护之心。因为,这个世界既是属于人类的,同时也是属于所有的小动物的。

刺猬·松鼠·果子狸

刺猬的春天和秋天

刺猬从自己的窝里爬出来，就像背着一个外面扎满针芒的小包袱。它悄悄地向山野走去。山野上的果子红了，有的已经熟透了。

聪明的小刺猬也许会这样想：冬天就要来了，不能再贪玩了，应该趁着这样的好天气，提前去准备过冬的食物啦！

于是，它采来红红的山楂、野枣，还有一些小浆果。它用满身的针刺扎住它们，一趟趟地往家里运送着。它想，多准备些总是好的，就是浆果一时吃不完，发点酵也没关系，因为那样吃起来也许还会有点酸牛乳的味道呢！

它把过冬的食物准备得那么充足。当它干完了这一切，才如释重负般地想道：好了，这下可以放心地、美美地睡上一觉了呀！

等到漫长的冬天过去以后，刺猬才重新从洞里走出来。不过这时候，外面的世界又有了新的变化，迎接它的是又一个崭新的春天了。

刺猬在生活中也会遇到许多艰难和不测的灾祸。不过，对付这些艰难和灾祸，它有自己的办法。例如，一旦听到了猎人的枪声，或者遇到什么敌手的时候，大多数动物都会四处逃散的，可是，刺猬却一点也不惊慌。只要听到不祥的声音，或者遇到什么危险，刺猬就会立刻团成一个带刺的"小球"，浑身的针刺都朝外耸立着。这时候，就连狡猾的狐狸也拿这个带刺的"小球"没办法，无处下口。一直等到危险过去，刺猬才会慢慢伸展开身子，又变成温顺和自由自在的样子了。

刺猬浑身的硬刺当然不仅仅只是用来保护自己，避免受到其他动物的侵袭和伤害。它还可以用来当皮衣服遮风挡雨呢。当冰凉的雨水浇下来时，刺猬的针刺可以像蓑衣一样挡住雨水。

刺猬的小窝，一般都在土洞里、树根下或灌木林中的枯枝叶堆下。如果你在野外的草丛里或叶堆下，突然看见了一只小刺猬，可要记住喔，千万不能忙着去对它动手动脚的，因为它很可能会非常不友好地刺你几下子呢。

松鼠的家

松鼠看上去很漂亮，也很可爱。它动作轻捷，非常机警，一天到晚总是不停地蹦来蹦去。它还十分喜欢直竖着身子坐着，用前爪往嘴里送东西吃。

松鼠喜欢把自己的家安置在高高的树杈上。有的松鼠也把小窝做在枯树洞里。松鼠搭窝时，先用一些小木片儿错杂地放在一起，再用一些干苔藓编扎起来，然后把它们挤紧、踏平，使小小的卧室又牢固又平整。它的窝口通常是朝着天空的，端端正正的。窝口上还有一个圆锥形的盖儿，可以把整个小窝像遮盖天窗一样给遮蔽起来，有了雨水也可以向四周流去，而不会淌进窝里。

松鼠大部分时间生活在树上，所以拥有许多了不起的树上本领，如头朝下快速爬下树、在细枝上敏捷地跳跃而不会掉下来等等。

松鼠有一条蓬松的大尾巴。当它从一根树枝跳到另一根树枝时，那条尾巴就像降落伞一样，帮助它稳稳地降落；下雨时，大尾巴还可以充当雨伞，遮挡住风雨；天冷了呢，大尾巴又可以当毛毯使用了。

松鼠当然最喜欢吃松子，另外还喜欢吃蘑菇和小昆虫等。吃不完的松子落到地下，第二年就会长出小树苗来。所以，有人说松鼠是会植树的小动物，它们无意中种下的小树比谁都多。

除了松树外，松鼠也喜欢在榛树上活动，因为在榛树上可以找到成熟的榛果吃。如果你从榛树下走过，可要当心，说不定会有几只颗榛果正好掉在你的脑袋上呢！还说不准，那正好是松鼠不小心弄下来的。

松鼠是友好和快乐的小动物。爱尔兰诗人叶芝，写过一首短小的儿童诗《给一只小松鼠》，仿佛是代表了所有的孩子，对小小的松鼠发出了友好的邀请：

> 来吧，来和我玩吧，
> 为什么你要奔跑，

奔过抖动的树梢？

仿佛我有一支枪，

会把你一枪打倒？

其实我想做的，

只是搔搔你的小脑袋，

然后就让你走掉。

爱吃野果的小山兽

冬天，山上很冷，果子狸从野外跑到村庄里，躲藏到农民们的草垛里取暖。它的个头只有家猫那么大，但身体细长、四肢肥短。它的脸上，从鼻端到头后部以及眼睛上下，各有一道白色的花纹，所以人们又叫它"花面狸"。

果子狸是一种爱吃野果的小山兽。像山楂、杨梅、李子等，都是它爱吃的食物。有时，果子狸也捕捉一些小鸟和昆虫吃。果子狸是爬树的能手，而且喜欢在夜间活动。因为一到晚上，它的眼睛就像家猫的眼睛一样，变得格外明亮。

冬天里，果子狸的毛皮油亮油亮的。猎人如果捕捉到了果子狸，就会小心翼翼地剥下它的毛皮来，卖给皮货店。但是，面对一只漂亮、机灵的果子狸，哪一个善良的人愿意向它举起棍棒和刀枪呢？

美国伟大的生态学家、环境保护主义的先驱奥尔多·利奥波德先生，曾向人类提出了一个有关"土地伦理"的观念。他说，"土地伦理"的行为准则其实十分简单：任何有利于保护生态环境的事都是对的，如果你的做法正好相反，那就是错的。他希望人类都能够"像山林一样思考"，都能够把自身放到和土壤、水、植物和小动物一样平等的位置上。人类应该把自己喜欢以"征服者"的面目出现的角色，变成和别的小动物一样平等的"公民"。只有这样，人类才有可能尊重所有的小动物，包括一只小小的、不会说话的果子狸。不然的话，一切"征服者"最终也都会"祸及自身"。

小小的、可爱的果子狸，祝愿你生活得自由自在、幸福平安。

斑鸠和小麻雀

斑鸠是一种羽毛灰褐色的鸟，它们喜欢成群结队地在田野里找谷粒吃，有时候也躲在树丛里鸣叫。

农人们说："天将雨，鸠唤妇。"意思是说，到了阴暗的天气或者下雨前的时候，斑鸠就会急切地呼唤它的"媳妇"了。

斑鸠叫起来的声音是：

"鹁咕咕，鹁咕咕……"

"鹁咕咕，鹁咕咕……"

听上去叫得很急切。有经验的农人一听到这样的叫声，就知道快要下雨了，要赶紧收拾禾场上的东西了。

天快晴了的时候，斑鸠也喜欢叫唤。不过这时候声音有了变化，变得懒散了："鹁咕咕——咕！"

"鹁咕咕——咕！"

斑鸠叫唤的时候，一般都藏在大树丛里。有鸠声的地方，肯定有雨。不过可要分清，斑鸠是"单声"叫雨，"双声"叫晴。

斑鸠是很机警的。可是，再机警的斑鸠也斗不过有经验的猎人。

你看见过猎人是怎样打斑鸠的吗？当一个有经验的猎人看见了一只斑鸠，他就会不声不响地靠近它。斑鸠发现了猎人，当然要想办法逃脱，于是就飞到远处的一棵树上。猎人仍然不声不响地往远处走去。当猎人快要靠近时，斑鸠连忙又飞回原来站立的树上。猎人看见斑鸠落定了，又不声不响地向它走去……

这是一场默默无声的、然而也是非常紧张的较量！

斑鸠来回飞，猎人就来回走动。几个来回之后，猎人仍然很冷静、很沉着，可是斑鸠已经渐渐失去了原本来回飞动的节奏，有些慌乱了。

猎人趁它慌乱的时候，举起枪，瞄准……枪声一响，斑鸠就被打下来了。

现在知道了吧，有经验的猎人原来是这样打斑鸠的。

不过，我希望这样的猎人越少越好。假如斑鸠能听懂我的话，我一定要告诉它们：无论如何，都不要上那些狡猾的猎人的当！

"叽叽喳喳……叽叽喳喳……"

小麻雀天天生活在我们的周围。它们经常在路边、谷场、院子里，甚至在明亮的窗户边上，欢快地吵闹着，自由地蹦蹦跳跳着。它们总是生活在人类周围，但是又和人类保持着一定的距离，不愿意特别接近。这是因为，我们人类在很长时间内，对这些与世无争的小鸟并不是那么友好，所以小麻雀对人类总是保持着高度的警惕。

大雪落了好几天了，地面都被厚厚的白雪覆盖着。这时候，如果你在院子里扫出一块干净的地方来，再撒上一些米粒，不一会儿，就会有一群小麻雀叽叽喳喳地鸣叫着栖落下来。

麻雀是我们一年四季都能见到的小鸟。城市、乡村，南方、北方，平原、山村……到处都有小麻雀的踪影。它的身子很小，麻褐色的背羽上，有一些黑色的条纹，腹部是灰白色的，嘴巴很短。

小麻雀们喜欢成群结队地飞来飞去。它们的小嘴儿从不挑食，草籽儿、谷粒、昆虫、浆果，都是它的食物。麻雀虽然有时会偷食成熟的谷子，但也能捕食田里的害虫，啄食田里杂草的种子，对农作物的收成起到平衡作用。

小麻雀也喜欢生活在城市里。不过城市里的麻雀有时会遭到大量的捕杀。所以，我们应该好好保护这些快乐的、生活在我们身边的小鸟。

要知道，世界是我们的，也是它们的。如果有一天，世界不再是属于小麻雀和其他小鸟们的了，那么，世界终归也就不会属于我们的。

燕子的春天和秋天

当杨柳披上了淡绿色的春装，小草露出了嫩嫩的小芽儿，温暖的春天又来到了我们身旁时，燕子们也成群结队地从遥远的南方飞回来了。

农人们说，春天是燕子们衔回来的。

燕子穿着一身黑亮的衣裳，肚皮和胸脯是黄白色的，看上去好像围着一个白兜兜。它的尾巴分开来，就像一把尖尖的剪刀。

燕子是人类的朋友。它们专门捕食蚊子、飞蛾、蝗虫，从早到晚忙碌不停。鸟类学家观察，一窝燕子在养育小宝宝期间，大约要吃掉25万只小飞虫呢！难怪农人们都把燕子称为"庄稼地里的护士"。

燕子也是候鸟。秋风起了，天气凉了，燕子们就会迁移到温暖的南方去过冬。经过一个漫长的冬天，到第二年春天再回来。燕子从南方飞回来的时候，"俺们的春天"就又到来了。

孩子们总是舍不得燕子飞走的。记得我小时候就唱过这样一首儿歌："燕儿姐，燕儿妹，给你一床小花被。冬天不要走，就在俺家睡。"

燕子们的记性非常好。无论它们迁飞多远，每年都能返回自己的旧居，找到自己熟悉的家门。尤其是那些老燕子，总喜欢继续使用去年做过的旧巢。

燕子们迁飞时，大都喜欢在月明风清的夜晚里"行军"，飞得又高又快。白天它们就降落到地面上休整一下，寻觅些食物吃，晚上继续上路。因为它们的记性好，所以每年迁飞的路线也几乎不会改变。

燕子返回旧居后，要做的第一件事，就是重新"装修"自己的"家园"。它们不停地从野外衔来湿泥、草茎和羽毛，拌上自己的唾液，在屋檐下或横梁上堆砌自己的新窝，或修补头年的旧巢。在乡村里，人们常常把燕子来屋里做巢看成是吉祥的兆头。小孩子们尤其喜欢燕子来自己家里的屋檐下筑巢。

燕子的巢做得十分精巧，也很牢固，看上去就像一个浅碗扣在墙壁上。有时候，调皮的小麻雀会飞来抢占燕子的窝巢。不过，遇到这种情景，燕子会邀集一大群伙伴，向小麻雀发起"保卫战"，直到把它们全部轰走。

窝巢做好了，燕子妈妈就开始蹲在巢里产蛋。燕子妈妈每年一般都要产下五六枚蛋。然后她会用两周的时间，耐心地孵出燕宝宝来。

燕宝宝孵出后，燕子妈妈就要外出捕捉大量的小昆虫来喂养它们了。燕子妈妈从外面飞回来后，用嘴里吐出来的昆虫，一个个地喂养着张着小小的黄嘴儿的燕宝宝。燕宝宝经过大约一个月的时间，就可以离开父母独立生活了。

它们先是在近处学着飞翔，学着捕捉昆虫，渐渐地，便可以独立地飞到河边或苇塘边觅食了。秋天一到，已经成长起来的小燕子，便和许许多多的小伙伴一起，也要向南方飞去了。第二年春天，当它们再飞回来时，它们也可以做爸爸妈妈，也要生儿育女了。

民间的农谚说："燕子飞低，要披蓑衣"；"燕子低飞蛇过道，不久大雨将来到"。原来，在下雨之前，空气中的水分增加了，一些小飞虫的翅膀沾上了湿气，飞不高了，所以，燕子也就只好贴着地面，低飞着捕捉着那些昆虫。智慧的农人们就是根据燕子的这种生活习性，准确地判断出了天气的晴雨变化。他们还亲切地称燕子是"优秀的天气预报员"呢。

乡间小鸟

"嘀哩……嘀哩……嘀哩哩……"

唐代大诗人杜甫有两组描写黄鹂鸟的有名的诗句："两个黄鹂鸣翠柳，一行白鹭上青天"；"映阶碧草自春色，隔叶黄鹂空好音"。从诗中我们可以知道，黄鹂喜欢在春天里唱歌。

黄鹂又叫黄莺，它的羽毛鲜黄鲜黄的，翅膀和尾巴带点黑色，头部有通过眼周的黑纹。黄鹂喜欢在春天的柳树丛中穿飞，从来不到地面活动。一到冬天，它们就向南飞，到更温暖的地方去过冬。

黄鹂叫起来的声音是什么样的呢？记得吗，有一首歌里这样唱道："嘀哩……嘀哩……嘀哩哩……还有那会唱歌的小黄鹂！"是的，这就是黄鹂的声音，清亮、婉转，动听极了。

黄鹂鸟也像其他小鸟一样，总是在春天到来的时候开始筑巢，而且年年都筑在同一棵树上。所以，如果你在树林里或公园里的树枝上看见了一个黄鹂鸟的巢，那么明年春天，你仍然可以在同一个地方看见它。

黄鹂鸟的巢和别的鸟巢不一样。它不是用泥土、树枝和干草筑在牢固的树杈上，而是做成一个长长的口袋，倒悬在树枝上。雌黄鹂用嘴衔着一根很长的树枝，像穿针引线的巧妇，编织自己的长袋似的小巢。大约需要一星期的时间，这个奇异的鸟巢就编织好了。黄鹂鸟钻进袋形巢里摇一摇，觉得比较牢固了，便算大功告成。接着，它在巢底铺上柔软的地衣和碎草，开始生蛋和孵化黄鹂宝宝了。

小黄鹂孵出来后，很快就会跟着妈妈学习唱歌和飞翔。自然，它们的歌声也和妈妈的歌声一样清亮、婉转：

"嘀哩……嘀哩……嘀哩哩……"

"布谷！布谷！布谷！"

杜鹃的鸣叫声听上去十分殷切："布谷！布谷！布谷！……"

传说中，杜鹃鸟是古代蜀国一个姓杜的国王的灵魂变成的。那位国王很爱他的故土和人民，每年早春，他的灵魂就变成杜鹃，在田野上空不停地啼唤，每次啼唤，嘴角总有鲜血流出来，滴在大地上，把花朵都染红了。这种被染红的花朵，就是杜鹃花，又叫映山红。所以，"杜鹃"既是花名，又是鸟名。这当然只是民间传说。其实，杜鹃和杜鹃鸟之间是没有什么联系的。

每年一到春播时节，杜鹃就在田野上空"布谷、布谷、布谷"地啼唤不停，所以，人们又把杜鹃称作"布谷鸟"。

在鸟雀世界里，经常出现这样的事情：喜鹊妈妈在巢里孵了很长时间的蛋，小喜鹊终于破壳出世了。可是，喜鹊妈妈仔细一看，觉得非常奇怪——怎么自己的一群喜鹊宝宝里，还夹着两只小杜鹃宝宝呢？这是怎么一回事啊？

原来，杜鹃妈妈自己从不做窝，总是把蛋下在别的鸟雀的巢里。它自己也从来不孵蛋，总是让其他的鸟妈妈"代劳"。这不，喜鹊妈妈就"代劳"了一次，为杜鹃妈妈孵出了两只小杜鹃来了。

杜鹃妈妈的这种依靠别的鸟类为自己孵蛋育儿的习性，叫作"寄生性繁殖"。世界上大约有一百三十多种鸟雀都有机会当上小杜鹃的"养父母"呢。而杜鹃妈妈被人们看成是鸟类中"最不称职的妈妈"。

小杜鹃长大了，也学会"布谷、布谷、布谷"地叫唤了。不用说，它们也成了农人眼中的"布谷鸟"。布谷鸟的叫声好像是从很遥远的地方传来的。许多人每年春天都会听到它的叫声，但也许一辈子也没有见过布谷鸟——杜鹃。

"行不得也哥哥！"

鹧鸪是生活在丘陵地带的一种可爱的小鸟。山地或近山的平原上也有它的踪迹。不过，在高山上却很少见到鹧鸪。鹧鸪常出没在草丛、灌木丛、矮树林和起伏不平的山坡上。

鹧鸪叫起来声音嘹亮。春天来了，鹧鸪喜欢站在较高的树丫或岩石上高声叫唤，叫声听起来好像是在说：

"行不得也哥哥！"

"行不得也哥哥！"

因为鹧鸪的声音是这样，所以我国古代诗词里写到鹧鸪，总是把它和离别、乡思连在一起。如南宋伟大的爱国词人辛弃疾，在他的《菩萨蛮·书江西造口壁》里写道："郁孤台下清江水，中间多少行人泪。西北望长安，可怜无数山。青山遮不住，毕竟东流去。江晚正愁余，山深闻鹧鸪。"

最后两句的意思是说：傍晚我正站在江边发愁，是因为听到了鹧鸪鸟"行不得也哥哥"的叫声。又如清代诗人陈璋的《闽山杂咏》中说："地气三春冷，天时半日晴。谁呼行不得，江上鹧鸪声。"

鹧鸪的脚趾健而有力，善于快速奔跑。但它的翅膀又短又圆，飞行技术很不高明。平时它总是躲在山坡的草丛里，偶尔飞动起来，翅膀拍打着声音很响，并且每飞行三百米就得滑落下来，一溜烟地急跑几步，然后钻入草丛里躲藏起来，看上去十分滑稽可笑。

在我国南方，鹧鸪是人们最爱吃的一种野味。人们常常在鹧鸪出没的地方设网捕捉它。鹧鸪爱吃草籽、植物嫩芽、谷类，也爱在草丛里寻找蟋蟀、蚱蜢等昆虫吃。小小的鹧鸪在寻找食物的时候，想不到自己也正有可能成为他人的食物呢。

第 5 堂课

长满书的大树

【阅读提示】

有一个名叫克罗蒂娅的德国小姑娘，曾经这样想象过：世界上有一些美丽的大树，绿荫郁郁，枝叶繁茂，而所有的书，就像红樱桃、黄橘子和褐色的栗子一样，都长在这棵大树的树枝上，有大有小，有粗糙的，有光滑的，只要一伸手就可摘下来。特别是那些漂亮的图画书，它们总是长在最矮的树枝上，小孩子只要一伸手，就可以摘到它们……

国际青少年图书馆创始人叶拉·莱普曼夫人，正是从小克罗蒂娅美好的想象中得到启示，创办了每年一届的"国际儿童图书节"：每年4月2日，也就是丹麦童话家安徒生生日那一天，全世界爱书的孩子，都要来读一本自己最喜欢的书。

莱普曼夫人想让孩子们相信，世界上真的有那么一棵长满美丽的儿童书籍的参天大树，在它的绿荫下，各个国家的孩子都相聚在一起……

每年的这一天，主办国还会选出一名最好的儿童文学作家，请他（她）为全世界的孩子写出一篇"献辞"，献给全世界的孩子们。而且，每两年一次的世界儿童文学最高奖——安徒生奖，也定在4月2日这天颁发。

在这一天，获奖的作家会发表一篇十分精彩的演说辞，他的名字也会伴着他的声音，迅速传到地球上的每一个国家。人们说，作家们的美丽献辞，都像是一些"老天鹅"的话，他们在给今天的孩子讲述一个个昨天的故事和明天的秘密，他们把一只只童话的"黑划子"和一只只"幻想的漂流瓶"交给了孩子们。

"请相信，没有任何东西，能够像美好的书那样点燃我们探索的明灯，帮助我们用心灵去认识那些未知的事物。"这是《长袜子皮皮》的作者、瑞典作家林格伦在献辞中写过的话。

另一位童话作家雅克·夏尔庞特，这样告诉孩子们：在书的森林里，有一些快乐的小指头，他们沿着一条条字句的小路走啊走，一字字，一行行，一段段，一页页……小小的手指头，朝着森林的中心一边走，一边会遇到越来越多的好朋友，就连等待已久的琴鸟，也会站在高高的枝头为他们唱歌……

《走遍天下书为侣》的作者、英国儿童文学作家尤安·艾肯告诉孩子们说：如果你独自驾着一只小船绕世界旅行，如果你只能带一件东西供自己娱乐，那么，你最好是选择一本书吧！一本你喜爱的书，就是一位最好的朋友，而且，它是真正属于你自己的东西，因为，世界上没有两个人用同一种方式读同一本书……

啊，和书交朋友吧！让全世界的孩子都有书读！书是友谊的源泉、和平的太阳；书，也是黑暗中的萤火虫；书中有一个活生生的世界……这些都是儿童文学家们在国际儿童图书节上讲给孩子们听的话。他们讲述的是那么有趣，那么娓娓动听……

下面的这组小故事，讲的都是作家和孩子们的故事；讲的是孩子们所喜欢的一些书是怎样诞生的故事。相信这些美丽的小故事，能够唤起你们对书的敬仰，对书的向往，对书的热爱……世界上还有比喜欢书、喜欢阅读更美丽、更幸福的事情吗？

大地的礼物

这是六月里最后一天的黄昏。当最后的一朵云彩,向着远方的山谷缓缓飘去,雨后的青翠的橡树林中,又响起了夜莺的美丽的歌声。

这时候,童话家安徒生像往常一样,又独自到森林边的草地上散步来了。玫瑰色的霞光洒在他瘦削的脸上,洒在他那像棕榈树一样瘦长的身上。他的目光依依拂过脚下的那些金色的三叶草,拂过一支支白色的小伞一样的刚刚冒出湿地的菌子——它们叫作"天鹅菌"吧?没有谁知道,安徒生的心中是跳动着喜悦,还是像往常一样,仍然藏着深深忧虑。他走着,走着,一步步地,一步步地,仿佛正在向着这乐曲一样的大自然,寻找着失落的旋律。

哦,不久前,就在这儿,安徒生结识了一个可爱的小女孩,一位林务员的十一岁的小女儿。小女孩曾经有一位美丽的妈妈。妈妈的手指曾经是那么温柔,夜夜抚摸着小女孩,直到把她送进最美的梦里;妈妈的目光也曾经是那么明亮,每天都为小女孩带来快乐,带来早晨的阳光和雨露。如今,像流星划过天空一样,妈妈不在了!永远地不在了。

她的爸爸,更像是一棵被突然的闪电击着的橡树,现在,再也听不见他的朗朗的河流一样的笑声了。他是一个伐木工人,为了生活,他把沉痛的心交给了家乡的大森林,他再也没有心思,用他浑厚的嗓音,为小女孩唱那些古老的伐木歌了。唉!小女孩,可怜的小女孩,就像一朵小小的无人过问的矢车菊,寂寞地生长着;又像一只孤独的小鸟,独自在幼年的天空飞来飞去。

安徒生走着,走着,猛然停住了沉重的脚步。晚霞映着他脸上一丝若有所思的微笑。那么,他想到什么了呢?

一夜过去了。当安徒生怀着忧郁的心情送走了一个不眠的夜晚之后,我们的十一岁的小女孩,此刻,也正从一个美丽的梦中醒来,迎来了她童年的又一个明亮的早晨。

是的,小女孩起得很早很早。像从前的妈妈一样,她悄悄地为爸爸包好了晾干的衣服，然后默默地送爸爸出门，望着爸爸沿着山边的小路向林场走去。初夏的风，撩起她的金色的美丽的头发，也吹着她的破旧的衣裙。在一棵小小的橡树下，她望着那一片片碧绿的叶子，情不自禁地伸出小手，仿佛要把那叶子上的阳光全部接住。一群小鸟欢唱着从森林的那边飞来了。它们唱着谁也听不懂的歌。阳光照亮了它们扑展的翅羽。

"啊，早上好！金色的小鸟！啊！早安，绿色的林子！"

这时候，远远地走来一个身影。哦，多么熟悉的高高的身影啊！听哪，那又是多么熟悉的有力的脚步。小女孩认出来了，这是前几天送给自己绯红的玫瑰花的那位叔叔。对，是那位安徒生叔叔。

那天中午，多美的中午啊！叔叔讲过的那些故事是那么有趣。那个叫艾丽莎的小姑娘，有着十一个那么好、那么爱她的小哥哥。还有那些大鸵鸟，都在水塘边说着很流利的埃及话。哦，叔叔唱的那些歌儿，也像爸爸唱的一样高昂。叔叔还大声地对着山谷朗诵，他说那是世界上最好最好的人留下的美丽的诗歌……

那么今天，他又要来给她讲故事吗？他还会送给她红色的玫瑰花吗？小女孩一边想着一边欢叫着，蹦蹦跳跳地，伸开双臂向安徒生奔去。

现在，让我们和快乐的小女孩一道，跟着微笑着的安徒生走吧，到昨天的黄昏时的那片草地上去吧。安徒生笑着对小女孩说："亲爱的孩子，今天，我要来告诉你一个很好的，对，是一个很好的消息。昨天夜里，没有错，就是昨天夜里，当我醒来，我突然收到了许多美丽的礼物！那是我们的大地爷爷——他已经很老了——分派地下的精灵送给我的，送给我们所有人的。当然，也有给你的，它们就藏在这块草地上呢。是的，好孩子，你不信去找找看，一定会找到的……"

啊，多么奇怪的大地爷爷啊！小女孩一听，快乐得就像阳光下的一只金色的小鹿。果然，在一支支白色的天鹅菌下，在一株矮矮的野苹果树上，在一簇簇绿色的三叶草边，她找到了，找到了闪亮的顶针和发梳、金色的发带和银纸包的美丽的糖果，还有小小的、鲜艳的玫瑰花……失去了母爱的小女孩，在我们亲爱的土地上，找到了那么多的美丽的礼物——美丽的大地的礼物！

这时候，安徒生站在草地一边，倚着一棵无声的小树，微笑着，沉默了很久很久。像是在深情地看着自己刚刚写完的一篇童话，他看着小女孩奔忙的身影，轻轻地、自言自语地说：

"请原谅我吧，亲爱的、亲爱的孩子，我的天使！我的生命和心灵的灯！我没有力量让这个世界有足够的欢乐和幸福来交给你们，供你们享用。但愿有一天，你们能够相信，我没有欺骗你们啊！相信我们所依靠的大地吧，只有它，才是我们一切幸福和爱的源泉啊……"

这时候，一颗颗晶亮的眼泪，充盈在安徒生的深邃的眸子里。

又过了许多年，当安徒生老了的时候，他又一次来到了这片草地上。他没有再看到当年的那个小女孩。不过他相信，小女孩一定是长大了，长成美丽的少女了。当他蹒跚在草地边上的时候，另一位陌生的小女孩不知从什么地方走了过来。她望着眼前的这位奇怪的老人，轻声问道：

"老爷爷，您丢失了什么吗？我可以帮您找回来吗？"

献给小艾丽丝的圣诞礼物

这是一个发生在很多年以前的故事。是啊，是那么遥远了啊！

1862年夏天，美丽的泰晤士河上碧波荡漾，一只漂亮的小船正在河上游着。划船的是牛津大学基督堂学院的数学讲师，三十岁的道奇森先生。坐在小船上的，是基督堂学院院长利德尔的三个漂亮的小女儿伊迪丝、洛丽娜和艾丽丝。当时小艾丽丝只有三岁。

小船儿荡呀，荡呀，已经离开河畔很远了。这时候，艾丽丝仰起小脸，望着身穿法兰绒短衫、头戴一顶白色草帽的道奇森先生说："道奇森先生，再给我们讲一个故事吧！讲一个最好听、最好听的故事……"

道奇森微笑着点了点头，略一思索，眸子里闪烁出机智而喜悦的光芒。他说："好吧，孩子们，就讲一个自命不凡的小女孩的故事吧。那是很久很久以前了，有一个美丽的小女孩，一天，她正和姐姐们坐在草地上玩耍，突然，一只小白兔跑过她们的身边，一边跑一边念叨着：哎呀，我要迟到了！小女孩看见，这只兔子还从衣袋里掏出了一块怀表看了看。她感到好奇怪，便站起来去追那只小兔子。小兔子一会儿便钻进了兔子洞，小女孩就跟着兔子也钻进了小小的洞里。可是一到洞里，兔子却不见了，只有一个四周尽是门的大厅……"

道奇森先生讲到这儿，故意停住了，说了声："欲知后事如何，且听下回分解。"孩子们当然不答应啦。小艾丽丝的眼睛里闪着焦急的神色，抓着道奇森先生的手说："求求您啦！道奇森先生，现在就是下回啦，讲下去吧，小女孩后来怎么样啦？"

道奇森先生看着小艾丽丝迫不及待的样子，故意不慌不忙地让小船儿稳住，然后从身后提出一个小小的野餐篮，说："那么，孩子们，咱们可不能忘了郊游的午餐啊！来，一边吃面包一边听故事好吗？"

"好耶，好耶！"孩子们一边吃着道奇森先生带来的夹心面包，一边继续听下去："……小女孩在大厅里看见，一张玻璃桌子上放着一把小小的金钥匙，她拿起金钥匙就去开门。打开门之后，她看见了一座美丽的花园。她想进去，可那门太小，无法进入。她想，要是我能变小一点儿就好了。这时，她看见桌子上有个小瓶子，小瓶子上写着'把我喝掉'四个字。她打开小瓶子，尝了点儿，觉得很好喝，于是又喝了一点。这时候，小女孩觉得身体开始变小了……"

从那以后，道奇森先生的这个即兴编出来的故事，就一发而不可收了。孩子们需要他不停地讲下去呢！

在学院里他的办公室对面，有一块绿色的草坪。他常常看见艾丽丝和她的两个小姐姐牵着手儿，一边在那儿玩耍一边朝他的办公室张望。他明白，孩子们是在等待着他下面的故事呢。

是啊，孩子们是喜欢上他了！她们都知道，道奇森先生是学院里最和善、最喜欢小孩子的人，全不像她们的院长爸爸那样严厉和可怕。道奇森先生自己没有孩子，但他的壁橱里总是放着那么多有趣的小玩具。孩子们明白，只要她们到他那里去，所有这些玩具便会任她们自由地玩耍。

没有错，这些小玩具正是道奇森先生特意为她们准备的。对了，他还常常给小艾丽丝姐妹们照相、剪影，有时还邀请她们共进茶点呢！当然啦，孩子们最喜欢的、最念念不忘的，还是道奇森先生讲的那个自命不凡的小女孩的故事。她们还不知道，小女孩后来究竟怎么样了呢。

这一天，当道奇森先生又坐在洒满阳光的绿草地上，为她们讲了一段小女孩在地下奇境中遇到了爱发脾气的"红心王后"的故事后，喜欢刨根问底的艾丽丝，双手托着下巴，忍不住问道："请问道奇森先生，您知道这个小女孩叫什么名字吗？"

道奇森先生一听，故意假装认真地想了一会儿，然后刮着艾丽丝的小鼻子说："嘿，我想起来了，这个小女孩的名字就叫艾丽丝，艾丽丝·利德尔……"

"哎呀，她的名字怎么和我的名字一样？"

两个小姐姐会意地拍着手笑了起来，而小艾丽丝还没弄明白是怎么回事呢。

时光在匆匆地飞逝，转眼又是两年多的时间过去了，艾丽丝已经五岁啦！

这年冬天，当圣诞节就要来临的时候，道奇森先生披着满身的雪花，走进了艾丽丝姐妹们的小房间里。

"艾丽丝小姐，这是我送给你的圣诞礼物，请收下它吧，祝你们圣诞快乐！"道奇森先生说着，就微笑着从风衣后面拿出了一个用红丝带扎束着的小布包。

艾丽丝急忙打开一看，惊喜地叫道："哇！一本好漂亮的书耶！"

原来，道奇森先生为了让孩子们高兴，便悄悄地把他所讲的故事工工整整地写了出来，然后又亲手为它们画上了有趣的插图，并且还制作了一个墨绿色的绸布封面，装订成了一本漂亮的小书，书名就叫《艾丽丝地下冒险记》。

他把这本手写的童话作为圣诞礼物，献给了他所喜欢的美丽的小女孩艾丽丝和她的姐姐们。

这本童话书，就是今天全世界的孩子们都非常喜欢的、卡洛尔的童话故事《艾丽丝漫游奇境记》。"卡洛尔"就是道奇森先生的笔名。

这本书在道奇森先生生前就发行了十多万册。如今这本书已经完全超越了国界，被翻译成五六十种语言文字，流传在全世界的孩子们中间。

作为当年的一件特殊的"圣诞礼物"的那册"手抄本"，如今也被珍藏在伦敦大不列颠博物馆里。它已经不仅仅属于小艾丽丝一个人，而是属于全世界的一份无价之宝了。

公园里的小彼得

在伦敦西郊，有一个幽静的肯新顿公园。公园的一角，有一个美丽的蓝色湖泊，湖边矗立着一尊有趣的雕像——他虽然不是伟人、英雄或文化名人，但却是整个英国乃至全世界家喻户晓的一个小男孩。他叉开双腿，快乐地挥舞着手臂，嘴里还在吹着一支芦管，仿佛正在风中奔跑，又像是一只春天的大鹏鸟要展翅飞翔……

他就是几乎全世界的孩子都知道的一个童话人物——一个不愿长大、也永远长不大的"小飞侠"彼得·潘。

创造了这个不朽的童话形象的人，是英国著名作家、戏剧家詹姆斯·巴里（1860—1937）。而马克·福斯特执导的传记故事片《寻找梦幻岛》，讲述的就是詹姆斯·巴里创作生涯中的一段奇遇。

巴里一直居住在伦敦。日复一日的平静生活，使他几乎丧失所有的写作灵感与激情。他每天都要路过肯新顿公园两次，每次经过那里，都会看见一群孩子在草地上追逐玩耍。

有一天，公园里发生的一幕让他停下了脚步。原来，孩子们把肯新顿公园当成了他们所做的"海盗游戏"的大本营：他们用树枝搭起一个小屋，抠起地上的泥土捏成了供奉给海盗的点心。男孩子们在腰间扎起宽宽的红布条，插进他们引以为骄傲的大刀，头上自然也少不了海盗们的标志性头巾。他们甚至还推举出了自己的海盗船船长。

巴里在一旁忘情地欣赏着孩子们煞有介事的游戏，最后竟然接受了孩子们的邀请，欣然加入这支海盗队伍。他充当的是一个独眼大海盗。

在和孩子们的玩耍中，巴里了解到，这是一群没有父亲的"野孩子"。回家的路上，巴里还发现，原来这些孩子都是他的邻居，其中最活跃、最"拉风"的那个男孩叫彼得……

詹姆斯·巴里，1860年生于英国东部苏格兰农村一个织布工人之家。他自幼酷爱读书写作，1928年当选为英国作家协会主席，后来又受聘担任爱丁堡大学名誉校长。他的作品属于"菜园派"，擅长以幽默和温情的笔调描述苏格兰农村的风土人情。

他一生为孩子们创作了许多童话故事和童话剧，其中《彼得·潘》是他的代表作，已经成为世界儿童文学的经典之作。另外他还写过一些融童话幻想和社会喜剧于一炉的剧本。

他在肯新顿公园里和孩子们玩耍的时候，孩子们也从家长那里知道了，巴里是个写故事书的作家，而且他正在写一个剧本，叫《彼得·潘》。

孩子们把他团团围住，要他讲《彼得·潘》的故事。等巴里讲完了，他们才忽然明白了，他们一个个都被写进这个故事里了。因此，巴里把这些小孩子都称为他创作上的"合作者"。据说，《彼得·潘》公演时，每一个孩子都分到了五个便士的酬劳呢！当然，其中最得意的那个孩子就是小彼得。

"所有的孩子都会长大的，只有一个例外。所有的孩子很快都知道他们将要长大成人……"

《彼得·潘》的故事就是这么开始的。童话家创造了这个家喻户晓的形象，其意在说明人类有着周而复始、永存不灭的童年，以及伴随着永恒的童年的绵延不绝的母爱。

"小飞侠"彼得·潘可以停留在满口乳牙的孩童时代，可是生活在现实世界里的温迪姐弟们，却没有办法不长大。所有的孩子都应该长大。成长，是每一个孩子的天赋权利。他们总是要长大的，世界也需要他们长大。

孩子的生命也是无限的。而我们，每一个成年人最神圣的使命之一，就是要帮助每一个孩子健康、快乐、幸福地长大。

爱心的池塘

夜已经很深很深了。是的，很深很深了，所有的人都入睡了。

从外面寂静无人的街道上，不时传来巡夜的警察的脚步声，还有夜行的马车渐渐远去的车轮声，随后，又是一片深沉的静寂……

可是，十二岁的小学生裘里亚，却还没有睡去。他是一个贫穷家庭里的孩子。他的爸爸是一位辛劳的铁路工人。为了养活一大家人，爸爸经常要从别的地方揽些公文回来抄抄写写，每天都要抄写到深夜。最近，他又在替一家杂志社抄写订户的姓名住址条子，用正楷字抄写，每抄写500张可赚三元钱。这个工作使他很劳累，他常在饭桌上向家里的人叹息说："唉！我的眼睛不行了，这样熬夜真会要我的命呢！"

爸爸的辛劳让小裘里亚心里十分难受。他想，他已经是四年级的学生了，应该帮助爸爸做点什么了。于是，每天深夜十二点以后，当爸爸抄写累了，回到卧室之后，小裘里亚便悄悄地起身，摸着黑走到书房里，点上煤油灯，模仿着爸爸的笔迹，仔细地写起那些条子来。

他连着写了好几夜，爸爸都没有发觉。只是有一天晚饭时，爸爸说："真奇怪呀，近来灯油突然费多了呢！"小裘里亚听了暗暗吃惊，生怕被爸爸发觉其中的奥秘；同时他也很高兴，他帮爸爸抄写了很多条子，不仅没让爸爸发现，反而让爸爸觉得："我还很能干呢！我的手还灵活，眼睛也还中用哩！瞧，昨天晚上又抄写了这么多，连我自己都有点不相信，我还这么能干呢！"

可是，由于长时间的熬夜，小裘里亚白天总感到疲倦，晚上做功课也会打起瞌睡来，在学校的成绩也明显下降了。爸爸知道了，就深深地责怪裘里亚。要知道，爸爸之所以这样拼命地工作，就是为了让小裘里亚安心念书、好好成长啊！可是小裘里亚却不能对爸爸说出真情，他只能在心里悄悄地说："啊，爸爸，原谅我，原谅我！"

……

　　这个动人的故事，写在《爱的教育》这本著名的小说里，题目叫《佛罗伦萨的小抄写匠》。许多小读者和大人都知道这个故事，并且为小裘里亚和他的爸爸，为这善良和温暖的亲情洒下过感动的眼泪。

　　《爱的教育》这本书的作者是意大利作家亚米契斯。他通过对一个三年级小学生安利柯日常生活的记述与描写，向我们展现了一个个生动感人的爱心故事。这里面有孩子们对祖国的爱，有善良慈祥的老师对学生们的关爱，有同学之间的深挚的友爱，也有各行各业的辛勤的劳动者对于自己所从事的工作的热爱……

　　安利柯每天从家里走到学校去，再从学校回到家里。他接触到了许多平凡和善良的人，他也听到了许多使他难忘的故事。他从这些人物身上和事情之中，渐渐懂得了爱、同情、谅解、互助、荣誉、自尊、宽厚、奉献以及爱国、理想、崇高、勤劳、感恩、意志、信念、创造、英勇、伟大等等美丽和高尚的字眼，懂得了一个人在世界上生活着，应该怎样做才能使自己成为一个善良的人，一个高尚的人，一个平凡而又有益于他人、值得人们尊敬和怀念的人。

　　《爱的教育》这本书不仅讲述的故事非常感人，深入到了孩子们的"心"中，而且文字也十分优美，传达出了一种温暖和恬静的美。请看11月10日这天，安利柯记下的他爸爸对他说过的话。事情是因为小安利柯对妈妈说了不礼貌的话引起的，于是他爸爸这样对他说道："安利柯啊，你要记住，你一生当中，会经受很多痛苦，然而最大的痛苦是失去母亲。等你长大成人了，尝遍人生的种种艰辛以后，你会千百次地回忆起你的母亲来，渴望能再听见她的声音，哪怕只一分钟也好。你会像一个失去保护、寻求抚慰的孩子一样，想要再投到母亲的怀抱里去哭泣。那时你想起种种使母亲伤心的事情来，不知道会多么懊悔。……安利柯啊，你要知道，一个人如果使自己的母亲伤心，无论他的地位多么显赫，无论他多么有名，他也是一个卑劣的人。对你的母亲，你今后可再也不要说无礼的话……"

　　《爱的教育》就是这样一本充满了温暖的爱心和亲情的书。它告诉我们一个道理：无论是学校还是家庭，都好比是一个池塘，是方的还是圆的，并不重要，重要的是池塘里要有水！而爱心、亲情、友谊等等，正好像是池塘里的水。但愿每一所学校、每一个家庭、每一颗心中，都是那注满了清水的池塘。

窗边的小豆豆

小豆豆是一个聪明、善良、挺招人喜欢的小姑娘，可是，因为她的好奇心太强了，刚上小学一年级，就经常违反课堂纪律。

譬如说吧，老师正在上课的时候，她会把课桌盖开开关关地弄上上百遍。好不容易被老师制止了，她又会一股脑地把笔记本啦、铅笔盒啦和课本什么的，统统塞进桌斗里，然后再一样一样地取出来，好像在做游戏似的，哪里像在上课呢。

又譬如说吧，大家正在上默写课，教室里安静极了，老师也正在心里庆幸：啊，豆豆的课桌今天总算没有响动声了。可是，突然，小豆豆会一下子站起来，而且一直站到临近马路的窗户边，对着窗外大喊一声："广告宣传员叔叔！"

原来，外面正走过一位化了装的广告宣传员。"来啦！来啦！"她兴奋地冲着全班同学大叫着，根本不在乎这是在上默写课。

再譬如说吧，不是天天都会有广告员叔叔从教室外面经过的，这时候，豆豆该会安心上课了吧？可是，并不是这样，突然之间老师和同学就会听见，她在一个劲地嚷嚷着："喂，你在干什么哪？"老师一看，外面并没有人啊！原来，有只燕子正在教室的屋檐下筑巢，她是在跟燕子搭话呢！

"照这样下去，实在是无法上课啦！"不久，老师就把小豆豆的妈妈请到了学校说，"所以，很对不起，只好请您把府上的小姐带到别的学校去吧。因为我们实在是拿她没办法啦！请多多原谅。"就这样，小豆豆被学校退学了。

妈妈后来四处奔走和寻找，总算把小豆豆又送进了一所叫作"巴学园"的有趣的"电车小学"。巴学园的校长名叫小林宗作，是一位善于引导和教育孩子的卓越的教育家。正是因为小林校长机智、巧妙和耐心的引导，好奇而多动的、喜欢坐在窗边看风景的小豆豆，终于走上了健康、完美的成长的道路。

"豆豆可真是个好孩子呀！"在巴学园，小林校长常常这样对人说起小豆豆。他从不简单地说"不许那样"，也从来不说"大家要帮助他们"之类的话，而只是提出"要在一起啊！大家做事要在一起啊"这样的建议。

渐渐地，小豆豆对巴学园和小林校长也充满了依恋之情。"长大后，我也要来巴学园当老师！"有一天，豆豆和小林校长拉着勾儿立下了誓言。

若干年后，小豆豆长大了。尽管当初她和小林校长约定的那个诺言未能实现，但她没有辜负校长的培育之恩，没有让小林校长失望。她从东京音乐大学毕业后，经过考试，被日本广播协会广播剧团录取，后来又成为日本著名的作家、电视演员和电视节目主持人，曾经被日本政府评为"全国文艺界杰出人士"。如今，小豆豆不仅是全日本最知名、最杰出的女性之一，而且长期以来一直担任着联合国儿童基金会"亲善大使"的重任。

小豆豆的真名叫黑柳彻子。"小豆豆"是她写的一本回忆自己幼年时代的小说——《窗边的小豆豆》里的小主人公的名字。这个小主人公，当然就是彻子本人啦。而那位可敬可爱的小林校长也真有其人。不过，他已经于1963年去世了。他没能看到当年那个好奇、好动的小姑娘所写的这本关于巴学园生活的书。东京的巴学园也在第二次世界大战中，于1944年美军对东京的大轰炸中烧毁了……

不过，小林校长的教育方法，以及体现着他一生的教育理想和美好愿望的巴学园的有趣生活，通过黑柳彻子的细腻回忆和生动的书写，得以保留了下来。

小林校长一贯主张，任何类型的孩子，生来都是有良好的素质的，而在各自的成长过程中，这些素质往往会被周围的各种环境，尤其是大人们的种种观念、成见所惯坏，所以应该及早发现和培植这些良好素质，使其健康成长和成熟，从而把孩子造就成为具有个性的人才。

"校长先生对每个孩子都说了鼓励他增加自信心的话。"黑柳彻子无比留恋她在巴学园度过的自由和快乐的童年时代。她觉得，在巴学园，会感觉自己总是在校长先生的关照之下，那是一所令人心安的学校。对于有趣的事情，校长先生比他们考虑得还要多，那是能够让他们开心快乐的学校。

在那里，无论孩子们怎样跑来跑去没有片刻安静，却仍然会得到鼓励："再多跑跑也没关系啊！"那是每个人都可以爬"自己的树"的学校；是午饭后有时间说话，可以让最不擅长说话的孩子们也能够慢慢变得善于表达的学校；是把礼堂的地板当作一块大黑板，趴在地上用粉笔想画多大的图画都可以的学校。

"校长常常对我说的'豆豆真是个好孩子呀'这句话，一直以来给予我的鼓舞，简直不可估量。"她很庆幸自己遇到了一位伟大的朋友和老师。"假如我没有进巴学园，也没有遇见小林校长的话，恐怕我的一言一行都会被贴上'怪孩子'甚至是'坏孩子'的标签，小小的心灵背着自卑和对抗的包袱，在无所适从中长大成人吧？"

假如每一个孩子，在童年时代都能够遇到小林校长这样的老师，都能够生活在巴学园这样的学校；假如每一位老师、家长和儿童教育工作者，都能够像小林校长这样对待自己的每一个学生和孩子，那么，我们对于明天的期望，将会更大、更好、更有信心了。

第6堂课

节日朗诵诗（上）

【阅读提示】

美国有一位著名的朗读研究专家，名叫吉姆·崔利斯，他在那本专门研究儿童朗读的著作《朗读手册》里说到，朗读是一件关乎孩子们一生的事情。他说："我们教孩子去热爱与渴望，远比我们教孩子去做重要得多。"他告诉我们说，让孩子们每天大声朗诵15分钟，是美国教育成功的"秘诀"。如果能够把孩子们朗读的问题解决好，能够把朗读普及开来，那么，大到整个国家和社会，小至一个学校和家庭的问题，也将随之减少。

因此，他认为，大声朗读，绝不仅仅是孩子们的事情，而是所有父母亲、祖父祖母、老师、校长、图书馆管理员，甚至托儿所保育员——即所有承担着儿童教育责任，承担着哺育孩子的心灵与成长，也可能将影响着孩子一生的选择与去向的责任者共同的事情。

现在，无论是学校和家庭，无论是老师、家长和阅读倡导者们，都渐渐认识到了大声朗读的重要性。校园朗读，正在形成一种良好的风气。在许多校园里，都可以听到孩子们甜美和响亮的朗读声。这是一件多么好的事情！

在美丽和快乐的节日里，如果老师和家长们能给孩子们提供更多的朗诵的机会和展示才艺的舞台，引导孩子们大声朗诵，不仅可以使孩子在语言、智力方面得到更好的培育和发挥，更重要的是，能使孩子在情感和心理上得到健全的发展。这是因为，大声朗诵，可以使孩子们增强自信心，提高他们的表达、交际能力以及对环境的适应能力。

愿甜美和响亮的朗诵声，响彻在每一座校园的课堂上、草地上和节日晚会的舞台之上。

你好！新年

——新年晚会朗诵诗

春水在冰河深处淙淙流淌，
燕子栖落在金色的草垛上，
梦想着南方的绿场……
啊！美丽的新年，驾着美丽的雪橇，
早早地来到了我们的身旁……

她带来新叶，给每一片树林；
她带来叶笛，给每一个村庄；
她带来鲜花，给每一座城市；
她带来鸽哨，给每一片广场……
啊，美丽的新年，你好！
新的年月带给我们新的希望。

敞开怀抱，就像敞开所有的门窗，
忘掉烦恼，就像脱去厚重的衣裳。
来吧，亲爱的同学们，
让我们一起站在新一年的天空下，
新的年月带给我们一身新的力量！
课本是新的，日历是新的，
我们站在一条崭新的起跑线上；
图画本是新的，纪念册是新的，
我们怀着无数个最新的梦想。
每一个梦，都像山谷的小溪一样明亮……

啊，画一幅画吧，
画出你新的一年最美的蓝图；
啊，写一首诗吧，
献给你新的一年最新的理想。
我们正在走向一个新的站台，
明天的列车，将载着我们奔向远方。
那么，请收下吧，请收下我——
新的一年里的祝福和期望！

三百六十五片叶子，叶叶青翠，
请你把每一片珍贵的绿叶捧在手上；
三百六十五里路程，路正漫长，
请你用诚实的脚步去把它丈量。
啊，勇敢地去吧，亲爱的同学们，
新的年月会带给我们新的梦想，
相信吧，我们的快乐在更远的远方……

绿色之歌

——植树节朗诵诗

当我踩在青草地上，
呼吸着来自森林的鲜美大气，
我感到大自然的芬芳，
充满了我的胸腔。
我的肺叶，也像阔大的绿叶一样，
布满了美丽而健康的生命的色素；
我的双臂，也像一双迎风扩展的，
向着大森林飞去的鸟儿的翅膀……

绿色！绿色！绿色！
它是我们这个世界最美丽的颜色。
绿色的大森林，
是我们碧绿的生命之水，
是我们人类的摇篮，
是我们这个美丽的星球的盛装。

热爱我们的森林，
热爱我们绿色的大自然吧！
像热爱我们自己的生命一样。
保护我们的森林，
保护我们的每一株绿色植物吧！
像保护我们每个人的肺叶一样。

给每一只小鸟，一座绿色的楼房；
给每一只小鹿，一片幽深的森林；
给每一棵小树，一方纯净的天空；
给每一簇小花，一块湿润的土壤。
让一切乱砍滥伐者都醒来！
让他们放下斧头和锯子！
让一切制造污染和火灾者幡然悔悟！
让一切偷猎者，都永远收起手中的猎枪！

那时候，请相信吧，
整个人类都会与大自然相亲相爱，
即使是高楼林立的城市，
也将紧紧地依偎在大森林的身旁。
美丽的绿荫，将在世界的每一处，
轻轻摇荡，轻轻摇荡……

让火燃着

——夏令营篝火晚会朗诵诗

夏天是强盛的生长的季节，
大地有无边的翠绿，
大海有无垠的蓝色。
夏天是热烈而奔放的季节，
白昼有阳光灿烂，
夜晚有群星闪烁。

在这美丽的夏天里，让我们
用绿树和鲜花欢迎你们——
我们的城市是祖国最美丽的城市，
愿她的每一个故事，
给你们留下难忘的记忆，
给你们留下深深的思索……

敞开大海和山谷一样的胸怀欢迎你们——
愿大海洗去你们所有的烦恼，
让心儿像大海一样明净开阔！
去吧！到那青青的山谷间去欢呼去寻找，
那失落了的童年的梦、大自然的歌。
去吧！到那宁静的大海边去倾听去收藏，
那海韵的音符、闪光的贝壳……

去扬起夏令营蓝色的营旗，
去点燃我们心中美丽的篝火，
去以心发现心，
去用歌照亮歌！
信任、理解、探求、思索……
心灵和心灵碰撞的时候，
世界将变得更加年轻，
未来将变得更加美好，
友谊和热情将变得更加热烈，
就像熊熊的营火，永不熄灭！

我们已经长大

——儿童节朗诵诗

真的，我们已经长大。
我们要走到很远很远的地方去，
到那辽阔的秋天的原野上去，
我们要离开六月和妈妈。

让我们再一次看看六月的木马，
和童年时获得的绯红的小花，
还有扎着羊角辫的小姐姐，
还有画着五角星和白轮船的图画，
还有一盆金色的，
献给老师的太阳花……

我们没有弄脏红领巾，
它仍然红得像最美的朝霞。
让我们最后一次戴上它，
然后再轻轻地把它摘下，
再轻轻地、轻轻地叠得整整齐齐，
然后自豪地交给妈妈……
是的，我们就要告别儿童节了，
我们要走向更远更美丽的地方去，
因为，我们都已经长大！

再见吧，亲爱的老师！
再见吧，亲爱的爸爸妈妈！
再见吧，亲爱的六月！
再见吧，亲爱的儿童节！
我们的心中满满地装着
你留给我们的美好记忆，
装着你给我们讲过的话……

第 7 堂课

节日朗诵诗（下）

【阅读提示】

　　校园朗读的最佳文体，我觉得首选当然是诗歌。特别是在一些节日集会、校园晚会上，诗歌朗诵，总是少不了的"保留节目"。前一堂课和这一堂课收录的两组诗歌，都是专门为一些节日集会和校园晚会而写的，无论是内容和篇幅，都适合小学生们的节日朗诵。这些朗诵诗也都多次在一些节日晚会上被朗诵过，效果很好。

　　从内容上看，这些节日朗诵诗题材丰富，展示了高昂向上的精神风貌和色彩缤纷的大自然之美，也呈现了一幅绚丽多姿的、充满了欢乐、渴望、美梦、幻想和许多小秘密的儿童情感世界。其中有对祖国母亲的歌颂，有对老师们美丽的"红烛"精神的赞美和感恩，有对美好未来的憧憬、对大自然的吟唱、对生态环境的关注、对人生哲理的揭示等等。

　　这些诗篇整体上都是优美、高昂、健朗的，充满了温暖和明快的抒情品质。它们不仅意境优美，语言上也都朗朗上口，富有节奏和韵律感，适合大声朗诵。它们既是抒写校园情怀和青春年华的浪漫组曲，也是与孩子们的心灵对话。一首首朗诵诗，就像一面面明净的镜子，可以让孩子们从中照见自己的影子。这些洋溢着纯真的校园气息的诗歌，也可以使那些被时光老人逐出青春乐园的人们，在青春的篝火和激情的朗诵中，重新返回久已忘怀的花样年华。

朗诵给祖国听

——国庆节朗诵诗

我是在你安谧的夜空里
闪耀的
那一颗小星；
我是在你美丽的大地上
唱歌的
那一片绿叶；
我是在你清新的晨风中
燃烧的
那一缕霞光；
我是在你早春的田野上
奔跑的
那一条小河……

祖国啊，
我亲爱的祖国！
我用我美丽的母语诉说着
我的渴望、
我的快乐；
我用我纯真的生命歌唱着
你的博大、
你的巍峨……
祖国啊，
我亲爱的祖国！

高高地飞吧，小野鸭

——世界环境保护日朗诵诗

是谁的子弹，
打伤了这只小野鸭？
可怜的小野鸭，
离开了绿色的芦苇丛，
就像离开了亲爱的家。

它黑葡萄般的眼睛里，
充满了忧伤和思念。
它昂着头张望辽远的天空，
仿佛在倾听
妈妈的呼唤。

美丽的小野鸭啊，
孤独的小野鸭！
请让我为你养好枪伤，
再送你回到那
蓝色的小溪旁。
美丽的大自然，
就是你的家乡。
高高地飞吧，小野鸭，
穿过这片沼泽地，
你就会自由地飞翔到
你想到达的地方。

自己的小路

——毕业晚会朗诵诗

每个孩子都有一条自己的小路
在延伸着，
从我们小小的校园，
一直伸向你们向往的高山、草原、大森林
和遥远的、蔚蓝色的海岸……

每一个路口都有希望和友谊
在等待着，
等待着携上你们的手，
做你们忠诚的伙伴，
一同走向春天的原野，
走向大雷雨的夏天，
走向你们人生的秋天
那无比绚丽的风景线……

今天，
我用这盏小小的灯照耀着你们，
照耀着你们的童年时代，
那每一个得到和失去了欢乐的夜晚，
照耀着你们，
在启明星升起的时候，
大胆地跨出童年的门槛，

踏上自己的小路，
像蒲公英一样飞向遥远。

剩下无数个空旷的日子，
剩下无数个梦，
让我重温，让我悄悄去追寻岁月的温暖。
亲爱的孩子们，
我相信，不久的一天，
我还将紧挨着这盏心灵的灯，
一字一句地诵读
你们从未来寄来的诗篇。

春雨沙沙

——教师节朗诵诗

春雨沙沙，春雨沙沙，
雨落在通往校园的小路上，
雨落在放了晚学的路灯下。
雨落在伴随我童年的那把
小小的黄色的油纸伞上，
散落成了一朵又一朵
亮晶晶的记忆的水花……

春雨沙沙，春雨沙沙，
还记得吗？您曾经和我共一把小伞，
走过了美丽的童年时光。
手拉着手，心贴着心，
踩过那一团团明亮的水洼，
留下了一排排浅浅的脚印……

春雨沙沙，春雨沙沙，
有多少次，无声的小雨落进梦里，
雨水打湿了我梦中的衣裳和头发。
在雨中，老师背着我们蹚过小河，
在风中，老师伴随着我们每一天，
送走了一个个春秋和冬夏。

春雨沙沙，春雨沙沙，

敬爱的老师，您生命的灯光，
永远为我们点亮着，
灯光也映照着您满头的白发！
啊，当童年的雨季一去不再来，
我心中的天空的小雨下得更大！

第 8 堂课

学会感恩

【阅读提示】

有两首感人的歌，我都很喜欢，每一次听到或看到，心里都会感到酸楚，眼睛也会湿润。一首叫《感恩的心》，是一首"手语歌"。这首歌源自一个真实的、令人心碎的故事，我在后面的散文《一颗豆粒》里讲述过。

还有一首歌《翅膀下的风》，是献给妈妈的，也是献给爸爸的：

> 在我的影子里你一定很冷，
> 阳光都被我挡住。
> 但你一直满足于让我发亮，
> 你一直在我身后跟着。
> 所有的荣耀都给了我，
> 而你却是我背后最坚强的支柱。
>
> 没有名字，只有笑容掩去一切的痛苦。
> 我能高飞像一只老鹰，
> 全因为你是我翅膀下的风。
> 没有你，我什么都不是。

这两首歌，都表达着一种深深的感恩之情。真挚、深厚和无私的恩情，是任何旋律、任何音符，甚至任何文字都诉说不完，也感激不尽的。感恩，是一个永恒的主题。我们一生中不知要接受多少默默的关爱与恩惠。我们怎能不感恩生命的存在，感恩大地和万物赐予的温情，感恩阳光的照耀和雨露的滋润，感恩那柳色秋风、四季轮回的冷暖人间。

再小的钻石也会闪光

"我有一个六岁的儿子，圣诞节时，他趁我不注意，在接受圣诞老人礼物的袜子里塞了一封信，信上说：圣诞老爷爷，请去非洲吧，我什么都不要！结果，在圣诞节的早晨，我儿子就在袜子中发现了圣诞老人的留言：谢谢，我这就去一趟非洲。"

日本女作家黑柳彻子担任联合国儿童基金会亲善大使二十多年，在此期间，她几乎走遍了整个非洲、中东和东南亚的广阔大地和近三十个国家，深入到了为贫穷、饥饿、疾病和战争所蹂躏的苦难的村庄和难民营的帐篷之中。

上面的这件小事，是那部纪录黑柳彻子在非洲工作的情景的电视片《饥饿的非洲》播出后，一位妈妈在写给她的一封信中讲述的一个细节。

"那个小男孩肯定会在脑海中想象着，圣诞老人去非洲，将大口袋里的各种食物分发给饥饿儿童的情景。或许他还会想象着，干旱的沙漠上喜降大雪，驯鹿奔跑在雪中的情景……"黑柳彻子也在想象着：假如这一切都是真的那该多好啊！她的日常生活和工作中，充满了这样的细节和这样一些小故事。这些事情，有的是她小时候就在想的，长大了还在想。

她就像西非塞拉利昂钻石矿山下的河谷中，那些手持筛子的采钻者，一点一点地筛落虚浮的尘土，而把那些熠熠闪光的、最宝贵的碎屑淘洗出来。有时候，她一边记录着这些小故事，一边也很自然地联想到她所看到的那些用小筛子不断地筛着小石头的孩子。

"这么多、这么琐碎的沙子，会不会漏掉钻石啊？"她轻轻地问道。

那些孩子回答得多好："不，无论多么小的钻石，都会闪光的……"

我们从她的书中看到的，就是这样一些像碎小的钻石般闪光的文字。

在担任联合国儿童基金会亲善大使的岁月里，黑柳彻子目睹过无数的人间悲剧，目睹过因内战而满目疮痍的街道，因民族仇杀而堆积如山的尸体，以及一望无际的干裂的土地，在五六十摄氏度的酷热中或零下几十度的严寒下蹲在地上的难民……

有一次，在阿富汗赫拉特的一个贫民聚居的村子里，她向那里的人们发放过冬的物品。

"……我特意拿出一副儿童手套，想为一个八岁左右的男孩戴上，可是我拉起他的小手时，不禁'啊'的惊叫了一声。我看到这孩子的手背如同象皮一样，满是皲裂的小口子，皮肤又厚又硬，根本不像一个八岁孩子的手。他也没穿袜子，我双手捂着他的小手说：'真了不起，看你这双手就知道你非常能干，来，戴上手套暖和暖和吧。'我一边说一边为他戴上了手套。手套的大小正合适，我问他：'暖和吗？'他羞怯地回答说：'很暖和。'他显得非常高兴。"

又有一次，在索马里，她问一位正在饥饿和贫穷中苦苦挣扎的母亲：

"现在，如果说还有希望的话，你想那会是什么？"

这位母亲思考了片刻，回答说："如果能够从这里出去，而且能有一点儿零用钱的话，我就去市场给孩子们买些吃的来。"

听了这位母亲的这个微不足道的希望之后，她说："这是一个令人伤感的希望，是一个那些只顾争权夺利的人所听不到的希望。"

这时候，她也想到了过去的战争年月里，自己的妈妈年纪轻轻的，就带着三个孩子过着颠沛流离的生活。为了在一个陌生的地方生存下去，美丽的妈妈不得不靠"出礼"——去一些正在操办喜宴的人家给人道喜和唱歌，换取一份食品礼物——来养活家里嗷嗷待哺的孩子们。

"我由衷地感到了一个母亲的伟大和坚强。同时我也深深感到，一个人只要有决心、有毅力，就能够办到许多令人难以想象的事情……"

她在多篇文章里写到了自己的妈妈，写到了那种怡怡而温暖的亲情。

"我的母亲从来不训斥孩子，她有话就会这样说：'妈妈即使有想说十遍的话也只说一遍，所以你一定要仔细听妈妈说过的每一句话。'因此，孩子们听到母亲的批评时都会想，坏了，妈妈原来是忍着没有说十遍，于是都会乖乖地承认自己的错误。"

没有好妈妈，哪来的好儿女。有一首小诗，她最喜爱，也从没忘记：

"草原的光辉，花儿的荣光／往昔一去不复返／然而又何足叹息／其深藏

的力量 / 我定会寻出 / 华兹华斯"。

从黑柳彻子的成长和人生经历中，我们每个人或许也能找到自己的影子。当然，还有那颗永远怀着感恩的心。

如何去爱这个世界？如何去尊重和关怀那些弱小的、卑微的生命？如何去建立起自己对于世界和人生的信念？如何去发现那些小小的真理，比如，再小的钻石，也会闪光……黑柳彻子都曾告诉过我们。

妈妈，妈妈，我得了个奖

不知道是否有人注意过，2003年度诺贝尔文学奖获得者、南非作家库切在当时的颁奖晚宴上的简短致辞中，自始至终所谈论的，都是自己的母亲。

"我的母亲要是活着的话，该是九十九岁半了，"他说，"……不管怎么说，我们在通往诺贝尔奖的途中所做的一切努力，若不是为了母亲，又是为了谁呢？"他想象着，如果他把获奖的消息告诉母亲："妈妈，妈妈，我得了个奖！"母亲一定会这样说："哦，太棒了！亲爱的，现在你该把胡萝卜吃完，不然它们就凉了。"

"可是，遗憾的是，在我们拿着奖跑回家，得以对我们的顽皮淘气有所补偿之前，为什么我们的母亲都已经年逾九十九岁了，甚至早已长眠于地下了呢？"

库切的致辞，使我想到一位法国小说家的名言："写作是为了让母亲看的。"

法国文学界有 个共识：他们的写作都是为了"让母亲看的"。他们各自在取得成就之后，往往都会这样想：啊，要是我的母亲能看到我就好了！

例如加缪。他的母亲一贫如洗，不认识字，而且失听，无法阅读儿子写的任何一本书。可是，这并不妨碍他们母子之间的爱。加缪把自己对母亲的深深的爱，写在了自传小说《第一个人》里。这本书的扉页上有一行沉痛的献词："献给永远不可能阅读这本书的你。"有人分析说，加缪之所以成为作家，就是为了他的母亲。他想让不认识任何字母、也听不见任何声音的母亲看到和听到她无法使用的词语，并且永远做她深情的儿子。

还有普鲁斯特。他也是一位从小就受到具有艺术家气质的母亲无微不至的呵护和关怀的作家。母亲是他的生命和灵魂中巨大的存在。还在少年时代，当有人问他"对不幸的想法是什么"时，他回答说："将我和母亲分开。"有人说，他那部长长的、就像劳蛛结网般的呕心沥血之作《追忆似水年华》，从头至尾，都可看作他写给母亲的依恋之书、倾诉之书和感恩之书。

　　最近，我读到了散文家赵丽宏写的一篇《母亲和书》。我觉得，这是一篇散发着淡淡的感恩的芬芳的散文。

　　这篇散文是这样开头的："又出了一本新书。第一本要送的，当然是我的母亲。在这个世界上，最关注我的，是她老人家。"

　　这个细节一瞬间就先感动了我。我不知道，有多少作家会在自己每本新书出版之后，首先想到的是送给自己的母亲。如果是，那他就不仅是一个值得我们期待的好作家，而且还是一个值得敬佩的好儿子。

　　我甚至想，如果我的母亲还活在世上，我至少就会从现在开始，也像赵丽宏一样，把自己出版的每一本新书首先送给母亲。那样我会觉得，我该是世界上最幸福的一个作家了。遗憾的是，正如库切所言，当我终于意识到这一点的时候，我的母亲却早已长眠于地下了。

　　赵丽宏在自己的散文里接着回忆说，在漫长的成长过程和读书、写作生涯中，他虽然已经成为一名作家，但是似乎并不能确定，母亲是否喜欢阅读他写的那些书。因为母亲的职业是医生，而且她也从来不在儿子面前议论文学，从不轻易地夸耀儿子的成功。

　　"和母亲在一起，谈话的话题很广，却从不涉及文学，从不谈我的书。我怕谈这话题会使母亲尴尬，她也许会无话可说。"他说。也因此，当他的一套四卷本选集出版后，他想，这套书字数多、字号小，母亲也许不会去读的，便没有想到送给她。

　　可是，有一次他去看母亲，母亲告诉他说，前几天，她去书店了。儿子问她去书店干什么，母亲笑着说："我想买一套《赵丽宏自选集》。"

　　儿子一愣，问道："你买这书干什么？"母亲回答说："读啊。"

　　看到儿子不太相信的脸色，母亲又淡淡地说："我读过你写的每一本书。"

　　说着，她就走到自己的房间的一角。那里，有一个被帘子遮着的暗道。母亲拉开帘子，原来里面是一个书橱。

　　"你看，你写的书，一本也不少，全都在这里。"

　　儿子走近一看，不禁吃了一惊。在这个小小的书橱里，他这二十多年来出版的几十本书，全都在那里，并且按照出版的年份整整齐齐地排列着，一本也不少，有几本，还精心包上了书衣。

这时候，儿子的眼睛湿润了。

"我想，这大概是全世界收藏我的作品最完整的地方……"

毫无疑问，能够拥有这样一位母亲，他应该就是这个世界上最为幸福的作家了。任何一位作家所能拥有的任何荣誉、财富与地位，和拥有这样的母亲与母爱相比，又算得了什么呢！

罗曼·罗兰在小说《母与子》里说过一句话："母爱是一种巨大的火焰。"

是的，正是在这样温暖和伟大的火焰的照耀下，我们看到一代代优秀的作家的诞生。而这些作家最终也将以自己的母亲为荣，把自己视为母亲生命和人格精神的双重的儿子。

赵丽宏的这篇散文，不仅让我们领略了人间那种静水流深的母爱亲情，那种默默的感恩之情，也再一次证明了发生在许多作家身上的一个真理：写作是为了让母亲看的。

一颗豆粒

铃木健二是日本的一位励志读物作家。据说他的书在年轻一代读者中很有影响。我不记得是在一本什么样的书中，读到过他的一篇励志故事：《一颗豆粒》。我愿意在这里复述一遍，与大家分享。

有一位年轻的母亲，本来有一个十分幸福的家庭，一家人生活得很安静、很快乐。可是，在她大儿子上小学三年级、二儿子上小学一年级的时候，不幸突然降临到了她的家中！她的丈夫，因为一起交通事故不幸身亡了。更不幸的是，在这次离奇的交通事故中，她死去的丈夫竟然被法庭判成了肇事者。为此，身为妻子的她，只得卖掉土地和房子来赔偿受害者。

一家人一夜间就陷入了十分贫穷的境地。年轻的母亲最后只好带着两个孩子离开家乡，流离失所。好在她的遭遇总算得到了一户人家的同情。他们同意把一个仓库的一角，租借给她们母子三人居住。

在一个只有三张小床大小的空间里，她为孩子们铺上了一张简易的席子，安装了一个没有灯罩的灯泡。还有一个小小的炭炉。一个既当饭桌又当孩子课桌用的小木箱。还有几床破被褥和一些旧衣服。这就是他们全部的家当了。

为了维持生计，年轻的母亲每天早晨六点就离开家，先去附近的大楼做清扫工作，中午再去学校食堂，帮助学生发放食品，晚上就到饭店去，给人家清洗碟子和盘子。这样，做完一天的工作回到家里，往往已是深夜十一二点钟了。

家里呢，全部家务的担子，都落在了大儿子身上。

为了一家人能活下去，做母亲的整天起早摸黑，披星戴月，从没睡过一个安稳觉。可是，他们的生活还是过得那么清苦。他们全家就这样勉强地生活着。半年，八个月，十个月……有时候，做母亲的不忍心让孩子这样苦熬下去，她甚至想到了死，想和两个孩子一起离开人间，到丈夫所在的地方去。

有一天，她泡了一锅豆子，早晨出门时，给大儿子留下一张小纸条："锅里泡着豆子，把它煮一下，晚上当菜吃，豆子烂了时少放点酱油。"这天，她干了一天的活，累得疲惫不堪，实在没有了再活下去的勇气了。她悄悄地买了一包安眠药带回了家，打算当天晚上就和孩子们一块死去。

她打开房门回到家时，只见两个儿子已经钻进席子上的破被褥里，并排睡着了。忽然，她看见大儿子的枕边放着一张纸条。她有气无力地拿了起来。上面这样写道：

"妈妈，我照您条子上写的那样，认真地煮了豆子，豆子烂时放进了酱油。不过，晚上盛出来给弟弟当菜吃时，弟弟说太咸了，不能吃。弟弟只吃了点冷水泡饭就睡觉了。

"妈妈，实在对不起。不过，请妈妈相信我，我的确是认真煮过豆子的。妈妈，求求您，尝一粒我煮的豆子吧。妈妈，明天早晨不管您起得多早，都要在您临走前叫醒我，再教我一次煮豆子的方法。

"妈妈，今晚您也一定很累吧，我心里明白，妈妈是在为我们操劳。妈妈，谢谢您。不过请妈妈一定保重身体。我们先睡了。妈妈，晚安！"

看完纸条，滚滚的泪水从这位年轻母亲的眼里涌了出来。

"孩子年纪这么小，却已经懂得顽强地伴着我生活了……"她这样想道。然后，她坐在孩子们的枕边，流着眼泪，一粒一粒地品尝着孩子煮的咸豆子。

一种必须活下去的强大信念，从她的心里升起来。

摸摸装豆子的布口袋，里面正巧还剩下一粒豆子。那是她倒豆子时残留下的一粒。她把它捡了出来，包进大儿子给她写的纸条里。她决定把它当作自己的"护身符"，永远带在身上。

……十几年的时光终于熬过去了，孩子们也都长大成人了。他们性格开朗，为人正直，并且都从母亲所憧憬和期望过的那所一流大学里毕业了，然后都找到了满意的工作。只是，直到如今，那一颗豆子和那一张纸条，仍然时刻带在这位母亲的身上。

这是一个动人的感恩故事。这个故事也使我想到那首曾经感动过很多人的手语歌《感恩的心》：

> 我来自偶然，像一颗尘土
> 有谁看出我的脆弱

我来自何方，我情归何处
谁在下一刻呼唤我

天地虽宽，这条路却难走
我看遍这人间坎坷辛苦
我还有多少爱，我还有多少泪
让苍天知道我不认输

感恩的心，感谢有你
伴我一生让我有勇气做我自己
感恩的心，感谢命运
花开花落我一样会珍惜

据说，这首手语歌源自一个真实的故事：一个天生失语的小女孩，爸爸在她很小的时候就去世了，她和生病的妈妈相依为命。妈妈每天很早出去工作，很晚才回来，每天都要带一块年糕回家给她。在她们贫穷的家里，一块小小的年糕就是无比的美味。

有一天，下着很大的雨，天已经很晚了，妈妈还没有回家。小女孩好不容易在大雨中找到了倒在地上的妈妈时，妈妈已经离她而去了。小女孩看到，在雨水中，妈妈的手里还紧紧地握着一块年糕……

小女孩伤心的哭泣与冷冷的雨水混合在一起。她在雨中一遍一遍用手语唱着这首《感恩的心》，一直到妈妈的眼睛完全闭上……

啊，人的一生是如此的短暂、艰辛和珍贵，而我们一生中不知要接受多少默默的关爱与恩惠。我们怎能不懂得感恩父母，是他们给了我们生命，使我们能来到这个世界；我们怎能不感恩生命的存在，感恩大地和万物赐予的温情，感恩阳光的照耀和雨露的滋润，感恩那日出日落、花开花谢，还有那柳色秋风、四季轮回的冷暖人间。即便是一颗小小的豆粒里，也蕴藏着无限的亲情和生命的真谛。

最美的应诺

　　那是多年前的一个秋天，满头金发的达格妮，还是一个刚满八岁的小姑娘。那天，她挎着小篮子在她家乡的森林里采撷鲜花和野果。神奇的挪威西部大森林里，生活着成千上万只善歌的小鸟，有云雀，有知更鸟，有绣眼鸟、啄木鸟……鸟儿们的欢叫声，应和着牧童们的叶笛声与大森林深处传来的阵阵涛声，组成了一支优美的交响乐。小达格妮仿佛进入了一个神奇的音乐世界。而一颗纯真的梦幻般的童心，也像是一只永远也装不满的花篮，她不停地采撷着一朵朵美丽的小花和野果。

　　在一条幽静的林间小路上，她突然看见一个身穿风衣的人正在那里散步。从他的衣着和神态看，他是城里来的客人。因为在这片森林里，达格妮从来没有见过这个人。他们很快就认识了，并且成了好朋友。

　　那位城里人帮她采着野果，并帮她提着沉甸甸的篮子，然后又亲自送她回家。当他就要和小姑娘分手时，他有点恋恋不舍了。他微笑着对达格妮说："很高兴能认识你，我亲爱的孩子。可是，真糟糕，我两手空空，没有什么礼物可以送给你。你看，我口袋里连一根小小的丝带也没有，更不要说会唱歌的小娃娃了！"

　　"不，我不能要你的礼物。"小姑娘摇摇头说。但他仍然答应要送给可爱的达格妮一件礼物，一件很好的礼物。

　　"但不是现在——大约要到十年以后，好吗？"

　　达格妮迷惘地又是充满感激地点了点头。

　　时光匆匆地流逝，大森林的秋天来了又去了。每当小姑娘再到林子里采摘野果时，她就会隐隐地想起那天的奇遇，就会在心里悄悄地企盼着那个陌生的和气的城里人所应诺的那件礼物。

　　又过了几年，小姑娘长大了，她仿佛已经明白过来，想道：那位先生要送我一件很好的礼物，而且在十年以后。就算他有这个心思，他怎样才能找到我、认出我来，把礼物送到我的手上呢？她觉得，这不过是那个人和她开的一个玩笑。渐渐地，这件事在她的心中淡漠了。

现在，达格妮已经是一位18岁的少女了。这位美丽的守林人的女儿，第一次离开了自己的家乡，来到了祖国的首都奥斯陆，并且第一次走进一个正在举行露天音乐会的公园里。

美丽的公园里，菩提树间挂满了彩灯，庄严而华丽的音乐舞台上，飘来音乐的美妙旋律。达格妮好像又走进故乡如梦如幻的大森林中一样。

突然，她的全身一阵惊颤，忽地从草地上站了起来，几乎不相信自己的耳朵——因为舞台上的报幕员，分明正在向观众报告：

"下一个节目，是我们的音乐大师爱德华·格利格最得意的作品：《献给守林人哈格勒普·彼得逊的女儿达格妮·彼得逊，当她年满18岁的时候》……"

天哪！这是怎么一回事啊？这个有名的音乐家怎么会知道她和她父亲的名字呢？

起初，由于激动和迷惑不解，她无法静听音乐的旋律，渐渐地，她听到那只有家乡的大森林里才有的熟悉的风声、鸟声和笛声了。听着，听着，她流泪了！——十年前的那个秋天，在家乡的大森林里，那个陌生的城里人的神态、模样……都渐渐清晰地呈现在她的眼前，好像就在昨天。

是的，达格妮现在终于明白了，十年前遇到的那个和气的、穿着风衣的城里人，就是今天的大音乐家爱德华·格利格先生。而这首美丽的乐曲，便是他所应诺的那件最好的礼物——而且是用这种奇妙的方式啊！

那时候他大概就相信，小女孩会长大的，而他的乐曲也将传遍整个挪威。无论她在哪里，她都会听到、收到这份礼物的！是的，他相信。

此时，少女听完乐曲，泪流满面。她竭力抑制住呜咽，弯下身子，把脸颊埋在双手里，但她抑制不住内心的幸福、感激与激动。她从优美的乐曲里听到了，听到了音乐家对她的深情祝福：

"亲爱的孩子，你是黎明的曙光，你是最纯洁的生命，你是幸福的……"

对于少女达格妮来说，世间还有什么比这更可珍贵的礼物呢？

她没有再见到那位十年前见过的善良的城里人，那位伟大的音乐家。但这并不重要。重要的是，她觉得有一种她从未有过的热情和信心在心中萌芽了！

"生活啊，你听我说：我爱你！我爱你！我爱你！"

面对布满夜色的世界，她这样在心里说道。

从这个美丽的黄昏起，她带着这份留在心中的、世间最美丽最珍贵的礼物，也带着她对这个世界的全新的热情、信心和勇气，走上了人生的旅途。

她同时也在心里说："衷心地感谢您，我亲爱的大师！——让我在将来的、值得回忆的另一个秋天去寻找您，与您相见吧！"

第 9 堂课

用美丽的汉语演讲

【阅读提示】

演讲，作为一种综合的才艺，在我们的社会交往活动中，在我们今天的校园里，已经越来越常见了。少年儿童的综合素质中，应该具有良好的演讲能力这一项。尤其是在公平参与竞争的机会越来越多，少年儿童与他人的交际和沟通能力变得越来越重要的今天，少年朋友们应该及早地学习、历练和掌握一些演讲的才能与技巧。

中外历史上，有许多著名的演讲，早已脍炙人口，传诵久远。如李大钊的著名演讲《"少年中国"的"少年运动"》；鲁迅先生在中山大学开学典礼上的演讲《读书与革命》；爱国诗人闻一多的《最后一次演讲》；文学家巴金的演讲《核时代的文学——我们为什么写作？》；科学家爱因斯坦的《在哥白尼逝世410周年纪念会上的讲话》；文学家雨果《在巴尔扎克墓前的演讲》；美国总统里根在"挑战者"号航天飞机失事后对全世界的讲话……无论是演讲稿的文采和演讲者的口才，都令人感动和敬佩。

是的，一篇好的演讲稿，不仅要文采斐然，给人以文学之美、语言之美的享受，还要具有清晰的思路、缜密的逻辑、强烈真挚的感情，以及激情澎湃的鼓动作用。只有这样，你才能用自己的思想、文采、感情和声音，打动坐在台下听你演讲的听众。

下面的这组演讲稿，是从我历年来所做的许多次演讲中选出来的，他们大都与少年儿童的校园生活和精神世界有关，或许能对喜欢演讲，而又不知道怎么写演讲稿的少年朋友，起到一些借鉴和参考作用。

作为一名使用我们美丽的母语汉语的中国人，我还想到，我们热爱自己的祖国，还必须好好地去热爱我们的母语。而作为一名作家，我还应该用自己所写出的每一个字、每一个词、每一个句子，去体现、维护、张扬我们伟大的汉语的精确与美丽、丰富与神奇。

俄罗斯文学家屠格涅夫在侨居巴黎的日子里，曾经这么说过："在疑惑不安的日子里，在我痛苦地思念我的祖国、惦记着她的命运的日子里，给我鼓舞和支持的，唯有你啊，美丽的、有力的、真挚的俄罗斯语言……"是的，爱祖国，爱我们的母语，也应该这样爱，也应该爱得这样深挚。

我们要相信，没有任何声音，比美丽的母语的声音更美；没有任何翅膀，比我们声音的翅膀飞得更远、更高。请让你笔下的诗歌发出嘹亮的声音，让你笔下的童话带上铿锵的韵脚，让你写出的小说、散文和演讲稿，都传达出心灵的音律和节奏。只有这样，所有的读者和听众，才能跟随着你的激情一起律动，一起共鸣……

书是童年时代最好的伙伴

——在儿童图书馆里的演讲

各位同学，下午好！

今天是星期日，好不容易盼到一个轻松的星期天，可是同学们却不抓紧时间玩耍，而是跑到儿童图书馆里来看书，来听我的演讲，这说明，在座的少年朋友都是喜欢看书、喜欢学习的了。谢谢大家！我今天演讲的题目就是：书是童年时代最好的伙伴。

我也很喜欢书，喜欢阅读。我曾经在一份简介中这样介绍自己：读书，教书，写书，编书，评书，也许一生都会在书中"旅行"了。我十分喜欢一位阿根廷作家（他曾经担任过阿根廷国家图书馆的馆长）说过的几句话。

第一句话是：我一辈子都是在书籍中旅行。——请你们想想看，这样的一生该有多么幸福！另一句话是：天堂的样子，应该就是图书馆的样子。——他是在想象着，有一天他到了另一个世界，也还要坐在图书馆里幸福地读书呢。还有一句话就是：在图书馆里，每一个人都在寻找属于自己的那本书。——他的意思是说，世界上的书很多，多得你根本就读不完，就是活上几辈子也读不完。关键是要学会读书，要学会去找到自己所需要的和真正喜欢的，而且能够帮助自己的好书。

这三句话我都很喜欢。这位图书馆长可真是了不起！而且他还是一位大作家，被人称为"作家的作家"。什么意思呢？就是说，他是比所有作家更高一个层次的作家，可以作为作家们的老师的作家。我请你们记下他的名字：博尔赫斯。

以后的日子里，当你们也打算去图书馆里寻找"属于自己的那本书"时，也许你们会去寻找他的书。

他小时候——大约就像你们这个年龄的时候，每天上学放学的路上，都会满怀羡慕地仰望着阿根廷国家图书馆的大厦，心里在想，要是有一天，能够坐在这座大图书馆里自由自在地看书，想看什么书就看什么书，该有多好！那时候他还没有想到，等他长大了，竟会成为这座有着丰富的藏书的图书馆的馆长。

由此我也想到，也许今天在座的各位同学中，也有不少人每天要经过我们这座城市的这唯一的一座儿童图书馆吧？你们是否也有过和博尔赫斯同样的心情与向往呢？啊，说不定，再过十几年、二十年，也能从你们这些同学中走出一位图书馆馆长呢！——无论是儿童图书馆、省图书馆、大学图书馆，甚至是国家图书馆。你们不要笑。请你们相信，一切皆有可能！

说到读书，我想你们中间一定有人听说过那个著名的"孤岛测试"。

曾经有许多人这样设想过：假如有一天，你将独自一人驾驶着一艘小舟绕地球旅行，或者你将独自一人前往一座孤岛，在那里生活一年、甚至更久的时间，而你只能——或者说只允许你——选择一样东西带在身边，供自己娱乐，那么，你将选择什么呢？

是一块大蛋糕、一盒扑克牌、一只小松鼠、一幅美丽的图画？还是一本书、一个八音盒、一把口琴，或一只装满了纸的画箱？每个人都可以自由地做出自己的选择。然而大多数人表示，更愿意选择一本书。

这是为什么呢？原来，蛋糕一吃就没了；扑克牌和松鼠不久就会变得乏味；围绕在孤岛四周的大海上的景色，胜过你带去的最美丽的图画；八音盒和口琴只能唤起你更大的孤独感；画箱里的纸装得再多也会用完……

而唯有一本书———本你所喜爱的书，才仿佛是一位永远亲切而有趣的旅伴。它将伴随你，给你无穷无尽的想象和欢乐，使你百读不厌、常读常新，不断地感知和发现新的真理；它将帮助你战胜寂寞和孤独，像黑夜里的明灯、星光与小小的萤火虫，为你照亮夜行的小路，指引你和帮助你去认识世上的善恶和美丑。

是的，什么也不能像书那样帮助我们，用生命、用心灵去感知和认识未知的事物。英国著名女作家尤安·艾肯，在1974年为国际儿童图书节所写的献辞里讲到，如果有一天，她真的独自漂流在茫茫的大海上，身边只有一本书为伴，那么，"我愿意坐在自己的船里，一遍又一遍地读那本书。"

她说："首先我会思考，想想故事里的人为何如此作为。然后我可能会想，作家为什么要写那个故事。以后，我会在脑子里继续这个故事，回过头来回味我最欣赏的一些片段，并问问自己为什么喜欢它们。我还会再读另一部分，试图从中找到我以前忽视了的东西。做完这些，我还会把从书中学到的东西列个单子。最后，我会想象那个作者是什么样的，全凭他写书的方式去判断他……这真像与另一个人同船而行。"

这位女作家相信，在这种情况下，一本书就是一位好朋友，是一处你随时乐意去就去的熟地方。而且从某种意义上说，它是只属于自己的东西，因为世上没有两个人用同一种方式去读同一本书。

另一位国际安徒生文学奖获得者、著名儿童文学家和教育家、俄罗斯国歌歌词的作者米哈尔科夫，也写过一本关于儿童成长的散文名著《一切从童年开始》。他在这本书的开篇就指出：书是孩子们生活中最好的伴侣。

他说，无论孩子们的家庭生活和学校生活多么有趣，可是如果不去阅读一些美好、有趣和珍贵的书，也就像被夺去了童年最可贵的财富一样，其损失将是不可弥补的。很难设想一个没有阅读、没有好书的记忆的童年会是什么样子。他告诉所有的家长、老师和为孩子们工作的人：一本适时的好书，能够决定一个人的命运，或者成为他的指路明星，确定他终生的理想。

在这本书中，有一章"生活中的伴侣：书"，专门谈论书与阅读对一个孩子的成长的重要性和影响力量。他谈到，有些书，一个人如果不曾在童年时读到它们，不曾在童年时代为它们动过真情、流过眼泪，那么这个人的本性和他整个的精神成长，就可能有所欠缺，甚至"将是愚昧和不文明的"。

他举了自己在八岁时所记住的诗人涅克拉索夫的几行诗为例，它们出自《涅克拉索夫选集》："在我们这块低洼的沼泽地方，/ 要不是总有人用网去捕，用绳索去套，/ 各种野兽会比现在多五倍，/ 兔子当然也一样，真让人心伤。"他说，过去了许多年——超过了半个世纪之后，这些诗句仍然没有失去当年迷人的魅力，它们仍然在不断地唤醒他的良知和爱心，像童年时一样。

他小时候还读过一本文字优美的诗体小说《马扎依爷爷》，当他自己也成了一名作家后，他仍然要特地去看看当年马扎依爷爷搭救可怜的小兔子的地方。

他举这些小例子只为了说明，一个人，只有从小热爱、珍惜和尊重自己祖国和世界最优秀的文学遗产——那些读也读不尽的好书——你的精神世界才会变得丰富、健全、美好和高尚。

自然，世界上的书是各种各样的，这是因为我们这个世界本身是丰富多彩的。欢乐的，悲哀的；真实的，魔幻的；崇高的，弱小的；美好的，丑恶的……整个活生生的世界，都可能进入一本书中。也许正因为如此，我们才更加觉得书的神奇与伟大。我们从不同的书中，既可以看到我们所赖以生存的这个真实的世界，以及我们周围的真实的人、所发生的真实的事件，我们也可以看到那些来自于写书人头脑的、虚构和幻想中的世界、人物和故事，如巨人和小矮人、恶毒的巫婆、善良的精灵、神秘的外星人、智慧的魔法师、美丽的海妖、可怕的吸血鬼等等。

美国女诗人艾米莉·狄金森，写过这样几行诗："没有任何大船，能像书本一样，载着我们远航；没有任何骏马，能像一页奔腾的诗行，把我们带向远方。" 是的，一本书可以超越最久远的时间和最辽阔的空间，让我们在任何时候和任何地方，都能够反复看到最古老的过去或最遥远的未来。书，帮助我们每一个人成长：从无知的小孩长成有美好的情感、有丰富的想象力、有智慧、有思想、有发明和创造力的巨人。

我衷心地祝愿你们，现在所能找到的和阅读的，就是这样一本对你的成长有所帮助的好书。

再过几天，就是4月2日了。我想告诉你们的是，这是一个即将到来的美丽的日子！是的，美丽的日子。请问在座的有哪位同学知道，每年的4月2日，是个什么节日吗？（提问）

很好，谢谢这位同学，替我们回答出了：4月2日是童话大师安徒生的生日。

不过，我在这里要告诉你们的是另外一个故事。很久以前，有个名叫克罗蒂娅的小姑娘，曾经这样想象过：有一棵美丽的大树，浓荫郁郁，而很多的书，就像红色的樱桃、金黄色的橘子和褐色的栗子一样，长在茂密的树枝上。它们有大有小，有粗糙的，有光滑的，只要一伸手就可以摘下来。尤其是那些漂亮的彩色画册，它们总是长在最矮的那些树枝上，小娃娃们一伸手就够得着……

国际青少年图书馆的创始人叶拉·莱普曼夫人，正是从自己的孙女小克罗蒂娅美好的想象中得到启发，创办了每年一度的"国际儿童图书节"——在每年的4月2日，也就是童话大师安徒生生日这天，要让全世界喜欢书籍的孩子都有条件去读一本好看的书，并且要让孩子们相信，世界上真有这么一棵长满书的参天大树，在大树的绿荫下，所有的孩子，无论是蓝眼睛、黑眼睛，也无论是黄皮肤、白皮肤还是黑皮肤，都能够相聚在这棵大树下。

从1967年4月2日举办了第一届国际儿童读书节至今，这个美丽的节日已经举办了二十九届了。今年（2006年）4月2日，将在中国的北京举办她的第三十届盛会。

每年的这一天，主办国都要选出一名最好的儿童文学作家，为全世界的孩子写一篇献辞，同时选一名最好的童书插画家，画一张招贴画，献给全世界的小孩子。而且，每两年一次的世界儿童文学最高奖——安徒生奖（有人也把这个奖称为"小诺贝尔文学奖"），也定在4月2日这天颁发。

在这一天，获奖作家都会发表一篇极其精彩的演说辞，他的名字将会伴着他的声音，迅速传播到地球上的每一个国家。因此，我还要在这里向大家推荐一本好书——《长满书的大树：安徒生文学奖获得者与儿童的对话》。这本书编选和汇集了自1967年以来历届国际儿童图书节上作家们的美丽的献辞、安徒生奖得主精彩的受奖演说辞，以及历届儿童图书节的彩色招贴画。我相信，这是一本所有孩子、家长和老师都会喜欢的好书。我希望你们能够找到和阅读这本书。也可以作为一个最好的礼物送给你的好同学。让他（或她）的童年记忆里，留下这本美好的书的影子。——而这本书，也将和你美好的友谊连在一起！

好，我的话讲完了，谢谢你们这么认真地听完了我今天的演讲。以后我会想念这座图书馆，想念这个美好的下午的。再见！

年年秋风吹起时

——在一次中学生毕业晚会上的演讲

寒来暑往，柳色秋风。亲爱的同学们，时光老人又从你们珍贵的学生时代匆匆带走了三载春秋。孩子们，到今天为止，你们的中学时代已经结束。仿佛一穗穗青谷，在阳光和秋风里渐渐成熟；又像是一支支幼笋，突然间长成了挺秀的绿竹。亲爱的孩子们，你们可以自豪地说了，你们都是无愧于时光的人！

当秋风吹起，你们都不能不告别自己的中学时代，告别你们的母校和老师，而走向各自要去的地方了，就像一群群白额雁，就要同时离开自己的营地。而你们此去，也许就是十年、二十年，甚至整个一生！

那么，亲爱的同学们，今晚，就让我们在母校和故乡浓绿的树荫下话别吧。

不要忧愁，也不要伤感。我们怎么能够忘记，那些共同度过的日日夜夜！那映照着我们沉思的身影的星光和月光，那迎送过我们匆匆的脚步的校园的小路，那足球场上的欢呼和歌笑，那冬青树下的谈心和争吵，那秋草地上、太阳湖边的无边的遥想——十六七岁的欢快和十六七岁的忧愁，如同白云般浮游在校园的上空……我想，所有这一切，都将随着岁月的推移而愈加清晰地闪耀在我们各自的心中，成为我们未来岁月里的点点温情和启示。

是的，一切都将成为过去，而那过去了的一切，将因为我们诚挚的怀想而变得可爱！

孩子们，我深深地理解你们。你们每一颗纯真的心里，都有着很多很多美丽的憧憬与梦想。你们的脸上和心中都充溢着自信。你们黑亮的眼睛，也许已经看到了未来的蓝天、高山、大森林，还有远方的城市、浪漫的大学校园、辽阔的草原、欢腾的工厂……相信吧，所有这一切都是属于你们的。这个世界唯有你们最有权利来做它的主人。你们为这一切自豪吧，快乐吧，而不必有丝毫的胆怯、畏缩和逃避的心理。勇敢地去吧！向着你们各自的理想。

　　我还记得多年以前，当我也像你们一样，就要离开自己的母校，去远方寻找自己的前程的时候，我的白发苍苍的老校长，给我念过诗人何其芳的诗。今晚，那高昂的声音又一次在我心中回响：

　　　　生活是那么广阔，
　　　　生活是海洋。
　　　　凡是有生活的地方就有快乐和宝藏。

　　　　去参加歌咏队，去演戏，
　　　　去建设铁路，去做飞行师，
　　　　去坐在试验室里，去写诗，
　　　　去高山上滑雪，去驾一只船颠簸在波涛上，
　　　　去北极探险，去热带搜集植物，
　　　　去带一个帐篷在星光下露宿。
　　　　去过寻常的日子，
　　　　去在平凡的事物中睁大你的眼睛，
　　　　去以自己的火点燃旁人的火，
　　　　去以心发现心。
　　　　生活是多么广阔。
　　　　生活又是多么芬芳。
　　　　凡是有生活的地方就有快乐和宝藏。

　　我相信，漫长而壮丽的人生旅途，会使你们的心灵变得丰盈而成熟，平凡而艰苦的工作，也将使你们感到生命的力量和奋斗的价值。最美丽的与最欢乐的，必将与你们同在！

　　亲爱的孩子们，亲爱的朋友们，就在你们即将远行的日子里，有一段动人的话也常常萦绕在我的心头：如果你们将来走上了工作岗位，为了祖国的繁荣富强，为了中华民族的强盛和复兴而发愤工作，那么，重担就不能把你们压倒，因为这是为祖国、为民族的利益而奋斗！你们的身上将会闪耀着崇高的光芒。那时，你们所感到的就不是可怜的、有限的、自私的乐趣，你们的幸福也将会属于千百万人……

今天，你们带着理想和信念，带着我们的祝愿同秋天一起远去；将来，你们必将带着果实，带着歌声和捷报，披着满身的风尘和更加丰饶迷人的秋天，一同归来，回到母校，回到你们中学时代的绿荫下和草地上。而那时候，我们将在哪里呢？哦，那时候，我们将站在秋天的路口迎接你们！站在你们熟悉的讲台上等待着你们！即使我们有的双鬓斑白了，或者有的已经永远地躺下了，相信吧，我们的祝福，仍将化为一朵朵永远飘荡在校园上空的深情的云彩，与大地、秋天同在！而且永远含笑，终生不悔。

我深深地祝福你们！这，就是我今夜的全部的诗情，也是我发自内心深处的最美好的祝愿。

我们美丽的母语

——与中学生谈谈对汉语的热爱

非常高兴能来和同学们谈一谈"热爱汉语"这个话题。

我们也许听说过"生活就是忆念"这个句子。这似乎已经成为一句名言了。然而我更相信：每一次怀旧，都会有一些新的发现。

20世纪80年代初，我在大学里念书的时候，有幸听过著名汉语言学家唐作藩先生的一次学术讲座，至今难忘。那时候我除了酷爱文学，幻想做一个诗人和作家外，还对汉语言学和音韵学颇有兴趣。也许这两方面的爱好原本都是为了一个目的，总之，当时我已经不满足于阅读王力先生的那本《诗词格律》的小册子了，而不知天高地厚地买回了他的另一部厚厚的、精装的《汉语诗律学》啃了起来。这真有点像蚂蚁啃骨头啊。现在回想起来，才懂得了什么叫"初生牛犊不畏虎"。而且，不久我就竟敢大言不惭地写起关于音韵问题的文章来了。

我第一次在刊物上发表的文字，既不是诗歌，也不是散文，而是一篇谈论中国诗词中的双声叠音的小评论《叠音词的巧妙运用》（发表在当时颇有名气的一家文学杂志《汾水》月刊1981年5月号上）。在这篇小评论之后，我又陆续写出和发表了好几篇关于诗词格律和汉语音韵方面的小文章。它们最直接的、或者说唯一的价值，是为我这个穷大学生换回了不少买书的零用钱。我当时所拥有的《莎士比亚全集》、《约翰·克利斯朵夫》、《红与黑》和《历代诗话》等，都是用这些小文章换来的。这是我读王力先生的书最初的收获。

正是从唐作藩先生的那次讲座中，我第一次知道了"龙虫并雕斋"这个名字，而且不久我就买到了中华书局版的《龙虫并雕斋文集》第一、二册。如果再加上我们当时使用的一部教材，即王力先生主编的《古代汉语》四册，那么，当时我所拥有的王力著作，已是厚厚的一摞了。我暗自得意，以为自己正在靠近这位汉语学家的世界，同时我也幻想着，将来某一天，能与这位语言大师通信，并得到他的回信和指点———因为他在文章里写到过，他经常收到一些大学生和语言学爱好者求教的信，他也经常给他们回信。

然而我不知道，当时我所拥有的王力先生的书，只是他的全部著作中极小极小的一部分。如果说，他的学问世界是一整片森林，他的全部译著，是一个深深的宝库，那么我所看到的，仅仅是这片森林最边缘的几棵树木；我所瞧见的，仅仅是放置在宝库门口的几件展品而已。而要真正深入这片语言文字的森林，进入这个汉语学系统的宝库，没有一种特别的耐心和非凡的毅力是不行的。我渐渐发现，我缺少的正是这种耐心和毅力。

到了80年代中期以后，对文学、对诗歌的痴迷，使我几乎舍弃了所有其他的爱好。诗歌的激情，缪斯的倩影，阅读与创作的梦想，占据了我整个青春期的心灵。与自己所热爱过的王力著作的渐渐疏远，已经成了一个无可奈何的事实，甚至连正在出版的卷帙浩繁的《王力文集》这样的事，我都不再知道，更不再关心了。1996年冬天，承蒙山东教育出版社刘进军老师的好意，慷慨惠赠给我这个爱书人几大包书籍。打开一看，竟然是一整套的《王力文集》，厚厚的二十卷！这使我有些喜出望外，恍若旧梦重现般的激动。当我不胜欣喜地摩挲着、摆弄着和翻阅着这一卷卷素朴的大书时，我才真正地感到，我面对的是一个多么美丽、多么丰富的"母语"世界啊！这种崇高和神秘的感情，我怎么过去就没有过呢？

果戈理曾经说过："你将永远诧异于俄国语言的珍贵：它的每一个声音都是一件馈赠，都似大粒的珍珠。"帕乌斯托夫斯基也说到自己祖国的语言，"只对那无限热爱自己的民族、了解他们到'入骨'的程度，而且感觉到我们的土地的玄秘的美的人，才会全部展示出它的真正的奇幻性和丰富性来"。现在，面对有着古铜色封面的、二十卷本的《王力文集》，我突然觉得，我对我们古老而伟大的母语，有了一种无限的景仰感和膜拜感。美丽而伟大的汉语，不仅仅是我们赖以生存和交往的工具，也不仅仅是我们的全部文化与文明的载体，它还是我们最初的和最后的语言与回忆之乡，是我们古老、智慧而苦难的民族的历史谱系表和最沉重的档案，甚至是我们全部的记忆与命运！

使我更加惊奇的是，这有着二十大卷、800万字的《王力文集》，还并不是这位勤奋的汉语学家的全部的著作。从第二十卷卷末附录的一份《未收入

〈王力文集〉的王力先生著述目录》中得知，二十卷文集之外，还有《老子研究》、《博白方音实验录》、《伦理学》等早期著作，《龙虫并雕斋琐语》、《龙虫并雕斋诗集》、《诗论》等文学创作研究著作和由他主编的《古代汉语》等，总共11部专著、17篇论文，以及20多部外国文学翻译作品，没有收入。

我的天！这位语言学家一生究竟写下了多少文字，出版了多少书，这本身就是一个神秘的和令人惊叹的数字了。他把一种伟大的劳动发挥到了极限。

记得大文学家爱默生说过这样的话："语言是一座城市，每个人都可能为这座城市的建设增添过砖瓦。"而作为汉语言研究大师的王力先生，他该是一位为了这座城市的健康、纯洁与美好付出了毕生心血的、最出色的建筑师了吧？是他的一系列著作，使我重新记起了往昔的梦，使我重新返回了那温暖、美丽的汉语和回忆之乡。

第10堂课

爱心故事

【阅读提示】

很久以前，我就想写一本这样的书：它不是一本大书，而是一本文笔优美的小书；它将由许多感人的爱心故事组成，而这些故事又必须是简单、短小和生动有趣的；其中的主人公，有的是文学大师，有的是艺术大师，有的可能就是普通人……

我想用这样一些美丽的爱心故事告诉读者们，什么才是作家和艺术家们伟大的、创造性的劳动；什么样的书，才是世界上最美丽和最好的书；什么样的心灵，才是伟大、善良、智慧、美丽和高尚、有趣的心灵。

我想仔细地去揣摩、想象和展现出，那些善良和智慧的作家与艺术家身上所具有的美德与魅力；我还想通过我的温婉、细致的描写和讲述，带领读者们进入一些伟大作品的诞生现场，让一些动人的事件，就像云层背后的星光一样，再度闪亮，从而让读者们对这个世界仍然怀有美好的希望，怀有美好的期待和信念。

是的，这样的一本书，一直在诱惑着我，就像黑暗中的萤火虫，不时地向我发出那美丽的光亮，在远处划着迷人的银线。

下面所选的这些美丽的爱心故事，就是我想象中的这本小书的组成部分。

这些小故事里的每一位大师，都可以成为我们心灵上的最真诚、最伟大的朋友。发生在他们身上的爱心故事，是全世界的孩子们所共同拥有的一笔珍贵的精神财富。这是一颗颗伟大而深情的心灵对于弱小的生命、对于人类的未来的关爱、呵护与祝福。这些故事，也有助于今天的小读者们开阔视野，拓展襟怀，净化心灵，提升自己的精神品位……

我希望，从这些温情脉脉的散文故事里，小读者们不仅可以获得成长的感悟与启迪，也可以获得文学的享受、美的熏陶。

我也期待，这些爱心故事，能够帮助小读者去认识到生命的珍贵与美好，认识到成长的艰辛与不易，认识到生命的宝贵与尊严，从而更好地敬畏生命、善待生命、热爱生命、珍惜生命，并且懂得，要对来自周围的呵护与关怀永远怀着感恩的心。只有认清和弄懂了这个道理，我们才可能真正地去善待生命、善待童年，去实现和完成生命与成长的价值。

小提琴的故事

1926年，当梅纽因还只有10岁的时候，有一天，他随父母来到巴黎，拜见了著名的音乐大师乔治·艾涅斯库。

这个在美国出生的小男孩，从4岁起就在旧金山跟着西格蒙德·安克尔学拉小提琴了。7岁的时候，他和旧金山交响乐团合作，首次公开演奏了门德尔松小提琴协奏曲。在当地，人们把他看作一个"神童"。现在，他来到了"艺术之都"巴黎，见到了他多次梦想见到的艾涅斯库。仰望着他所敬爱的小提琴演奏大师，小梅纽因迫不及待地说出了自己的心愿："我想跟您学琴。"

"可是，我亲爱的孩子，您大概不知道，我向来不给私人上课啊！"艾涅斯库回答他说。

"但是，我一定要跟您学琴，我求您听听我拉的琴吧！"小梅纽因的声音是那样恳切。

"您看，我正要出远门呢，明天清早六点半就要出发。"

"我可以早一个钟点来，趁您正在收拾东西时拉给您听，行不行？保证不耽误您出发……"

小男孩的天真、直率和执拗，使艾涅斯库产生了好感，他说："那么好吧，明天早晨五点半，请到克里希街26号来，我在那里恭候。"

第二天早晨六点钟，这位著名的作曲家、指挥家和小提琴演奏大师，听完小男孩梅纽因的演奏，满意地走出房间，向等候在门外的孩子的父亲说道：

"我很高兴认识你们，并感谢你们带来这个孩子。上课请不用付学费了，孩子给我带来的欢乐将完全抵得过我能给予他的东西。"

一年之后，梅纽因在巴黎登台演奏巴赫、贝多芬和勃拉姆斯的协奏曲。这是他作为艾涅斯库的学生在欧洲初次登台献艺。不久，他的名字就传遍了国际乐坛。

1952年，梅纽因36岁。这时候，他已经成为全世界最受欢迎的小提琴家之一了。这年冬天，梅纽因来到日本演出。

演出前，有人告诉他说，听众席上的最低档席位里，坐着一个擦皮鞋的孩子。他为了听一听这场音乐会，拼命地干活儿，省吃俭用才凑足了一点钱，买了一张最便宜的入场票。

梅纽因的心被这个穷孩子的爱乐精神感动着，小提琴家深深地感到了音乐的力量和自己的使命。他静静地、若有所思地拿起琴弓……

他觉得，今天的这场演奏，好像只为了一个听众——就是那个擦鞋童。至少，在小提琴家的心中，那个孩子，是端坐在音乐厅的最尊贵、最醒目的席位上的。

谢幕时，鲜花和掌声，充满了豪华的音乐大厅。

梅纽因谢完幕，便匆匆穿越过贵宾席上名流仕女们的盛情簇拥，径直来到低档席区，找到了那个擦鞋童。

"孩子，请告诉我，需要我为你做点什么？"

梅纽因俯下身子，轻轻地问道。

"不，我什么都不需要，只想来听听您的琴声……"面对走下台来的小提琴家，这个孩子简直不敢相信这是真的，他羞怯地说出了心里话。

这时候，梅纽因的泪水夺眶而出，一把搂住了这个衣衫褴褛的穷孩子。

这天晚上，梅纽因把自己最心爱的一把小提琴，送给了这个孩子，以表示对这个热爱他的琴声、热爱音乐的穷孩子的崇敬。

三十年后，当梅纽因年近古稀的时候，他再一次来到日本访问演出。年老的小提琴家没有忘记当年的那个擦鞋童。他想方设法，终于在一家贫民救济院里，找到了那个已经长大了的孩子。

他依然是那么贫穷不堪，从事着最繁重的体力劳动。幸福的生活好像从来没有到达过他的身边。但他像从前一样，仍然深深地热爱着音乐。当年小提琴家送给他的那把有着古铜色琴身的小提琴，一直紧紧地伴随在他的身边，须臾也没有分离。他把它视为比自己的生命还要宝贵的礼物。

三十多年来，尽管他的生活贫困艰难，却多次决然地拒绝了想以高价收购这把小提琴的富翁和收藏家。他知道，这个世界上，唯一能够给他的心灵送来欢乐和温暖的，唯一能够使他的生命得以安慰的，只有这把小提琴啊！

当夜深人静，他轻轻地打开琴盒，轻轻地抚摸着它的时候；当寒冷的冬天，他忍不住轻轻地端起它，试着拉上几下的时候……悠扬的琴音，总会给他平日里黯淡无光的生活，送来短暂的一阵明月清风般的遐想……

这次会面，梅纽因没想到，这个穷苦人竟还保存着当年的那把小提琴。像三十年前的那个夜晚一样，梅纽因仍然诚恳地问道：

"请告诉我，我能为你做点什么？"

"谢谢您，我什么也不需要。我已经拥有您的一把琴了。我只想再听听您的琴声……"

梅纽因默默地接过那把旧琴，深深地对着这个已经长大了的孩子点了点头，缓缓地举起了琴弓……

他演奏的还是当年的那支旧曲——勃拉姆斯的协奏曲。在场的人们看到，一颗颗晶莹的泪珠，从大师的眼里滚动出来，滴落到了古铜色的琴身上。

十二枝玫瑰花

这是好几年前，我在一本杂志上看到的一个感人的小故事。

现在，我凭着当时的记忆转述出来，可能细节上不如本来的故事那么准确了，但主要的情节应该不会有错。

说的是一个小男孩，因为下雪天在家中的后院里玩的时间久了，感冒了。他没有穿靴子。因为他根本就不喜欢靴子。或者说，他从来就没有拥有过靴子。他一直穿着一双廉价的运动鞋，上面已经有好几个小洞洞了，一点也不保暖。

圣诞节快到了。他不知道应该送给妈妈一件什么样的圣诞礼物。他摇着头冥思苦想了好久，也没有想出什么主意来。是的，即使他想出了什么好主意，他身上仍然是一分钱也没有。

这是一个穷孩子。他的爸爸三年前去世了。一家人相依为命，艰难度日。妈妈在一家医院做夜工，可是她挣得的微薄的薪水维持不了多久。这个家庭缺少的不是爱心与和睦，而是生活费和生活必需品。

小男孩有两个姐姐和一个妹妹。妈妈不在家时，就由她们操持着家务。这三个姐妹已经为妈妈准备好了漂亮的圣诞节礼物。今晚就是平安夜了，可是小男孩还什么也没有呢。他抹掉了眼泪，踢了一下脚下的雪，就沿着清冷的街道向商店走去。

他从一个商店走到另一个商店，透过美丽的装饰玻璃看着里面。那里的每一样东西看上去都漂亮极了，可是他一件也买不起。

天快黑了，小男孩只好转回家去。这时，他看到在路边有个东西，被阳光反射出了灿烂的光芒。他停下来，发现那竟然是一枚闪亮的一角硬币！小男孩紧张地捡起了那个硬币，顿时感到自己非常的富有，一股暖流涌遍了全身！

他迫不及待地走进他看到的第一家商店。可是，当店员告诉他，一角硬币买不到任何东西时，他的兴奋马上消失了。最后，他走进了一家花店，排在购买的队伍后面。

老板问他需要什么时，他拿出了那枚一角的硬币，说，他能不能为妈妈买一枝玫瑰花，作为圣诞礼物？

老板看着小男孩和他的硬币，开始还有点不解，不过，只一瞬间，他就拍着小男孩的肩膀说："小伙子，没问题，你等在这儿，我看一下我能为你做些什么。"

小男孩就开始等着。

他看到了很多美丽的花。

虽然他只是一个孩子，但是他似乎理解了，为什么妈妈和姐姐们都喜欢花。

可是，不一会儿，最后一位顾客的关门声，把他拉回了现实中。

商店里静静的，没有一个顾客了。他感到十分孤独和恐惧。

不过很快，老板出来了，来到柜台前。在小男孩的眼前，放着十二枝长长的、带着嫩绿叶子的红玫瑰。它们用一根银线捆在一起。

当老板把这些花轻轻地放进一个白色的长盒子里时，小男孩的心沉下去了。

"小伙子，给，正好10美分呢。"老板说着，接过了他手中的硬币。

这是真的吗？不是没有人会卖给他一角硬币的东西吗？

看到小男孩诧异和惊喜的样子，老板说："小伙子，我正巧有一些玫瑰花，售价是10美分一打，你喜欢吗？"

当老板把长盒子放在小男孩手里的时候，他才相信这一切是真的了。他不再怀疑了。

老板为小男孩打开了门，他走了出来。

老板对他说："圣诞快乐，孩子！"

当老板转过身的时候，老板的妻子走了出来。

"你在和谁说话？你弄的那些玫瑰花哪去了？"

他看着窗外，眼里噙满了泪水。他对妻子解释说："今天早上，我遇到了一件怪事，当我准备开门营业的时候，我觉得好像有人告诉我，要留下最好的一打玫瑰花，作为特别的礼物。我不知道那时我怎么了，不过我还是把它们放在了旁边。就在刚刚几分钟前，一个小男孩进来了，要用一角硬币为他的妈妈买一枝玫瑰花作为礼物。"

"你说的是真的吗？"妻子惊奇地睁大了眼睛。

"是真的，简直不可思议！当我看到他的时候，我一下子想到了若干年前的自己。我也是一个没有钱给妈妈买圣诞礼物的穷小子，是一个我从不认识的陌生人，在街上拦住了我，说他要给我10美元。当我今晚见到这个小男孩时，我明白那个声音的意义了，所以，我捆上了最好的一打玫瑰花。"

说完，店老板和妻子深深地拥抱在了一起。他们一起走到了寒冷的门外。不过，他们一点也不觉得寒冷。他们心里有着比平常更多的温暖。

红 虾

1886年12月，一个最寒冷的黄昏，贫穷的荷兰画家凡·高，因为付不出房租，被迫冒着刺骨的风雪，来到了一家廉价的小画铺的门前，几乎是央求着老板开了门，希望老板能收购一幅他刚刚完成的静物画。

是啊，这个年轻的、还未成名的画家，他太贫穷了！他一个人流落在异乡，身边既无亲人也无朋友。虽然他每天都要从事14到16个小时的绘画工作，但他的画却一张也卖不出去。他因此而受尽了人世的歧视与冷遇。他在寒冷的冬夜里，紧紧地裹着一条旧毛毯，给远方最亲爱的兄弟提奥写信说道：

"我是多么希望能有个小小的、安定的栖身之所啊！实际上，这是我绘画唯一的必备条件。如果能有一份足够使我能在画室里不受任何困扰，可以画一辈子画的工资，我就觉得自己很幸福了。"

可是，实际上呢，他连这么一点小小的希求都达不到。他在另一封信上诉说道："这几天，我过得很不愉快。星期四我的钱已花光了，几天里，我靠23杯咖啡加一点点面包为生，面包钱还是欠人家的。今晚下肚的只是一块面包皮了……然而，创作却深深地吸引着我，我像苦力一样画着我的油画……"

生活是这样的不公平，青年画家又是如此的贫困无助！他知道，这个冬天，如果再卖不出一张画去，那么，他只有被赶出旅店而露宿在风雪街头了。

还算幸运，小画铺的老板勉强购下了他的那幅静物画，给了他五个法郎。对于凡·高来说，这算是最大的恩宠了。他紧紧地攥着这五个法郎，赶忙离开了小画铺。可是，就在风雪交加的归途上，他忽然看见一个衣衫褴褛的小女孩，刚从一座教堂里走出来。

小女孩很美丽，不过，从她那一双可怜的、孤苦无助的眼睛里，画家一下子就看出来了，她也正处在饥寒交迫之中。

"可怜的孩子！"凡·高用忧郁的目光注视着这个目光里含着哀求的小女孩，喃喃地说道："没有错，当风雪降临到世界的时候，所有的穷人都是困苦的，而那些富人，哪里会懂得这些事呢。"

这样想着的时候，他完全忘记了，房东此时正守在他的住处，等着他回去交房租呢！他几乎是毫不犹豫地把自己刚刚拿到手的五个法郎，全部送给了这个素不相识的、可怜的小女孩。他甚至还觉得，自己所给予这个小女孩的帮助太微不足道，太无济于事了。于是，他满脸惭愧地、逃也似的离开了小女孩，消失在冬夜里凛冽的风雪之中……

仅仅过了四年，文森特·凡·高，这位尝尽了世间的冷暖炎凉和孤独贫困的艺术家，凄惨地辞别了人世。这位可怜的、天才的画家，仅仅活了37岁。

凡·高生前，他的绘画成就始终没有得到世人的承认。可是当他死后，他留下的作品却成了全世界的人们仰之弥高、光彩夺目的珍品。有谁能想到，他在辞世前一年画的那幅当时竟无一人问津的《鸢尾花》，在他死后还不到100年的时候，它的售价竟达到了5400万美元！

更没有人会想到，1886年冬天的那个黄昏，他那幅仅仅卖了五个法郎的静物画，若干年后，在巴黎的一家拍卖行的第九号画廊里，有人出价好几千法郎购下了它！在这幅小小的静物画上，画家画的是几只诱人的红虾……

多么美丽的红虾啊！这位世界画坛上的"奥林匹斯山的巨神"，透过这小小的红虾，抒发了他那深沉的慈爱之情，显示出一颗崇高和善良的艺术家的良心。

一个冬天的夜晚

音乐家贝多芬的一生是伟大的，也是充满苦难的。世界不曾给过他什么欢乐，而他却创造了永久的欢乐献给了世界。

贝多芬的伟大也是多方面的。其中最突出的一点，就是善良、仁慈和对于弱小者的关怀与热爱。对于苦难中的人们，贝多芬是他们最好和最亲密的朋友。当他们感到忧伤的时候，贝多芬会悄然来到他们身边，一言不发，只在琴弦上弹出他那隐忍的心曲，安慰着贫困和哭泣中的人们。

我们也许都听过贝多芬作于1810年的一首流传久远的、优美的钢琴曲《致爱丽丝》。据说，他写这个作品的灵感，像他的《月光奏鸣曲》一样，也来自于一个冬天的夜晚的经历。

那是他二十几岁时的一个冬天，一个寒冷的圣诞节之夜。贫困的、孤独的青年音乐家，一个人徘徊在奥地利首都维也纳的街心，仿佛在寻找着什么，又似乎是漫无目的，仅仅为了享受一下圣诞之夜的冷寂的星空……

空气中飘过了富有的人家餐桌上的烤鹅和苹果的香味。年轻的贝多芬在寒风中高昂着头颅，火焰般的卷发在风中飘扬……他的心灵似乎感到一股冲动。

突然，他看见一个身体单薄的小女孩，匆匆地从教堂的那边走过来。她的脸色那么难看，仿佛正因为什么不幸的事儿而感到绝望。她弱小的身体在寒风中哆嗦……

"请问小姑娘，什么事使你这么伤心，我能帮助你吗？"

贝多芬走上前去，用温暖的大手扶着她瘦削的双肩，真诚地问道。

小女孩看了看这位好心的先生，向他诉说了其中的原委。

原来，小女孩名叫爱丽丝，她的一位邻居雷德尔老爹正病得厉害，他身边一个亲人也没有，唯一的小孙女上个月也得伤寒病死了。雷德尔老爹哭瞎了眼睛，正躺在床上发着高烧。但他有一个愿望，他说，在这个愿望没有实现之前，他是不能死去的，不然，他的灵魂就不能升入天堂。

小女孩刚才就是去斯蒂芬大教堂找神父，希望神父能帮助雷德尔老爹实现他的愿望，好让他的灵魂升入天堂。然而，神父却叹叹气说：

"唉，他一定是疯了，他是个瞎子，能看见什么呢？他的愿望是无法实现的！"说着，便把小爱丽丝拒之门外了。

"那么，请你告诉我，雷德尔先生的愿望到底是什么呢？"

贝多芬着急地问道。

"先生，雷德尔老爹可是个善良的人，他爱画画儿，爱听音乐，每到春天，他就骑着马到森林里去，秋天带着一大捆画回来。他把卖画换来的钱都分给了我们这些穷邻居，而他自己却穷得只剩下了一架破钢琴。他病了，他天天都在念叨：'让我再看一眼森林和大海吧，让我到塔希提岛，到阿尔卑斯山去看一眼它们吧！这是我在这世界上最后的、唯一的愿望啊！'"小女孩含着泪水告诉面前的这位先生说，"多么好的老人呀，可惜没有人能帮助他实现这个愿望！"

"不，也许有的！"青年音乐家拉起小爱丽丝的手说，"走，让我们现在就去看看雷德尔先生吧。"

就在这个寒冷的圣诞之夜，青年贝多芬跟着小爱丽丝，来到了老画家的身旁。他轻轻地打开了老画家那架旧钢琴的琴盖。他坐在这架旧钢琴前，心中似有一种神秘的激情涌起。

他的手指轻轻地按动了琴键……是的，他的灵感和激情迸发出来了，在他接触琴键的一刹那间，仿佛有一种无法言说的神秘的召引，恍若内心深处正在接受神的帮助，他弹奏着，弹奏着……那么自如，那么专注……

这时候，雷德尔已经停止了咳嗽，好像是一种回光返照似的，他坐了起来，咧开嘴巴，微笑着，头部也随着音乐的节拍来回摇晃……

小爱丽丝更是满脸惊讶地望着这架破旧的钢琴，好像在怀疑，这位年轻的先生是不是一个巫师，怎么好像具有魔法一般……

"啊，看到了！我看到了！阿尔卑斯山的雪峰，塔希提岛四周的海水，还有海鸥、森林、耀眼的阳光……全看到了！啊，我的灵魂终于可以升入天堂了……"雷德尔感动地扑上前来，拥抱了正沉醉在琴声里的青年音乐家，"尊敬的先生，感谢你在这圣诞之夜，使我看到了想看到的一切——我终生热爱的大自然啊！"

"不，不是我，而是您那仁慈的心灵在召引我，在驱动着我。还有你，美丽可爱的、天使一般的爱丽丝！是你把我引到了这架钢琴前……"

"不，是您帮助雷德尔先生实现了他的美丽的愿望。"小爱丽丝羞怯地低下了头。

"请允许我把这首乐曲献给你——可爱的爱丽丝！是的，我会把它的乐谱记录下来，带着它，走遍全世界……"

说完，青年音乐家弯下身来，轻轻地吻了吻小爱丽丝，然后猛地转过身，拉开门，大步走进了夜色中。

他的火焰般的卷发在夜风中飘扬着，雄壮的姿态活像一只雄狮。

"啊，天哪！他是贝多芬先生！"

爱丽丝在这个青年人走出门去的一瞬间，记起了以前在剧场里见过的贝多芬的样子，她惊叫起来："没有错，正是他！伟大的贝多芬先生！"

……许多年过去了，贝多芬从没忘记过这个冬天的夜晚。

他的心灵常常被一种难以名状的感情缠绕着。终于，有一天，当他凭着准确的记忆，写出了他在雷德尔床前所弹奏过的那首乐曲，他的心灵才如释重负般地、稍稍平静了下来。

他总是难以忘怀那位善良、美丽的小女孩爱丽丝。于是，他不假思索地把这首钢琴曲题名为《致爱丽丝》。

第11堂课

励志故事

【阅读提示】

高尔基在他的小说《童年》里说过：人是在不断地反抗周围艰苦的环境中成长起来的，而且，生活和成长环境越是困难，他就应该越发坚强——"即使这个世界不容我立足的时候，我也要像钢铁一样坚强地生存下去！"

下面这组散文里所讲述的，是一些曾经感动过全世界的励志故事。

这些故事的主人公都是作家，他们的故事通过各自所写的书，或者通过后来人为他们所写的传记，而感动过和激励过无数的读者。

我心存这样一个小小的希望：通过这样一组励志故事，帮助孩子们更清晰地去认识到生命的珍贵与美好，认识到成长的艰辛与不容易，从而更好地去热爱生命、珍惜生命，并且从童年时代起就能够健康、坚强和乐观地成长，让童年时代和整个生命沐浴在明亮的阳光之下。

还有，通过这些动人故事，帮助孩子们认识到什么是生命和成长过程中的担当与勇气，什么是坚强、进取和百折不挠，什么是付出、奉献和感恩。

要知道，所有生命的快乐、成长的意义，绝不仅仅在于，或者说根本就不在于最后的"到达"和"获得"，而是在于每一个瞬间和片刻的拥有、把握与完成之中。生命不仅仅是对"过去"的回忆和对"未来"的遥想，更为重要的是对"现在"的掌控、把握与享受。

活着，并且安全地长大，是每一个孩子的天赋权利。所谓生命的力量、人的力量，其实就是生长的力量。只有一代又一代的孩子在成长，我们这个并不那么完美的世界，才有向着相对完美的方向转动的可能。因为，只有一代又一代的孩子长大了，他们才有能力去亲近、改造和完善这个世界。

但是，任何一个快乐的、美丽的、坚强的、优雅的生命的获得，都必须经过十分漫长和极其艰辛的过程。因为漫长和艰辛，生命才具有了实际的意义和质量。当然，每一个人在生命过程中，也都要面对这样一种事实：每一个阶段，都会有一些走过我们生命的不同寻常的人。我们意外相逢，立即就很喜欢他们，无奈他们总有离我们而去的一天，去到另一个地方，去到另一个世界，比如我们的长辈，比如一些朋友——他们就像雪人一样，总会融化的……

因此，我也希望通过这些励志故事，告诉孩子们，应该怎样勇敢和坚强地去面对相逢与别离、拥有与失去……

天使伴随他成长

不记得是在哪本书里了，看到过俄罗斯的一个文学典故：德高望重的列夫·托尔斯泰第一次和青年作家高尔基会面时，高尔基向他讲述了自己童年和少年时代苦难和流浪的经历。听完后，善良的托尔斯泰热泪滂沱地说道："孩子，在拥有这些经历之后，你完全有理由成为一个坏人，而你却成了一个作家！"

就童年和少年时代所承受的悲苦、屈辱和艰辛来看，美国作家弗兰克·迈考特的经历，一点也不亚于青少年时代的高尔基。他也完全有理由成为一个坏人，然而他没有。他最终也成了一个作家，一个善良的好人。

1996年，他的自传体小说《安琪拉的灰烬》问世。全世界数以亿计的读者，都被这本书感动着：为弗兰克小小年纪所经受的人间疾苦，也为他在极端困难的生活中所发出的渴望的颤音，还有那颗不可思议的坚忍、乐观、感恩与热情的心。

小弗兰克的生命，就像从苦根上开出的一枝花朵，也像从混乱中诞生的一颗星星。1930年，他出生在纽约布鲁克林的一个贫穷的爱尔兰家庭里。那正是美国大萧条时期到来不久的日子。他的爸爸，是一个不可救药的酒鬼，一领到工资和救济金，就会在小酒馆里喝个精光，然后唏唏嘘嘘地醉酒哭天。他的妈妈安琪拉含辛茹苦，受尽屈辱，在极端的贫困中抚养着六个孩子。可是没过多久，贫困的生活就使她的一对双胞胎儿子和一个女儿先后夭折。

"当我回首童年，我总奇怪自己竟然活了下来……"

小弗兰克能在被饥饿和疾病围困着的贫民窟里存活下来，的确是一个奇迹。当他成年之后，他开始拿起笔来追忆自己的童年。这时候，他已经拥有了一颗宽容、平和与感恩的心，有了一种脱离苦海之后的冷静、超然与幽默。

"幸福的童年是不值得在这儿浪费口水的。"他说，"人们总爱吹嘘或抱怨他们早年所遭受的苦难，但那根本没法和爱尔兰人的苦难相提并论。"

他童年生活的每一天，都被悲苦的汁液浸泡着。

他在码头和煤场上拾过煤渣，在马路边捡过破烂。别人弃掷的一个猪头，在他家却成了丰盛的圣诞晚餐。

有许多个日子里，他被迫过着寄人篱下的生活，饱尝了白眼、奚落和屈辱。一颗小小的心过早地体会到了世态炎凉。

然而，再苦再难的日子里也还有欢笑。高尔基回答托尔斯泰说，为什么自己最终没有成为一个坏人？那是因为，"天使一直伴随着我成长"。小弗兰克心中的"天使"，就是他的妈妈安琪拉。

安琪拉坚忍、自尊、善良、乐观和宽容的性格，是弗兰克从小到大取之不竭的精神财富。他的妈妈一生所蒙受的巨大创痛和苦难，仅仅用"令人同情"几个字来描写，是远远不够的，而是足以让每一个读过《安琪拉的灰烬》这本书的人，都会在她的苦难面前低下头来。

她承受过世界上命运最悲苦的母亲所能承受的苦难和屈辱。她的身上，又保留着世界上最坚强、最高贵的母亲所具有的美德与精神。

她像一只在生活的凄风苦雨里飞翔、奔波的老鸟，努力张开自己全部的翅羽，维护着自己正处于饥饿中的孩子。她相信，自己的孩子们心中的梦想，并不像他们的生活一样贫穷。这是因为，她自己的心中也一直怀有梦想。

安琪拉年轻时的一个朋友，善良的克劳海西先生，有一天得知自己快要离开这个世界了，就和她一起回忆起过去的美好往事。

"我知道，安琪拉，你是个了不起的舞蹈家。温布里剧院的那些个夜晚啊，还有煎鱼和薯条……"他喃喃地说道。

这时候，安琪拉的眼里充满了泪水。

在克劳海西的再三请求下，安琪拉为他唱了一支他们年轻时一起唱过的歌："……啊，想到它时，啊，梦见它时，我的心儿在哭泣。啊，凯里舞会的那些夜晚，啊，风笛声声如泣如诉。啊，那些幸福的时刻，一去不返，啊，像我们的青春一样匆匆……"

那一天，当她带着孩子离开了克劳海西先生之后，弗兰克回忆说："妈妈一路都在啜泣。……她抱起小迈克尔，把他紧紧搂住，对他说道：'哦，不，迈克尔，我不是因为生活贫穷而哭，我是因为克劳海西和在温布里剧院跳舞的那些夜晚，还有那些煎鱼和薯条而哭……’”

从这里，我们看到了安琪拉苦难的命运背后，那颗高贵的天使的心。

小弗兰克未来的天空的高度，正是从妈妈的这颗心的高度开始的。

妈妈心中那永不泯灭的梦想，在无意中培养了小弗兰克对未来的信心。

这一切，都为他日后书写自己和妈妈的故事，为他最终能够成为一名作家，埋下了一颗金色的种子。

果然，小弗兰克还是很小的时候，就爱上了莎士比亚。

“外婆隔壁的邻居珀赛尔太太有一台收音机，是她们那个巷子里唯一的一台。……每个礼拜天的晚上，我都坐在珀赛尔太太家窗外的人行道上，听BBC和爱尔兰电台播放的戏剧。……莎士比亚的戏剧最好，尽管他是个英国人。他就像是土豆泥，吃得再多都不过瘾。”

伟大的莎士比亚，给小弗兰克黯淡的童年时代送来了生活的勇气和光芒。

贫穷而能听见风声也是好的。《安琪拉的灰烬》是一本讲述艰辛和苦难的书，也是一本感恩和励志的书。小弗兰克是在妈妈安琪拉的生命美德的照耀下，在不断地反抗周围环境中，一天天坚强地成长起来的。

读完这本小说，我突然想到了海伦·凯勒说过的一段话：

“人们经常发现，那些生活在死亡阴影里的人，或者曾经在死亡的阴影里生活过的人，对他们所从事的每一项事业，无不充满感恩和感到甜蜜。然而，我们大多数人，却把这一切看得太平淡了。”

丑小鸭是怎样变成天鹅的

每当新年到来的时候，我就会想起安徒生笔下的那个卖火柴的小女孩，想起她小小的单薄的身影、金色的头发、善良和忧伤的眼神，还有她在寒冷的冬夜里冻得通红通红的小手，她手中的那一小束已经燃尽的火柴……

童话家安徒生的一生，也是一部"生命的童话"。这部童话讲述的是一只丑小鸭怎样变成天鹅的故事。

1805年4月2日，在遥远的丹麦，一个名叫奥登塞的小镇上，一个瘦弱得像一只丑小鸭一样的小男孩，降生在一座低矮的小平房里。这个孩子天生就是那么可怜，他不是生在床上，而是生在一个搁棺材用的木架里。那个木架是他的爸爸———一个贫穷的鞋匠，从外面捡回来的。因为他们家穷得实在买不起一张新床，哪怕是一张小小的婴儿床。为此，小男孩的妈妈感到十分内疚，觉得让一个无辜的孩子一来到这个世界就受到这样的待遇，实在是太不公平了！

不过，孩子的爸爸却比较乐观。这位善良的鞋匠幸福地看着正在木架上熟睡的儿子，微笑着安慰妻子说："不要难过，玛利娅，别看我们的儿子今天睡在这样的木架里，说不定明天他就会拥有自己的城堡呢！"

这个孩子就是安徒生。安徒生长到11岁的时候，他的爸爸去世了。爸爸的死使安徒生觉得，他的童年结束了，他已经长大了。所以，他要离开小小的奥登塞镇，到远方，到首都哥本哈根去寻找自己美好的前程。

可是，他的奶奶和妈妈却不答应。奶奶说："你孤零零一个人，身上一分钱也没有，到那么远的地方去，能做什么呢？"

这时候，小镇上有一位以占卜为生的老婆婆帮了安徒生的忙。老婆婆告诉安徒生的妈妈说："就让他去吧，玛利娅，现在正是他出去的好时机。昨晚我看到星星了！好多好多的星星，把四周照得通亮通亮了！这一定是焰火！庆祝大人物出现时的焰火！听我的话吧，有一天，奥登塞要张灯结彩，放着焰火迎接你的儿子回来的！"

1819年9月的一个黄昏，14岁的安徒生，口袋里装着仅有的几块银币，告别了家乡和亲人。他的妈妈亲自和赶邮车的讲好了价钱，让他把她的儿子一直拉到哥本哈根的城门口。

哥本哈根是安徒生童年时就梦想过的城市，但它并不是一个天堂。少年安徒生在初到哥本哈根的日子里，就像一个贫穷无助的流浪者，饱受了这个城市的雨雪风霜，历尽了人世的屈辱和艰辛。

为了生存下去，他干过各种各样的职业：跑龙套的小演员、芭蕾舞演员、讽刺诗人、歌唱演员、编剧，等等。但是，那些上流社会的文艺圈子、皇家剧院以及贵族阶层，根本就不会相信，这个身上流动着"乡巴佬血液"的，身材瘦长得像螳螂一样，而且其貌不扬的鞋匠的儿子，能有什么艺术天赋和文学才华。他们给予安徒生的只有奚落、挖苦和嘲笑。

但他决不气馁，更不屈服。他说："就像一个山民，在坚硬的花岗岩上开凿石阶一样，我缓慢而又艰难地，在文学中为自己争得一席地位。"

他在人们的白眼下，偷偷地阅读着能够获得的各种书籍，一些伟大的文学家，如歌德、席勒、海涅、司各特、拜伦……成了他心中最好的朋友和导师，他们的作品使他得到了心灵上的安慰，暂时忘掉了眼前的痛苦。

在这些文学大师的光芒的照耀下，他仿佛看到了光明和希望。他尝试着各种文体——诗歌、剧本、游记、小说的写作，一步一步地朝着自己的理想走去……

1833年10月18日，安徒生在意大利的罗马拜访了大艺术家多瓦尔生。白发苍苍的艺术家拉着安徒生的手说："你知道吗，我青年时的经历和你一样，吃尽了苦头！不要紧，用不着去理会哥本哈根富人们的眼色。寻找到你自己的道路，勇敢地走下去吧！"老艺术家的一番话给了安徒生极大的安慰、支持和无限的力量。当时，安徒生刚刚得到自己的妈妈去世的噩耗。

"是的，我不应该气馁的！不会的！即使是仅仅为了报答妈妈，我也要咬紧牙关奋斗下去！"——他在心里对自己说道。

1835年，安徒生正好30岁。他给一位朋友写信说："我现在要开始为孩子们写童话了。我要争取未来的一代！这才是我不朽的工作呢！"

就在这一年，他的第一本童话集《讲给孩子们听的故事》问世。这本仅有

61页的小书，包括四个美丽的童话：《打火匣》、《小克劳斯和大克劳斯》、《豌豆上的公主》和《小意达的花儿》。这是安徒生"不朽的工作"的开始。

从此，安徒生就像一只在黑夜里歌唱的夜莺，世人、生活、环境越是折磨他，他越唱得动听。从30岁一直到逝世的前两年（1873年），他每年圣诞节都要出版一本新的童话集，作为献给穷孩子们的礼物，几乎从未间断。

1837年，他写出名篇《海的女儿》和《皇帝的新装》；1844年他创作了《丑小鸭》；1848年，《卖火柴的小女孩》问世。他为丹麦的孩子们写了四十多年，总共写了164篇童话故事。如今，这些童话成了全人类共同享有的最为珍贵的精神财富。

1867年新年即将到来的时候，62岁的安徒生，披着雪白亮丽的天鹅羽衣，回到了久违的家乡小镇奥登塞。奥登塞张灯结彩、焰火连天，为安徒生举行了盛大的欢迎集会。那个曾经为小时候的安徒生占卜过的老婆婆，她的预言得到了应验：奥登塞的乡亲们用他们的爱戴和敬仰，为老鞋匠的儿子搭起了一座缀满玫瑰花的凯旋门。

1875年4月，人们为安徒生举行了一场庆祝他70寿辰的纪念活动。这一年，他的童话《母亲的故事》用15种文字同时出版了。不过，这时候的安徒生，就像一只积劳过度的夜莺，歌声里已经带着鲜红的血丝了。长年辛苦的创作，使他患上了严重的疾病。他已经走到了生命的最后时刻。

他在20岁时写过一首诗歌《垂死的孩子》，其中写道："妈妈，我累了，我想睡了，让我歇息在你的心畔。"现在，他似乎已经听见，慈祥的奶奶和妈妈，正在另一个世界里向他呼唤。

这年8月4日11时，这位一生受尽了苦难的童话家，在妈妈的摇篮曲的幻觉中，安详地睡熟了，再也没有醒来。他的床头，放着几页尚未写完的童话手稿。

爸爸的鼓励

英国大作家狄更斯幼年的时候，身材瘦小，体弱多病，经常受到痉挛的折磨。有一天，他的爸爸老狄更斯叹息着说："这个孩子，天生薄命，绝对活不长的。真让我忧愁啊！"

狄更斯的童年，就是在贫困、饥饿和爸爸的叹息声中度过的。他11岁的时候，已经开始在贫民区靠卖唱糊口了。

不过，他勤勉好学，心灵手巧，什么事情常常一学便会。

有一个星期天，他跟着爸爸穿过伦敦东区来到西区。西区是富贵人家居住的地方，被称为"富人的仙境"。小狄更斯跟着爸爸爬上了一座叫盖茨的小山。山上有一座富丽豪华的大厦。

"哦，我多么想，多么想成为这座房屋的主人啊！"

这个贫穷的小男孩望着山上的华屋，自言自语地说道。

老狄更斯听见了，拍了拍儿子的肩头说："好好劳动和工作吧！只要你坚持不懈，努力工作，有一天你也会拥有这样的房屋的！"

小男孩把爸爸的话牢牢地记在了心上。

狄更斯12岁时，因为家里生活太困难了，他被送到了伦敦一家鞋油作坊当童工，尝尽了童工生涯的困苦和艰辛。15岁时，他的爸爸又把他送到一家律师事务所当记录员。虽然狄更斯只断断续续地读了几年小学，但他通过自学，慢慢地掌握了像速记啦、报纸销售啦等谋生的技能。

在律师事务所当记录员，使他可以经常出入监狱和法院，对挣扎在生活底层的贫民生活有了更多的了解，各种案例也使他对社会的不公有了更多的认识，他越来越多地看到了上层社会自私、虚伪和阴暗的一面。他从一些书中也认识到，作为一个作家的公正与伟大。

他决心做一个作家，用自己的笔来写出这个世界的种种不平等。

1832年，他20岁的时候，就开始向外投稿了。他用了"波兹"作为笔名，专门写一些反映伦敦生活的故事。这些来自现实生活的故事，不仅说出了他个人对人世的辛酸与炎凉的体会，也引导着读者去看清英国现实生活中的一些罪恶与黑暗。他的这些作品很快就引起了读者和出版家的注意。

几年后，他写的《波兹特写集》和《匹克威克外传》出版了。他成了全伦敦最受尊重的人物之一。人们说，在英国，没有一个地方没有波兹的影响。

当时有人还这样描写过狄更斯的书大受欢迎的盛况：医生们带着狄更斯的书在出诊途中阅读，陪审团成员们在法官席上研究匹克威克；有一个读者甚至在去世前对牧师这样说道："感谢上帝，我现在可以平静地死去了，因为我已经读完了《匹克威克外传》的最后一节。"

童年时期独特的经历和丰富的生活积累，天性中的善良与敏感，对生活在下层社会里的小人物的理解与同情，再加上一个作家的勤奋与努力，这一切使得狄更斯在创作道路上越走越开阔，写出了一部又一部不朽的巨著，如《老古玩店》、《董贝父子》、《大卫·科波菲尔》、《荒凉山庄》、《艰难时世》、《小杜丽》、《双城记》、《远大前程》、《我们共同的朋友》，等等。

和狄更斯同时代的另一位大作家萨克雷，曾这样赞叹说："我实在比不上他，更无法靠近他，他实在是太伟大了！"

狄更斯是世界上最勤奋的作家之一。他40岁的时候，曾这样说自己的工作："我不能休息。我相信如果我吝惜自己，我就会生锈、破碎和死亡的。"

这时候，他已经实现了自己小时候的梦想，买下了盖茨山上的那座富丽堂皇的大厦——就是他的爸爸老狄更斯有一次对他讲过的，只要努力工作就能够拥有的那座大厦。

到了1870年春天，当他生命的灯油快要熬干的时候，他仍然不停地在写着、写着。这一年6月9日，这位伟大的作家与世长辞了。就在头天晚上，他还在书房里奋笔疾书着他未完成的作品。他在去世前最后一次和读者见面时，给世人留下了这样的话语："现在，我带着衷心感激的、崇敬而深情的惜别心情，在这绚丽多彩的灯光中永远告退。再见了！"

相濡以沫的姐弟俩

命运有时候是非常不公平的。英国作家兰姆，是一个非常善良的人，可是，他的一生却充满了不幸。小时候，他家里很穷，他的爸爸给伦敦的一位律师当仆人，妈妈患有精神病。他7岁时进入了一所专门为贫寒子弟开设的慈善学校念书，和后来成为诗人的同学柯尔律治结下了终身的友谊。

兰姆学习很用功，拉丁文学得特别好，被公认为学校里的高才生。不幸的是，他天生有口吃的毛病，因此失去了上大学的机会。这是他一想起来就感到十分遗憾的一件事。他说：仅仅因为生理的原因，他便被剥夺了在高等学校中才能享受的精神养料。

因为家境贫寒，兰姆从14岁起就开始在社会上谋生，挣来一点微薄的薪水补贴家用。他任劳任怨，含辛茹苦，而家里又连遭不幸。

因为妈妈的病症，使他和姐姐玛丽都受到了遗传的影响。先是他自己，因为青梅竹马的女友被一位有钱的当铺老板娶了去而痛苦万分，一度精神失常，在精神病院里住了一个多月，才算恢复了正常。

他刚出院，家里又发生了一桩惨剧：他的姐姐，一时由于精神病发作，误杀了自己妈妈。姐姐也被送进了疯人院。他可怜的爸爸也受了伤。他不得不又照顾爸爸，又照顾姐姐……这一年兰姆才21岁。

不幸的事情发生后，兰姆一家的生活从此陷入了更大的困境。但他最终没有被不幸的生活击倒，他擦干了眼泪，一个人挑起了赡养失业的老父、照料患病的姐姐的家庭重担。

不久，他的老父亲去世了，剩下他和姐姐相依为命。姐姐的病时好时坏，每当他觉察到姐姐可能发病的时候，姐弟俩就手拉着手哭着向疯人院跑去。

姐姐病好的时候，他们就在一起读书和写作。姐姐也是一个爱好文学、喜欢读书的人。他们在平静和寂寞的日子里相濡以沫，合作写出了不少散文和随笔。

他们姐弟二人都很喜爱莎士比亚的戏剧。因为阅读和研究得比较深入了，他们就一起合作，把莎士比亚的戏剧原作改写成了一本文笔优美、故事简练和通俗的《莎士比亚戏剧故事集》，作为一般读者，特别是青少年读者阅读莎士比亚的"入门读物"。

姐姐玛丽有一次给朋友的信上，写到了他们一起写这本书时的情景："我们姐弟俩就像《仲夏夜之梦》里的赫米亚和海丽娜那样，使用一张小桌子，不停地讨论啊，写啊，直到把一篇篇故事完成了……"

为了照顾姐姐玛丽，不使她总是待在疯人院或无家可归，兰姆虽然暗中喜欢上了邻居家的一位姑娘，但也只好强忍着心中的爱恋，一生未曾结婚。他舍不得扔下自己可怜的姐姐。他知道，他是姐姐最坚强的精神支柱，他愿意把自己的一生都交给不幸的姐姐。

在他细心照料姐姐、辛苦地挣钱养活姐姐的日子里，他也不停地从事着散文写作。这些散文就是我们今天所看到的《伊利亚随笔集》。这部书已经成为英国和世界文学宝库中的一本名著。人们说，这是可怜的兰姆留给世人的"含泪的微笑"。他是一个那么苦的人，又有一颗那么善良的心；他比任何人受到的痛苦和折磨都多，但他比任何人都更加热爱生活、热爱人类，富有同情心和宽厚的情感。

晚年，兰姆带着姐姐移居到乡下生活。姐弟俩仍然过着相依为命的生活。因为玛丽的病时常发作，所以人们常常对他们另眼相看，他们的住所经常搬来搬去的，倍受艰辛。

姐弟俩曾经相约，最好玛丽先死，免得弟弟先走了，她就会孤苦无依。可是，命运连这一个小小的请求也没有答应他们。1834年，有一天，兰姆不慎跌倒了，不久便不治身亡。可怜的姐姐，在痛苦无助中，竟然又活了十来年，最后也在衰病中离开了人世，到天国里寻找她亲爱的弟弟去了。

第12堂课

校园朗诵诗

【阅读提示】

如果你热爱诗歌，就会更加热爱生活和生命，更加热爱世界。

我国教育的先哲孔子，更是直截了当地强调说："不学诗，无以言。"

《论语》"季氏篇"里有一节，讲到了孔子有关诗教的故事。一天，孔子一个人站在庭院里思考问题，他的儿子伯鱼正好经过那里，孔子就叫住他问道："你是否在学《诗经》啊？"儿子恭恭敬敬地如实回答说："还没有呢。"孔子感慨道："如果不好好学习《诗经》，恐怕你将来连话都不会说啊！"

在这里，固然可以理解为孔子所强调的是学习《诗经》的实用价值，就像他在另一些场合所强调的，《诗经》"皆雅言"，通过学习《诗经》，可以"多识草木鸟兽之名"。但是，孔子这段话更深远的意义，却是和我们今天常说的"读诗使人灵秀"是一致的。

现在我们已经越来越清楚地看到了校园诵读的美好作用。而校园诵读的最好的文体，无疑就是诗歌，无论是古代诗词，还是现代新诗。

说到底，与诵读相连的，是人类心灵和社会风气的高尚、优雅与文明。诵读，总是和"崇高"、"典雅"、"睿智"、"真情"、"优美"这些字眼连在一起的。

"腹有诗书气自华"，意思是说，那些饱读诗书、心灵里充满诗意的人，会很自然地具备一些不凡的气度。而一个人的内在气质，又直接决定着他们外在的言谈举止的高下，显示着他们的教养程度。

下面所选的这几首诗歌，都是可以大声诵读的抒情诗和朗诵诗。这些诗歌展示了一种高昂向上的精神风貌，也呈现了一幅绚丽多姿的，充满了欢乐、渴望、美梦、幻想的少年情感世界。对祖国母亲的歌颂，对故乡故土的眷恋，对亲情友谊的赞美，对美好未来的憧憬，以及对大自然的吟唱，对生态环境的关注，对人生哲理的揭示等等，都在这些诗歌中有所抒写。它们在意境上也都是优美、高昂、健朗的，充满了温暖和雅致的抒情品质。

儿童教育家卢梭在他的小说《爱弥儿》里说过："植物通过耕耘获得改善，而人类则是通过教养获得进步。"可见，诗歌不仅关乎个人的气质与教养，也直接影响着一个国家、一个民族、一个社会的精神面貌。

蓝色星球之歌

黑夜中最耀眼的一颗宝石。
花朵里最灿烂的一朵雏菊。
我们手拉手围绕着这颗蓝色星球，
在茫茫的大宇宙中
诞生、成长，
唱歌、跳舞。

我们在黄河岸边，
升起了第一缕炊烟。
我们在刚果河边，
盖起了第一座小茅屋。
我们在尼罗河边，
建起了辉煌的金字塔。
我们在长江、恒河、亚马孙河
和密西西比河的晚霞中沐浴。
沿着古老的幼发拉底河，
我们披着满天的星光，
留下了一串串寻找的脚步。

黏土的房子，
曾经是我们所有人的家。
陶罐里的泉水，
灌溉过门前的尤加利树。
美丽的大熊星座和小熊星座，

是照耀过我们的灿烂的华灯。
我们用智慧的手指，
触摸过一颗颗金色的种子。
在清澈的山涧和森林边，
我们采集过，
最甘美的
生命的雨露。

雨水丰沛的大地，
是母亲的胸怀。
四季呼啸的风声，
是一代代孩子的摇篮曲。
我们在长尾雉鸡啼叫的黎明中醒来。
我们去阳光照耀的大地上播种农作物。
我们在沙沙的玉米林里午睡。
我们去开满牛蒡花的小河边放牧。
暮色降临了，
我们回家。
宝石般的晚星，
带回了所有的羊群和牲畜。
再小的小羊也记得妈妈的气息，
听得见妈妈唤归的声音，
记得回家的每一条小路。

啊，多少万年过去了。
地球在飞转……
星团茫茫，银河荡荡，
飘过了我们午夜的窗户。
谁在按着宇宙的脉息？

谁曾听见过星球的絮语？
一道道光流里有亿万个太阳，
亿万个太阳在照耀着
我们这颗蓝色的星球，
比绿色更绿，
比蓝色更蓝。
像妈妈脸上的
一滴透明的眼泪。
像睡莲叶片上的
一颗发亮的水珠。

来吧，全世界的孩子们，
我们手拉手，
围绕着这颗蓝色星球跳舞。
我们手拉手，
围起一个大栅栏，
守护着美丽的泉水、花园和苗圃。
世界应该是美好的，
应该像它应有的那样美好、
和平、温暖和富足。
这是我们最后的家园。
这是我们最后的星宿。
这是我们最后的森林和城市。
这是我们最后的江河与湖泊，
这是我们最后的
美丽的地平线和海岸线，
这是茫茫太空中，
我们最后的一座小木屋。

献给老师的花束

一

多少欢聚，
又多少离别，
汇集在你生命的长河……
多少忧愁，
又多少喜悦，
交织在你无怨的岁月……
日日夜夜，
你总在做着希望的梦；
风里雨里，
你总在唱着痴情的歌。
直到满头的青丝变成了白发，
直到每一片心田都开出花朵……

记得蒲公英和七里香
开满夏日山谷的时节，
你曾背着我们
——涉过涨水的小河；
记得鲜艳的红领巾，
第一次飘荡在我的前胸，
你无声的目光
曾经传递给我多少鼓励，
又多少温热；
记得母校那一片美丽的绿荫，

在绿荫下，你喃喃地说——
我爱这美丽的春天，
更爱这每一片绿叶。

二

啊，有多少欣慰，
有多少疼爱，
在我们即将毕业的时刻；
带着多少期待，
多少嘱托，
你把我们一个个送上人生的站台，
目送着我们各自踏上远去的列车……
两行离别泪，
万缕慈母情。
你用颤抖的声音鼓励着我们——
去吧，亲爱的孩子们！
向着你们明天的生活……

三

有一种开在山野上的小花，
她的名字叫"勿忘我"。
风雨里盛开，
风雨里凋谢。
一簇簇美丽而朴素的生命，
装点着被人们遗忘的角落……

亲爱的老师，
当又一个金色的秋天来临的时候，
我愿采一束淡蓝色的小花，

轻轻地放在你的窗边，
默默地放在你的课桌……

想起你那身已经褪色的蓝色衣装，
想起你为我们修改过的
一册又一册人生的作业，
想起你的白发，
想起你的教鞭，
还有你那已经苍老的身影，
仿佛仍然站在我们的背后，
注视着我们，
叮嘱着我们——
生命的历程，
应该怎样书写……

小人鱼的歌

是谁在轻轻地呼唤我？
在那银色的月光之夜。
是谁在低低地唱着歌？
当晚霞映红了大海之波……

啊，那是美丽善良的小人鱼，
她在诉说心中的渴望和寂寞。
无边的大海，
就像她那无边的心事，
只有大海能听懂，
她那生命与爱的音乐。

她是那样向往人间，
向往人间自由的生活。
只要能到达心爱的王子身边，
即使踩在刀尖上跳舞，
又算得了什么！
她深深地爱着这个世界，
不惜把自己最美丽的声音，
交给了可恶的巫婆。
有谁看见过她那温柔的眼睛？
最后的、等待着黎明的眼睛！
有谁知道当新的一天的太阳
重新升起的时候，
她看到了什么，
想到了什么？

这个伤心的秘密啊，
也许只有安徒生爷爷知道。
可是安徒生爷爷也拯救不了小人鱼，
我仿佛看见他痛苦的眼泪，
在哥本哈根的黑夜里闪烁。

宁愿用三百年的生命，
去换一个不灭的灵魂，
为了自己心中的理想，
她完成了一个最壮丽的献身！
当太阳的金光，
再一次照耀着，
大海的万顷碧波，
她那小小的、美丽的生命，
已化成海面上洁白的泡沫！

啊，是谁在轻轻地呼唤我？
在那银色的月光之夜。
是谁像清风一样唱着歌？
当晚霞映红了大海之波……

蒲公英梦歌

我是一朵小小的蒲公英。
我是从大地妈妈的怀抱里起飞的
一个带着翅膀的梦。

我是大地和天空的小女儿。
我是山冈上的孩子的歌声。
到处都是我飞翔的道路，
和我生长的家，
我的小小的翅膀上，
带着自由
和温柔的风。

纯净的阳光，
像玻璃纸一样透明。
没有带雨的乌云，
也没有狂风。
我要向着辽阔的远方飞翔，
像一支春天的乐曲，
飘进那些
沉睡的心灵。

我的翅膀上，
还有太阳的光辉，
还有月亮和星星的光辉，

还有江河、湖泊和森林
默默瞩望的深情。

在远方，
你们等待着我吧。
我会轻轻地
轻轻地降落到大地上，
像一只飞累了的小鸟，
安睡在大地妈妈的
温暖宽厚的怀抱中。

等到二月到来的时候，
第一次春天的雷声，
又会大声地把我
从冬天的梦中唤醒。

第13堂课

伟大的风范

【阅读提示】

偶尔读到德国诗人海涅的一段话，心中突然感到一阵微颤。海涅说："夜间，想到德国，睡眠便离我而去，我再也无法合眼，泪流满面。"这使我不禁又想到俄罗斯白银时代诗人曼德尔施塔姆，他也有一段谈论自己对祖国的感受的文字："我回到我的祖国，熟悉如眼泪，如静脉，如童年的腮腺炎。"

这些文字有如电光火石，炽热而耀眼。它们使我想到的是：

爱祖国，就应该这样爱，就应该爱得这样深、这样真挚！

下面的一组散文，都是取材于老一辈革命家和伟人们真实的生活片段。从这些伟人的生活故事里，我们会看到一种高尚和远大的人生境界。

一代人有一代人的人生经历，一代人有一代人的精神追求，一代人也有一代人所崇拜的偶像、所钟爱的理想与誓言。但是请你相信，无论是处于哪个时代的少年人，有一点则是共同的，那就是：都追慕高远，都崇尚真、善、美，都愿意以美德为邻、与高尚为伍，都富有理想，都有着热爱祖国、渴望报效祖国的热情。

我坚信，与今天的一些人一味地崇尚物欲、追逐享乐、远离崇高的精神状态相比，那些青春的激情，那些伟大的誓语，那些美好的理想和追求……仍然是高贵和辉煌的，仍然是令人"高山仰止，景行行止，虽不能至，心向往之"的。

而且，人们的生活状态越是焦躁和平庸，那些崇高和伟大的理想的光华，必将越来越显得宝贵和明亮。也许只有它们，能够教会我们如何去完成自己短暂的人生，如何让个人渺小的生命在一种"大爱"和"大德"中得以升华。

我还相信，对生活，对我们周围一切的诗意的理解，将是童年和少年时代留给一个人的最伟大的馈赠。一个人如果在以后悠长而严肃的岁月中没有失去这个馈赠，那他就有可能成为一位富有高尚心灵、拥有理想人生的人。

一束新鲜的松枝

农历的端午节刚刚过去。美丽的清水塘边，栀子花已经开出了洁白的花朵。初夏的风中，飘散着一阵阵栀子花的清香，还有水田里的一层层稻花的芬芳。

这一天，已经成为中国人民的领袖的毛泽东主席，回到阔别了三十多年的故乡——湘潭县的韶山冲。

"别梦依稀咒逝川，故园三十二年前。"

他缓缓地迈动着脚步，走进了小时候居住过的上屋场旧居里。他故意把脚步放得很轻很轻，仿佛生怕惊动了什么。也许，他是怕惊醒过去的那些沉重的记忆。

小小的房屋一半是瓦屋，另一半是用稻草搭盖的。整个童年时代的生活是艰辛和清苦的。他就在这栋简陋的小屋子里，和他的弟弟妹妹一起生活、玩耍、做功课。堂屋里靠里端的板壁上，供着一个已经被香火熏得发黑了的神龛。那时候，他的妈妈常常在这神龛前上香祈祷，祈祷着一家人的幸福和平安。

"当年这里是这样的吗？"他身边随行的人轻轻地问道。

"是的，是这样的，只是上香的人不在了。"他回答说。

人们看到，他的眼睛里有晶莹的泪光在闪动。

从堂屋的后房绕到灶屋，再穿过横堂屋，他走进了父母亲生前的卧室。斑驳的墙壁上挂着两个朴素的镜框。他站在镜框前，久久地、默默地凝望着父母亲的照片。他觉得自己好像有许多话要对他们说。不，他觉得似乎是他们有许多话要对他这个儿子说。可是，他们都不再能够诉说和听见了。

他静默地站在那里好久好久，似乎忘记了身边还有随行的人。当他终于醒悟过来后，他满脸歉意地对大家说道："如果是现在，他们都不会那么早就去世了。他们得的都不是多么难以医治的病，可都过早地去世了！"

他走进了自己小时候的那间小小的卧室。靠着墙壁放着一张小小的竹桌。竹桌上方挂着一盏竹筒络起的小小桐油灯。童年时有多少个夜晚，他就是在这样一盏光线昏黄的桐油灯下看书、写字的。

他清晰地记得小时候的那些夜晚……

夜晚已经很深很深了，从小小的窗外，从不远处的清水塘里，会传来一阵阵蛙鸣声。父母亲和弟弟都已经睡下了。他却一点睡意也没有。皎洁的月光，透过细细的窗棂照射进来，照在小小的窗台上和竹桌上，也照进了他的蚊帐里……

有时，为了节省一点灯油，他只好就着明亮的月光看书，看着看着，就完全忘记了此时已经是后半夜了。书是他从外婆村子里的一位读书人那里借来的。他很喜欢看《水浒传》里的故事。他觉得，这样的"故事书"，比私塾里老先生每天念念叨叨教给他们的那些"四言八句"，要有意思得多了。他想早点时间看完这一册，然后好去外婆的村里向人家再借出下一册来……

夏天的夜晚，乡村里的水塘边，蚊子"嗡嗡嗡"地成群结队，只要一点油灯，蚊子就全飞过来了。于是他想出了一个很好的主意：天一擦黑，他就赶紧手脚麻利地先把喂猪啊、喂牛啊、浇菜园子和打扫鸡舍等家务事做完，然后就一头钻进蚊帐里，再在床头放一条小板凳，板凳上放一盏小油灯，整个身子在帐子里面，只把头伸在帐子外面，就着油灯看书。

冬天里呢，屋子里冷得很，尤其是到了深夜，火塘里的火熄灭了，屋里渐渐冷下来。这时候，他就把被子紧紧地裹在身上，只把手和头露在外面，躺在床上看书。外面正在呼啸着北风，他的心中，也跟随着书里的故事，不时地掀起阵阵风暴……

回到故园的第二天清晨，他早早地就起来了。

他走出屋子，深深地呼吸着早晨的清新的空气。这是他童年时代十分熟悉了的，至今也还没有忘记的小乡村的气息。

他悄悄地绕过老屋，踏着露水，走上了通向后山的一条蜿蜒的小路。

这是一座长满高高的茅草和矮小的灌木丛的小山，山顶上还有一些小松树。走着，走着，他找不到那条小路了。是的，小路本来就很少有人走，现在，它被一些高高的密密的茅草封住了。

"不对啊，我记得是应该往这儿走的……"

他自言自语着，踏上了另一条小路。

这时候，后面的人已经跟上来了。谁也不知道，他要往哪里走，要到这个小山上干什么。也许，他只是想随便走走吧，毕竟，这是他离开了很久很久的故乡。——随行的人这么想到。

"你们走慢点，不要让芭茅草给绊倒了。"他提醒后面的人。

看得出，他对这里肯定是十分熟悉的，小时候也许经常来这里砍柴、砍茅草呢。果然，不一会儿，他就走到山顶了。

到了山顶，他扒开深深的草丛，找到了一个矮小的坟头。他在这座小坟前面站住了。这时候，后面的人也来到了小坟前。大家看了看立在坟前的一块小小的石碑，才知道这是他的父母亲的合葬之墓。

他对着父母的坟头，深深地三鞠躬。站在他身边的所有的人，也都深深地三鞠躬，表达着他们无限的感念和哀思……

早晨的山风吹过来，吹着他乌黑而浓密的头发，吹起了他的衣角。

他缓缓地蹲下身来，轻轻地拔去遮住了小小的石碑的几株茅草。

"真可惜，我们连一个小小的花圈，连一朵小小的纸花，都没有为两位老人家准备……"跟随在他身边的人觉得有些对不住长眠在地下的老人。

"不，他们不需要这些。他们在地下有知，会理解我们的……"他声音轻轻地说着，似乎是在宽慰身边的人，也像在安慰自己。

这时，有个年轻人从近处折来了一些新鲜的松树枝，又用野草捆成了一个小束，递到了他的手上。

"好，就用这个表达我们的感激和敬仰吧。"他一边说着，一边把这一小束苍翠的松枝，敬献在了小小的坟墓前。

"前人辛苦，后人幸福。愿你们在地下安息！"他说。

当他抬起头来，泪水已经充盈在他的眼眶里了。

"要不要……把坟墓修整一下？"有人试探着问了一句。

"不，不要了。他们也不需要了。保持这个原样就行了。"

说完，他对着小坟又深深地鞠了一躬。

"我们都是彻底的唯物主义者，当然不信什么鬼神，但是，生我者父母，教我者党、同志、老师、朋友，还得承认，也应该懂得感恩。请你们安息吧，我下次再回来，还会来这里看看你们的……"

他没有说出这些话来。他只是在心里这么想、这么说着。

然后，他转过身，沿着茅草封住的小路，向山坡下走去——向着他的祖国和人民所期待着的方向，坚定地走去。

黑夜里的风灯

这是发生在过去的战争年月的一个故事。

想起来，已经很遥远了。是的，是那么的遥远了啊！

那是1930年夏季的某一天，一场攻城战打得十分残酷。年轻的中国工农红军第三军团总指挥彭德怀，率领着一支转战多年的红军队伍，从中午一直打到第二天拂晓时分，终于攻占了他从童年和少年时起就一直梦想过的长沙城。

战争结束后的当天，他就去了离长沙城不远的湘江畔的易家湾一带。

他要去那里寻找十多年前曾经搭救过他的一对恩人——一对没有留下姓名的渔家父女……

十多年前的一个深秋，正在湘军当兵的彭德怀，派人处决了一个在当地仗势欺压贫苦百姓、横行乡里多年的恶霸。这个家伙有个哥哥是督军里的少将参议。事情被人告发了，他们逮捕了年轻而正直的彭德怀，要把他押往长沙城里。

走到离长沙不远的捞刀河边，在一棵古老的苦楝树下，几个押解他的士兵坐下来等待渡船。这时候，一个年轻的士兵紧靠着彭德怀坐下，偷偷地为他解开了手上的绳子，又用手重重地在他背上按了按，示意他赶紧逃走。

当渡船过来，彭德怀瞅准机会，对押解排长说："弟兄们，我衣裳口袋里还有几十块钱，你们拿去分了吧，不要好了那些看管监狱的豺狼。"

等排长满脸疑惑地上前拿钱时，彭德怀趁他不备，纵身跃上河岸，飞跑而去。那几个原本都是穷苦人家出身的士兵，只是胡乱地朝天放了几枪，就算了事……

多年之后，将军回忆说："那二十多块钱，成了我的'买命钱'！谢谢他们，尤其是那个不知道名字的青年士兵……"

此时此刻，将军站在当年脱险的地方，一一地回忆起当时的情景——

……他跳上岸后，一口气跑了二三十里路。险已经脱了，天也黑下来了，四周空旷无边。他疲惫地仰身躺在一块避风的田垄上，嘴里咀嚼着一根苦涩的草茎，仿佛在品尝着人生艰涩的滋味。

肚肠饥乏，身无分文。往后的道路该往哪里走呢？望着茫茫的夜空，望着天上偶尔闪过的星星，他想起了儿时唱过的一首歌谣："天地转，日月光，问君往何方……"

唉！人生虽然险恶，黑夜虽然漫长，可是，天地之大，岂无容身之处？于是，念头一转，劲又上来了。半夜时分，他来到了易家湾一带的湘江畔上。

透过薄薄的夜雾，他望见了江边的一点微弱的渔火和一只飘摇的小船。他的眼睛一亮！这一星渔火无疑给他带来了无限的力量和希望……

从此以后，他再也没有忘记这个不寻常的夜晚。甚至在几十年后，他成了中华人民共和国的开国元勋，他仍然会常常想起闪烁在湘江之夜里的这一星温暖的渔火……

是的，他清晰地记得那一夜的每一个细节。

茫茫夜半的江畔上，一小堆橘黄色的篝火边，坐着一位闷头抽烟的老爹爹。吊锅里煮着沸腾的江水。火堆边，还有一位俊秀的渔家少女，正在补缀着渔网。

少女听见了脚步声，就站起身说："阿爸，好像有人走过来了。"

老爹爹抬脸望去的时候，满脸汗水的彭德怀，已经站在这一对渔家父女面前深深地鞠躬了："打搅了！有劳老人家和细妹子行个方便……"

老人端详着半夜里突然出现的年轻人，说："不知先生为何半夜来到这里？敢问你这是从哪里来，又要往何处去啊？"

年轻人回答说："惭愧了！老人家，我不是什么先生，和老人家、细妹子一样，我也是一个穷苦的种田人和放牛人，为穷苦人做事的。"

突然，细妹子看见他的脚踝正在流血："哎呀，先生受伤了，我来给你敷一点药……"

年轻人满怀感激地看着这个陌生而善良的少女，小心翼翼地为自己包扎着伤口。少女轻轻地为他敷上了创药，缠上了布条。一股仿佛来自母亲和姐妹般的温暖与感动，一下子涌入他的全身。

这时，老人又默默地端过来一碗热水。他双手颤抖地接了过来。轻易不会流泪的七尺男儿，此刻却被这人间的真情感动着，大颗大颗的热泪，无声地滚落在水碗里。

他哽咽着一饮而尽。喝完水，他感到羞愧难当，只好如实说来："老人家，我得渡过湘江到对岸去，可又身无分文……"

七十多岁的老爹爹，大半生中风里来雨里去，什么事情没有见过呢！他提起一盏风灯说道："上船来！是不是自家人，我老汉一眼就看得明白！"

这时候，那个细妹子包了一些干粮，塞到了他的手上："先生还要走远路呢，路上多有虎狼，要多多保重呀！"一双善良的、似有期待的眼睛默默地望着他转过身去……

桨声咿呀。小船在沉沉的黑夜里驶进了湘江。一盏昏黄的风灯，照着茫茫的江面，照着老爹爹花白的胡须和饱经风霜的脸膛。

当小船抵达对岸，年轻人无以回报，便脱下身上唯一的一件汗衫，要送给老人："老人家，晚辈没有什么可奉送，留下做个纪念吧。"老人家哪里肯要，只对年轻人这么说道："老汉我看得出来，先生是要行远路的人，需要它去抵挡些风寒。何时再转到这易家湾，只要老汉还活着，我还为你在这湘江上摇船摆橹。天快亮了！你要走好，走好……"

小船掉头驶回了夜色中。橘黄色的风灯渐渐消失在湘江的夜雾里……

空旷的江岸上，茫茫的星月下，年轻的彭德怀噙着热泪，一下子跪在了茫茫的湘江边，跪在那黑夜沉沉的大地上……

"恩人哪！今生今世，让我怎么能忘记你们啊！"——十多年后，将军又一次眼含泪水，站在这滔滔的湘江上。他默默地在心里呼唤着："老人家，细妹子，你们都在哪里啊？"

是啊！多么好的人民啊！此刻，将军湿润的目光，再一次望向滚滚的湘江。他多么想再看看那只飘摇在湘江上的小木船，看看那对善良的渔家父女，那个老爹爹，那个细妹子，还有那堆温暖的篝火，那盏闪亮在黑夜里的橘黄色的风灯……

那些跟随着他转战了多年的战士，陪着他站在湘江边上，看着他对着滚滚湘江，深深地鞠了一躬。然后，他转过身，向着他的祖国和人民所期待着他的方向，坚定地走去。

少年行

又一个暑假来临了。15岁的中学生邓小平——这时候，他的名字还叫邓希贤——带着新买到的几本《新青年》杂志，带着一些新的思索、梦想和收获，回到了故乡牌坊村。

这是他从小就生活过的小村庄。他家院子里的那丛美丽的慈竹，还有家门口那个清清的小池塘，似乎都敞开了怀抱，在迎接着这个川东少年，回来度过一个凉爽的夏天。

这一天，希贤正坐在院子的檐廊下，翻看着从学堂里带回来的书刊。他的父亲从重庆办事回来了。

"爸，你好忙啊！"希贤见到父亲，忙放下书刊迎上去，"重庆有啥子新闻，快说来听听嘛！整天待在家里，我快要闷死了！"

"莫急，莫慌！"父亲卸下身上的包裹，接过希贤递来的毛巾擦着汗，笑着问道，"你又在看啥子书嘛？"

"《新青年》，陈独秀先生有篇文章说，当今世界上，只有法兰西人才能称得上是世界文明之导师……"

"法兰西？"父亲惊喜地说道，"贤娃儿，我正要告诉你一个好消息，也是和法兰西有关的。现在在四川，由同盟会的一位老会员、荣县人吴玉章先生发起成立了'留法勤工俭学会'，还在成都和重庆创办了留法勤工俭学预备学校，眼下正在招考学生呢！贤娃儿，爸爸正想问你，你愿不愿意到外国去念书？"

"啥子？到外国去念书？"希贤吃惊地望着神情严肃认真的爸爸，觉得爸爸不像是在随便说话，"爸爸，你说的是真的？"

"当然是真的嘛！这件事爸爸已考虑多时了！"

……就这样，在这个暑假里，在小小牌坊村邓家院子的檐廊下，父子俩一起做出了一个在今天看来可谓伟大的决定：让希贤到法兰西去！只有那里，才有先进的工业技术，才有人类先进的民主思想；只有在那里，才能找到真正的"德先生"（民主）和"赛先生"（科学）……一个关于法兰西的梦想，就在小小的牌坊村里诞生了！

主意既定，一家人便开始为希贤做远行的准备了。

那些日子里，心里最难受的是希贤的妈妈和年老的奶奶了。她们这一生连小小的乡场也没离开过，因此就无法想象那个叫啥子法兰西的地方，离牌坊村乡场有多远，那里会是一个什么样子。

希贤的妈妈只是听人讲过，那里的人都是红头发蓝眼珠，鼻子高高的，喜欢吃血淋淋的生牛肉、喝凉水……

"贤娃儿才15岁呀！孤身在外，没人照顾，要受多大的苦啊！"妈妈常常整夜整夜地睡不着，流着泪和婆婆一起为希贤担忧。

她们唯一能做的，就是悄悄找出希贤所有可以带走的衣物和家中最好的布料，一边缝缝补补，一边裁裁剪剪，为即将远行的希贤赶做衣装。

希贤把这一切看在眼里，不禁想起了唐代诗人孟郊的那首《游子吟》："慈母手中线，游子身上衣。临行密密缝，意恐迟迟归。谁言寸草心，报得三春晖。"

他想方设法说服和安慰妈妈和奶奶，让她们减轻心里的忧虑和惦念。也想到就此一去，不知啥时候才能再回来，尤其想到妈妈和奶奶含辛茹苦地把自己哺养大了，刚刚能够帮助她们干些重一点的家务活和农活了，却又要远离她们，再也不能对妈妈和婆婆尽半点孝心了！想到这些，希贤心里也有几分难受。

他怀着留恋的心情，悄悄走遍了乡场上他小时候去过的每一个地方：山坡、水塘、桑园、老井台、翰林院子、北山小学堂、禾场、田埂……他在心里一一地和它们道了别。毕竟，这是见证了和收留了他整个童年时代成长过程中的每一串小脚印的故园啊！

离别的日子不知不觉就到了。深秋时节，渠江边的渡口已是落叶萧萧、芦花飞舞了。雾蒙蒙的清晨，心情沉重的希贤不停地拉着妈妈、奶奶和姐姐、弟弟、妹妹们的手，怎么也舍不得松开。

"妈、奶奶，你们一定要好好保重啊，等着我回来！"

他哽咽着对流着眼泪的妈妈和婆婆说。

"儿行千里母担忧，贤娃儿，妈实在是舍不得你去啊！"

妈妈几乎要放声大哭了。她一次次把自己的儿子搂在怀里，心仿佛都要碎了。

"妈，快放开弟弟，让他上船吧，别让别人等久了。"姐姐也眼睛红红地，忍痛拉开了妈妈的手。

"妈妈，奶奶，姐姐……再见了！多保重啊……"

一只小渡船，载着15岁的邓希贤，还有另外两个川东少年，缓缓地离开了渠江渡口，向广安县城方向驶去。他们将一起从广安搭上去往重庆的船只，顺江而下，直奔重庆。

这是1919年的深秋时节。邓希贤久久地站在船头，不停地向站在渡口的亲人挥动着手臂，向渐渐远去的牌坊村、协兴场的田野、村舍和山冈挥动着手臂……直到这熟悉的一切渐渐变得模糊了。

秋风吹起了他的衣襟。他的眼里噙着晶莹的泪光。

他不知道，从此以后，他将永远地离开这生活了十五年的故土，直到1997年，他以93岁高龄逝世于北京，他再也没有返回广安这片土地。

而在他离开了故乡之后，在他为着中华民族和中国人民的解放事业日夜奔忙、奋斗、转战南北的日子里，他在广安老家的这些亲人，一个个地相继去世了。他们至死也没能再见上希贤一眼。这些亲人包括他的母亲，他的父亲，他的祖母，等等。留在这些亲人心中的，永远是15岁时的贤娃儿的模样。

而这一切，当然是现在的邓希贤所不能预料和无法想象的。

渐渐地，他所熟悉的村庄、山冈、田野、河流，还有站在这片土地上为他送别的亲人们，都变得模糊，再也看不见了。他知道，他的童年时代从此也就永远地结束了。

祖国之恋

在我的那本珍贵的《可爱的中国》里，我看见了一张纸片，上面写着往日里不知从哪里记下来的三句话：

"谁不属于自己的祖国，那么他也不会属于人类。"

"一个人越是伟大，他就越不能不爱自己的祖国。"

"在疑惑不安的日子里，在我痛苦地思念着我的祖国的命运的日子里，给我鼓舞和支持的，唯有你啊——伟大的、有力的、真挚的祖国……"（一位身在异国的、年老的、疾病中的作家如是说）

看着这张已经发黄的小纸片，我陷入了沉思。

是啊，"祖国"，原本就不是一个抽象的和不可捉摸的概念，而是一个比一切词汇都要丰富和具体、都要亲切和可爱的巨大的存在。

对于我们今天这一代人来说，她是我们脚下广阔的大地，是头上蔚蓝色的和平的天空；她是我们手中的齿轮和麦穗，是我们心中的山峦和界碑，是黎明时的钟声，是大海上的汽笛，是我们生活中朝夕相依的水和空气。她也是屈原呕心沥血的诗篇，是岳飞背上刺着的"精忠报国"的大字；是落日映照着的圆明园废墟，是甲午海战隆隆的回声；她是秋瑾、孙中山们遥远而又沉重的叹息，是毛泽东、周恩来、朱德们手中的旗帜；她是天安门城楼和高大的人民英雄纪念碑，是我们今天改革开放的宏伟蓝图……

她是我们的黄山黄河、长城长江，是黄土高原、华北平原、江汉平原和整整一片古老的海棠叶一般殷红的版图；她是一个家园，一声呼唤，是透过汗漫时空的天堑而深情地注视着我们、祝福着我们的母亲的目光……

我常常想，还有谁能比拥有自己的祖国更幸福、更值得自豪的呢！即使我们这些从事着最平凡的劳动的人，只要一想到，我们是在自己祖国的土地上生活和劳动着，我们就会立刻感到一种伟大的和美丽的豪情和诗意。我们所想到的、所感到的，就不是一种有限的、可怜的和自私的乐趣，而任何困难，也不能把我们压倒。这是因为，我们是在为自己的祖国、为同一个大家庭里的每一个人的幸福而奋斗！

"谁言寸草心，报得三春晖。"千百年来，多少仁人志士的全部努力，不都是朝着这样一个伟大而真实的目标吗？

没错，正是为了今天，为了更多的兄弟姐妹，能够拥有一个真正属于自己的家园，为了后来的一代代子孙，能够扬眉吐气地欢笑在和平富强的祖国的天空之下，我们多少可敬可爱的父老兄弟，宁愿自己含笑躺倒在血火交织的黎明之前。有谁活得像他们那样单纯和无私过呢？——听从着祖国母亲的召唤，朝着一个大信念走，不惧怕在祖国的任何一片土地上倒下，任凭异乡的老妈妈用颤抖的双手为自己合上年轻的眼帘……谁能说，"祖国"对于他们，仅仅是一个抽象的名词？谁又能说，"祖国"，仅仅是教科书上的一幅图画、一段文字？

不，不是的。每时每刻，祖国都与他们、也与我们同在！像空气，像水，像太阳和星辰……

——这样想着的时候，我把这张发黄的小纸片，又夹进了《可爱的中国》一书中。不过，我情不自禁地在那三句话后面，又写下了两行文字：

"把我们的祖国，扛在肩上向前走，变成我们父辈的活着的嘱托。"

这是一位诗人的闪光的诗句。我不知道，什么时候我还会翻看到它们，而那时候，我又会有着怎样的心情，怎样的感受。

第14堂课

暴风雨中的伙伴

【阅读提示】

在前面的两组散文"亲亲大自然"的阅读提示里，我表达过这样的愿望：大自然是属于每一个人的，我们不要去伤害它、破坏它，也不要去疏远它和冷落它，而应该像对待我们的生命一样，去善待它、珍视它和保护它。请让我们都来关心大自然，关心大自然里的每一株小小的绿色植物、每一只不会说话的小动物和每一只小小的昆虫，就像关心我们自己一样。

是啊，亲亲大自然！这是一个多么美好的愿望啊！下面的这组散文故事，写的是人与自然、人与动物如何互相关爱、和谐相处、互为依存的故事。

大地上的一切生命，包括那些无言的和无助的，甚至濒临绝迹的动物与植物，都拥有自己不可抹杀的生命的尊严、履历与故事。那是我们古老的地球这个"共同体"和整个人类的全部记忆与生命谱系。

世界上也有过一些伟大和崇高的身影，作为人类和动植物所共同缅怀的朋友与知音，自由地来往于文学和自然这两个领域。无论对于文学还是对于自然，他们都真诚和勤恳地尽了自己的职责。他们以大自然为家，与鸟兽为邻，和昆虫做伴，并且用无限的爱心编织成守护大自然的芳草苗圃和美丽花园的栅栏，用不朽的文字替鸟兽昆虫说话，重述着土地、荒野、狮子、大象、黑猩猩、羚羊、细腰蜂和知更鸟们的生命故事。

我们阅读下面的这几篇描写狗、昆虫和驴子的散文故事，在领略和欣赏了散文故事本身的美丽与感人的同时，还应该去思考一个比文学更为重要的问题：我们在充分关注人类自身的健康与命运的同时，也应该时刻记起，那些与人类相比在这个地球上显然属于弱势群体的飞禽走兽的命运；也应该时刻记起，人类与土地、与动物、与整个大自然生态密不可分的相互依存关系。

动物们的弱小与无助，需要人类的悲悯与关怀。这些小小的、不会说话的生命，在这个世界上所起的作用，以及它们真诚的求助，也将使我们明白一个道理：世界既是属于我们人类的，同时也是属于它们的。假如我们对它们总是那么麻木不仁、漠不关心，忽视它们的存在，毫不在意它们的尊严和它们对世界的贡献，认为世界仅仅是属于人类自己的，而不是属于它们的，那么，终有一天，我们将会看到，这个世界归根结底也不会是属于人类的。

老人和狗

"我不会忘记你的。可是我老了，不能再照顾你了，请原谅我吧。"

老人一边流着眼泪，一边对跟随了他多年的那只狗说着话。

那只狗似乎没有听懂老人的话。它把头歪向一边，用奇怪的眼神看着老人。它摇着尾巴，不知道主人今天是怎么了。

"唉！我是说，我不能再照顾你了，从今以后，你要好好地自己保重自己了！"

老人喉咙哽咽着说。然后从口袋里掏出手帕，擦了擦鼻子。

"我很快就会搬到老年公寓去住了，非常抱歉，你不能跟我一块去那里住。你知道，那里不准带狗进去呢。"老人已经驼背了。他弯下腰抚摸着他的狗。

"不过你不要担心，我会为你找到一个新家的。我一定要为你找到一个非常好、非常可靠的新家。"老人说。

想了一会儿，他又说道："是的，你长得这么可爱，所以，你根本不用担心，谁都愿意要你这样一只好狗的。"

这时，狗更加用力地摇着尾巴，在厨房的地板上大步地走来走去。它明显有点焦躁不安了。它似乎觉察到了一点什么。

过了一会儿，老人给它添了一点食物。多脂食物熟悉的气味，让狗安静了一小会儿。不过，不一会儿，它的尾巴又蜷缩在两腿之间，静静地、固执地站在那里。是的，它已经觉察到一点不祥的气氛了。

"请过来！我的朋友。"老人费了很大的劲才跪在地板上，亲热地把他的狗拉到了自己身边。他把一根红色的带子，轻轻地系在了狗的脖子上，然后在上面放了一张纸条。狗当然不知道那上面写着什么。

"唉，你从来就不认识字。让我告诉你吧，那上面写着……"老人大声地读出了那些文字，"圣诞节快乐！我的名字叫阿黄。早餐我喜欢吃咸肉和鸡蛋，玉米饼也可以，午餐我喜欢土豆泥和一些肉，这就够了。我一天只进两餐。作为回报，我将成为您最忠实的朋友。你明白了吗？"

可是，狗仍然迷惑不解的样子，眼睛里露出乞求的目光。

那么，接下来该做什么了呢？老人又用手帕擦了擦鼻子。

他又从地板上站了起来，坐在了椅子上。他扣上了大衣的扣子，轻轻地抚摸着系在狗脖子上的皮带，说："请过来，我的朋友。"

他牵着狗走出了门，迎着晚风，站在外面。黄昏已经来临了。

狗用力向后拽着，不肯往前走。是的，它不想出去。"没有用的，你必须离开我了！不要让我有一点勉强，我向你保证，你与其他人在一起，一样会生活得很好的。"老人喃喃地说着。

大街上一个人也没有。天空开始飘着薄薄的雪花了。

老人和狗，在这个寒冷的黄昏里慢慢地走着。

人行道，树木，房子，街灯……很快都覆盖上了洁白的雪花。

走了好久，他们来到了一所被高树围绕着的维多利亚式的老房子前。

大树被风吹得摇摇摆摆的，发出呼呼的声音。

老人和狗都停了下来。他们瑟缩着身子，一起端详着这所老房子。橘黄色的灯光，透过每一扇窗户照耀出来。平安夜的颂歌正从晚风中轻轻地传过来。

"唉，这就是你的归宿了。"老人说出了他的想法。然后，他弯下腰，解开了皮带，轻轻地推开了那家的门。"去吧，我亲爱的朋友，走上台阶去挠门，不过要轻一点哦！"

狗先是看了一眼老房子，又看了看自己的主人，再去看那所大房子。它不能理解眼前所发生的这一切。它的喉咙里发出了哭一般的呜咽声。

"去吧，不要害怕，"老人推了狗一下，说，"我不再需要你了。"

狗伤心极了。它似乎明白，自己的主人不再喜欢它了。但它不知道，老人其实非常非常喜欢它，只是没有能力再来照顾它了。

于是，它慢慢地朝房子走去，踱上了台阶。它用爪子轻轻地挠着前门。它回过头望了望，看到老人走到了一棵树后。

这时，有人打开了前门的门把手。是一个小男孩站在了门口。

当他看到狗时，突然张开双手高兴地喊道："哦，太棒了！太棒了！爸爸，妈妈，你们快来看啊，圣诞老人给我们带来了什么礼物！"

老人躲在树后，透过泪眼看着这一切。他看到小男孩的妈妈正在读纸条。然后，他们温和地把狗牵了进去。

这时候，老人用他湿冷的衣袖擦了擦眼睛，笑了。

他的嘴里喃喃地说着："祝你们幸福！亲爱的朋友。"

然后，他的身影消失在了美丽的平安夜的夜色里。

哭泣的昆虫

法国作家法布尔的一生，是为昆虫的一生。他活着的时候，饱尝了生活的贫困和来自人世间的歧视与偏见的滋味，而唯一能够给他带来温暖与安慰的，是他所钟情的昆虫世界。

当他年老了，即将离开他的昆虫世界的时候，他为自己付出了毕生精力而写下的十卷《昆虫记》，写下了一篇短小的序言。他写道："阅尽大千世界，自知虫类是其中最多姿多彩的一群，即使能让我最后再获得些许气力，甚至可能再获得几次长寿人生，我也做不到彻底认清虫类的益趣。"

1915年11月，严冬即将来临的时候，离他92岁生日只差一个月了，这位终生与昆虫为伴，并且以昆虫为琴拨响了人类命运的颤音的巨人，安然而逝。

他死的时候，在他亲手建造起来的一座昆虫们的乐园——"荒石园"里，那些尚未冬眠的昆虫，都在黑暗的角落里哭泣。它们用各自生命的鞘翅，为它们这位共同的老朋友合奏了一支安魂的乐曲。

法布尔的童年，是在花草虫鸟中度过的。他的同时代作家都德曾说过："小时候的我，简直就是一架灵敏的感觉机器，好像我身上到处开着洞，以利于外面的东西可以进去。"用这句话来描写法布尔的童年时光，也十分合适。

法布尔出生在法国南部阿韦龙省圣雷翁村的一个农家。我们可以想象一下，贫穷的乡村生活并没有给他的幼年送来玫瑰花，可是，慷慨无私的大自然，却给这个天真和纯朴的孩子送来了鸟巢、蘑菇、蟋蟀，以及白鹅、牛犊和绵羊等等。

"开满花的山楂树当虫子的床，一只扎了孔的纸盒架在床上，里面养上鳃角金龟和金匠花金龟，我心里便得到那么大的满足。"

他在《童年记事》里写到过，他小时候对花草虫鸟一直有着极大的好奇心。当他一心惦记着一只小鸟的时候，他往往是非要亲眼看见鸟巢、鸟蛋和大张着小黄嘴的鸟娃娃不可，说什么也得看。

他说，这种好奇心，就是使他在童年时代就萌生了观察欲望的一种启蒙。

法布尔7岁的时候，开始进入村小学念书了。不过，他们村小学的条件实在太简陋了。校舍里的一间正规房间，既是教室，又是厨房、饭堂和睡房，而门外就是鸡窝和猪圈。

他的小学老师也是个颇有意思的人物。除了要教孩子们认识26个法文字母，这位老师还兼任着本村的剃头匠、旧城堡管理员、敲钟人、唱诗班成员和时钟维修工……

小法布尔那沉睡的心灵，竟然就是被这位忙碌的、同时也极有责任心的小学老师给敲醒了。

"第一次穿上背带裤，开始坠入天书般读书的十里烟云时，我这天真的男童仿佛觉得，自己就像第一次找到鸟巢、第一次采到蘑菇时那么着迷。"他这样回忆说。

于是，在坐在简陋的小教室里接受书本知识的同时，小法布尔也常常跑到田野上的大课堂里，去认识那个由花草虫鸟们组成的自然世界。

每次从田野回来，他的衣兜里都装满了金龟子、蜗牛、贝壳、蘑菇，还有别的许多叫不出名字的小甲虫和植物的花果。

10岁的时候，小法布尔跟随父母迁到了本省的罗德茨市。父母在市内开了个小咖啡馆，小法布尔"跳级"进了罗德茨中学。由于家里仍然比较困难，他只好每逢礼拜日就去教堂里干点零活，挣点儿学费。

整个中学阶段，小法布尔家因为生计所迫，几次迁居，漂泊不定。法布尔的中学学业也因此受了影响，断断续续的，其间还不得不靠给人打工挣足学费。

但这一切并没有使少年法布尔意志消沉。他的求知欲不仅没有受到影响，反而更加强烈和浓厚了。15岁那年，他报考一所师范学校被正式录取。毕业后，他进入一所中学当上了一名教师，从此开始了长达二十多年的中学教师生涯。

他一开始是当数学老师。有一次，他带学生上户外几何课，课间休息时，他在一堆石头上突然发现了一个垒筑蜂的精巧的蜂窝。仿佛是电光一闪似的，他自幼年起就十分感兴趣的，而且一直保留在心灵中的那个昆虫生活的一角，一下子被照亮了！

那一瞬间，他觉得，自己的"虫心"就像一窝正在晒着太阳、睡着午觉的小山鹊，被一位偶尔走过的行人一下子给惊醒了，纷纷张开了晶亮的翅羽。

于是，他毫不犹豫地拿出了一个月全部的工资，买来了一本昆虫学的书。他已经下定决心，要做一个为昆虫书写传记和生命史的人。

他觉得，他从小时候就开始憧憬的，"可以用尊姓大名，向田野大舞台上成百上千的演员们，向田边小道旁成百上千冲我们张开笑脸的小花们，热情致意"的时候，已经来临了。这一年，他还不到20岁。

法布尔曾经有过一个比方，他把探索未知世界比作一个人手执灯烛去照看那些处于黑暗之中的、无限广阔和美丽的拼砖画。他觉得，他自己就是这样一个执灯者，正在一步一步地移动着，一小块一小块地把那些小方砖照亮，使已知的图画面积逐渐增大，以便把更多的未知领域完美地显示出来。

"我们都是求索之人，求知欲牵着我们的神魂，就让我们从一个点到另一个点地移动自己的提灯吧。"他说。

为昆虫立传，是他的理想。他知道，要想实现这个理想，他必须先要把自己当作昆虫中的某一种，在十分冷酷和相当复杂的生存环境中抗争、奋斗，就像他写到过的蝉儿，要想获得阳光下的欢乐，它必须首先忍受黑暗的地底下的苦工和劳役。

在漫长的中学教师生涯中，法布尔坚持自修，先后取得了高中毕业资格的证书，大学毕业资格的物理数学和自然科学双学士学位，以及自然科学博士学位。同时，他利用所有业余时间，一丝不苟地进行动植物观察记录，废寝忘食地致力于发现和揭示昆虫的生存真相。

他收入微薄，生活清苦，但他有他的垒筑蜂、蝉、螳螂、西绪福斯虫、蟋蟀、螽斯和大孔雀蛾、萤火虫、坚果象……它们都是他心灵上的友伴。他在精神上从来也不觉得清贫和孤独。

没有昆虫学实验室，他就苦心积攒着一点一点资料，自己开辟和建造了一个"荒石园"，来作为昆虫们和他个人的乐园。有时穷得揭不开锅了，他就忍受着羞惭，向富有一点的朋友借一点债来维持生计。

许多时候，当他满怀欣喜地聆听着蟋蟀和螽斯的琴声，欣赏着丸花蜂和黄翅泥蜂的舞姿之时，他的肚子饿得咕咕直响呢。但他懂得，"本能就是天才"。在艰难和残酷的自然环境中，坚韧不拔地为个体和族类的生存而斗争，这是所有昆虫乃至所有生物的本性，法布尔也不例外。

他用省吃俭用积攒下来的一枚枚硬币，开辟和建造的这一小块荒园，成了他生命中最为钟情的宝地。那是他常常流连忘返的地方。

"那里凝结着我的心愿，我的梦想。我四十年如一日，靠了顽强的斗志，过着自己并不在乎的艰辛清苦日子；终于，这一天等到了，我有了这处实验园。"

某些"科班出身"的生物学权威对他怀有偏见，使他在人世间缺少知音，但他可以向他的昆虫们倾诉衷肠。

他写道："我亲爱的虫子们，一旦你们因为做不出难为人的事而说服不了那群财大气粗的人，我就会出来说话，会这样告诉他们：你们是剖开虫子的肚子，我却是活着研究它们；你们把虫子当作令人恐惧或令人怜悯的东西，而我却让人们能够爱它们；你们是在一种扭拽切剁的车间里操作，我却是在蓝天之下，听着蝉鸣音乐从事观察……你们倾心关注的是死亡，我悉心观察的是生命……"

法布尔在这里不仅自豪地表明了自己的雄心壮志，同时也委婉地抒发了自己所蒙受的世态炎凉。

1879年是未来的大科学家爱因斯坦诞生之年，也是法布尔的《昆虫记》第一卷问世之年。他把他的第一篇颂歌，献给了一种在许多人眼里也许没有什么好感的昆虫——食粪虫。他沿用古埃及人对这种昆虫的尊称，称之为"圣甲虫"。

他为自己的昆虫研究定下了一个基调：以理解和同情辛勤的劳作者的心情，去理解和同情底层的昆虫生活；用最真实的、最细致的观察结果，去恢复小小的昆虫们的本来面目，揭示出它们生存的真相与本质，从而纠正世人的一些隔膜与偏见。他还将怀着对渺小生命的充分的尊重与热爱，去描写昆虫世界，去发现那些神奇、美妙的生命的奥秘，去赞美和讴歌那些仁义、高尚的生命的尊严与含义。他相信，无论是在黑夜中的草丛里，还是在雨水之后的泥土下，都闪烁着奇异的人性的光芒。

他观察到，一只蝉儿，从小小的蝉卵到幼虫发育成熟，要在黑暗的地底下生活四年时间。而它破土而出，爬到绿树上高歌的时间，却只有短短的五个星期。于是他发出了这样的感叹：

"四年在地下干苦工，一个月在阳光下欢乐，这就是蝉的寿命。我们不要责备成年的蝉狂热地高奏凯歌，因为它在黑暗中待了四年，披着皱巴巴的肮脏外套，如今它突然穿上标致的服装，长着堪与飞鸟比美的翅膀，沐浴在温暖的阳光下，微醉微醺，在这个世界里，它极其快乐。为了庆祝这得之不易而又这么短暂的幸福，歌唱得再响亮也永远不足以表示它的欢愉啊！"

在秋夜的月光下，他悉心倾听那情趣盎然的"荒石园"里的蟋蟀的音乐会。他这样抒发着他内心的感受："我的蟋蟀啊，有你们陪伴，我反而能感受到生命的颤动；而我们尘世泥胎造物的灵魂，恰恰就是生命。正是为了这个缘故，我身靠迷迭香樊篱，仅仅向天鹅星座投去些许心不在焉的目光，而全副精神却集中在你们的小夜曲上。"

对生命的呵护与尊重，对生存本能的理解与尊重，对自己所热爱的事业的耐心与敬重，对未知的世界和对真理的孜孜不倦、无怨无悔的求索之心，再加上整个昆虫王国里是非分明、井然有序的生活本相的真实展现，构成了《昆虫记》这部和谐的交响组曲的动人的主旋律。

法布尔曾经梦想过，自己要是能到大学里去教书或做实验，该有多好。可是，冰冷的现实世界没能让他实现登上大学讲坛的美梦，他只好一人向隅，全神贯注，以鸟兽为邻，与昆虫为伍。

最终，他成了昆虫世界里的一个巨人。虽然满目废墟，到处都是断壁残垣，但他知道，只要他蹲下身来侧耳倾听，他就会领略到世界上最美妙的生命乐章，他也能够欣赏到世界上最生动的个体、家庭和族类的喜剧。他知道，它们也许比人间喜剧更精彩，更意味深长。

暴风雨中的伙伴

那是多年前的一个黄昏，在城市那拥挤的马路边上，我看见一位沉默的农人牵着一队灰色的小毛驴，不声不响地向前走着。在这高楼林立的陌生的世界里，在这布满了白色斑马线的坚硬的水泥路上，这队小小的生灵显得是那么的紧张。它们是这城市的生客，就像第一次走进大城市的乡下孩子一样，它们不敢四处张望，只好低着头一声不响地向前走着。它们那下垂的耳朵，肯定是听不惯那狂热的音乐和喧嚣的市声；它们怯生生的眼睛肯定也看不惯那明明灭灭的霓虹灯光和色彩斑斓的各式广告招牌。它们是要到哪里去呢？它们为什么要进入这城市呢？现在，它们是要穿过这城市的楼群，回到自己辽阔自由的乡间去呢，还是已经被食肉的城市用钱买下来，就要被领进屠宰场了呢？

——哦，真不忍心这样想象！一种担忧的感情驱使着我，默默地跟着它们走了很长一段路程。它们显然是看见了我，并且用奇异和友好的目光看着我，不知道是在感激我，还是在向我请求什么。那温顺的、友善的，仿佛是充满了信任的眼神，就像一些乡下的孩子在陌生的地方，突然遇见了自己的一位亲哥哥，遇见了熟识的村里人一样……

这件小事过去好多年了，但我一直没有忘记。我惦念着这些曾经在我的童年和少年时代，伴随着我们一起长大的、暴风雨中的伙伴。

诗人艾青在20世纪40年代里写过一首歌颂北方的毛驴的诗：

> 你灰色的眼瞳
>
> 瞌睡的眼瞳
>
> 映照着
>
> 北方的广漠的土地的忧郁
>
> 你小小的脚蹄
>
> 疲乏的脚蹄
>
> 走着那

广漠的土地上的

不平坦的荒凉的道路

你倦怠

你辛苦，你孤独

在这永远被风沙罩着的土地上

驴子啊

你是北国人民的最亲切的朋友

这首诗写出了北方的驴子的生命的艰辛与悲哀——它们的悲哀也正是那时候北方乡村的悲哀。半个世纪过去了，这首诗读来仍然令人怦然心动，也使我每次深情地想起北方的故乡，便也会心痛地想起它们来——艰辛的、沉默的、我的故乡大地上的小毛驴啊！

我的童年，是和这群可怜的小生灵一起度过的。就像坚韧的骆驼任劳任怨地做着"沙漠之舟"，在我们家乡这片浸透着劳作的艰辛与命运的悲苦的天地间，小小的毛驴的蹄印，也曾默默地踏遍了它的每一条坎坷的道路。春天里它们应和着布谷鸟在远山的呼唤，将一袋袋的种子和化肥驮向田野，然后听从着农人的意愿，低下头默默地抢在老牛的前头拼命地拉犁。夏天和秋天呢，它们从山冈上驮回我们收获的麦子和花生，那带血的蹄印就像鲜红的石竹花扔在山路上，让人看了心疼。而它们却总是宽厚地摇摇尾巴，毫不在意。只有冬日里它们才像忙完了三秋的村里人一样，期望着能过上几天真正悠闲的日子，安静地尝尝新鲜的玉米秸和清爽的干草——那里面有来自泥土和水的气息；或者，它们也期望着能自由自在地卧躺在矮矮的土墙边晒晒太阳，看看自己所认识或不认识的过路人——为了一年四季的收成，大家都是无一例外地受累了啊！但是这时候，那些放了寒假的孩子，又总是喜欢骑上它们，让它们驮着他们冒着风雪到百里之外的县城里去。在那贫穷而寂寞的年月里，那里是他们唯一可以梦想和向往的天地。而我，就是这群年幼无知、衣衫褴褛的苦孩子当中的一个啊！

那时候我们都多么贫穷和无聊！我还记得，在我失学回家的日子里，在我跟着孤独的老哥哥放牧的日子里，那些小小的可怜的驴子，也成了我唯一可以朝夕相处的伙伴。我常常不声不响地跟在它们后头，早晨走向村外，黄昏又回到村里。在那空旷无人的山岭间，我有时会胡乱地为自己唱着解闷的歌。它们当然听不懂我的歌，但它们总是用同情的目光看着我，用它们的乖觉和温善来分担着我太多的忧愁和寂寞。

——多年以后，我在一个晚会上听一位歌星唱《黄土高坡》："我家住在黄土高坡，日头从坡上走过。照着我的窑洞晒着我的胳膊，还有我的牛跟着我……"我当时就想，如果让我来唱，我就应该把这最后一句唱成"还有我的驴跟着我"。

是的，那时候与我最亲近的就是这些沉默不语的小毛驴。我不会忘记，我也曾扬起鞭子毫无理由地抽打过它们，有时候，大捆的麦子驮在它们疲累的身上，我还嫌它们走得慢，便用湿漉漉的槐树枝抽打过它们干瘦的腿和干瘦的脊背。而它们却只能背着我默默地流淌着混浊的眼泪。我甚至还偷吃过那本应该为辛苦的驴子们拌进草料中的，仅有的一小瓢炒熟的苞米和碎豆！那时候我们都被饥饿折磨着，我流泪的日子里它们也流泪。对于它们，我有时候会觉得自己是一个有罪的人。现在想来，我仍然感到十分难受。那么，我能够乞求到它们的哪怕是一个点头的宽谅吗？

我曾经读过一本法国儿童小说《驴子的回忆》。我被那只勤劳、善良和富于同情心的驴子卡迪雄深深地感动着。这只善良的驴子回忆说："小时候的事情，我已记不大清楚。我很可能和其他小驴一样，很漂亮，很和气，却又都很不幸……人们啊，你们不一定总能理解驴子所知道的一切……"我觉得，小说的作者得·塞居尔夫人是一位非常善良和细心的人。她写这本小说的目的就是要让人们懂得，动物，包括最可怜的驴子，都是有感情的，它们有爱人类的心，知道什么是受虐待。它们有报复心，也有表示感情的愿望；它们是否幸福，把人类当作朋友还是敌人，全都取决于人类对它们的态度。

是的，驴子是通人性的。我记得，那时候我和老哥哥最疼爱的一头小毛驴名叫"黑星"。它浑身光溜溜的，乌黑的皮毛，谁见了都会喜欢。而且黑星的耳朵短小，一天到晚总是支棱着，好像时刻都在谛听着什么动静一样。老哥哥说："这样的驴子，乖觉，顶通人性的。"他的话说得没错。

秋天里的一个下午，临近傍晚的时候，我赶着黑星和另外一队毛驴从蓝村挂掌回来。几十里的山道上空无一人，只听见一队驴子们新换的蹄铁的清脆声响。但是走到大青山山口的时候，天气骤变，大片大片的乌云压顶般袭来，空旷的山野顿时变得一片黑暗！紧接着，铺天盖地的狂风呼啸而起，天空中纷飞着尘土和枯叶，山口的老橡树也发出嘎嘎的声响……这时候，一道道闪电也仿佛要把天空撕裂了一般，电光把巍峨的大青山和摇荡不息的丛林映照得煞白煞白的……

这样的场面真是少见！我吓得赶紧牵紧了一队驴子的缰绳，拼命地往家里赶路。但是，驴子们比我更恐惧。每一阵电光闪来，我看见它们都浑身打着哆嗦。终于，有两头驴子挣脱了队伍，昂着头嘶叫着逃进了茫茫的山野……我知道，它们是被吓"炸"了。老哥哥说过，牲口们一旦被什么意外的袭击吓炸了群，最好就不要去惹它们，弄不好它们会发疯而伤人的。可这些驴子是生产队里的，驴子跑丢了，是得我来赔的呀！一想到这，我便急得大叫起来，带着哭腔喊叫着："快回来！灰脖子！回来呀！傻驴子！……"但它们在眨眼间就跑远了，我的呼喊声也被狂啸着的风声压下去了。我不敢去追赶它们，因为我的身边还有黑星和另外几头驴子。我紧紧地牵着它们，生怕它们也夺路而去。

这时候，奇迹出现了！好像黑星已经在电光里看见了我焦急的眼泪，它昂起头叫了几声，但声音是呜咽而沉闷的，好像哭声一样。另外几头驴子正试图挣脱我手中的缰绳，但黑星却像它们的头领一样，掉过身子对着其中一头挣得最凶的狠狠地蹬了几蹄子。我以为黑星也被吓"炸"了，吓疯了，便非常惊恐地望着它们，不知所措。让我意外的是，那头挣得最凶的驴子被黑星一蹬，竟渐渐低下了头，忍气吞声地不再叫唤，也不再挣扎缰绳了。它们慢慢地都安静了下来，紧紧地依偎在一起。只是每一道闪电和霹雳划过，它们都吓得浑身颤抖……

我当时还没意识到，这是黑星帮我"维持"住的"秩序"。我只是感激地搂着它们的脖子，和它们一道转移到一处避风的地堰下，然后互相依偎着，睁大眼睛看着外面翻江倒海似的滂沱大雨……

不知道下了多久，大雨渐渐地停住了。这时候，四野漆黑，唯一发亮的就是一片片水花。也正是这时候，我隐隐地听见了，从夜色里传来老哥哥的呼唤声——他已经料想到，我是被暴风雨阻隔在路上，所以提着风灯一路呼唤着找我来了。

听到了老哥哥的声音，我像看到了救星。我拍着黑星湿漉漉的身子，迎上前去。见到了老哥哥，我的眼泪又涌了出来："老哥哥，不好了！有两头驴子吓'炸'了，跑散了！这可怎么办呢?"

老哥哥看了看驴队，说："都怪我，不该让你一个人去蓝村。不要急，你先把它们牵回棚里去，我四处找找。刚才这阵雨下得老大，它们不敢跑远的。说不定正躲在哪处树丛里'筛糠'哪！"

这跑散了的两头驴子，有一头被老哥哥找了回来。另一头三天后人们才从一处悬崖下找到了它的尸体。老哥哥为它收尸时说道："可怜的傻驴呀！是吓破了胆子才跌下悬崖的。"

我吓坏了，以为队里肯定要让我赔偿这头驴子的。没想到，由于老哥哥三番五次地找到支书诉说，这是牲口被吓"炸"了才自己跌下悬崖的，终于，大队部以"自然伤亡，而不是蓄意伤害牲口"的结论了结此事。不仅没有扣我的工分，反而队长还在会上表扬了我，说我小小年纪却奋不顾身，在大风雨中保护了公家的八条驴子的生命，并号召全队的后生小子向我学习，向我"看齐"云云。这真是意想不到的结果。

后来我想，事情之所以会这样，一方面当然是因为老哥哥极力地宣传和渲染，另一方面，则是因为大队部的干部们每人平白分得了十来斤驴肉——要知道，平常他们可是没有任何理由去杀一头队里的驴子吃的。社员们也不会答应呵！而我，却无意中为他们做了件好事，让他们意外地吃到了驴肉。——这帮贪婪的家伙！

当然，仔细地想想，我最应该感激的是黑星。是它，在那风急雨骤的危急关头，机警地、沉着地帮助我渡过了难关啊！

没有错，当我从那光滑的驴背上滑下来，从那低矮的驴棚下走出来的那一天，也就是我已经长大，并且能够真正体会到驴子们的艰辛与无私的那一天。从此我再也不忍心以任何理由和任何方式去怠慢它们了。我默默地希望更多的人，都能够在暴风雨袭来的时候，用他们的兄弟般的情谊，为它们搭起一小片无风无雨的天空。我曾经读过托·富勒写的一本书，我很赞赏他所说的"驴子驮的是酒，喝的却是水"的话，但却绝对反对他所说的什么"宁可让病驴去拉木头，也不要累垮自己"的话。这，未免太残忍了！甚至，我对许多寓言和童话中所塑造的驴子的形象也颇有微词。它们多半把驴子塑造成胆小、怕事、愚蠢甚至自命不凡的形象，而很少看见有人写出它们的善良、艰辛与任劳任怨。这，未免也太不公平了吧？

我知道，我的故乡还有一代代正在成长着的孩子们。我也知道那些善良的毛驴的后代，也还在为改变我们的这个世界而默默效力。生活是沉重的，生命的道路漫长而又艰辛，对于人类对于它们都是一样的。我相信未来的日子将会比今天美好，因为我们多少代生命的共同的奋斗，都是为着这样一个愿望的。

我将因此而告诉更多的孩子，该怎样加倍地去爱护那些不会说话的善良的毛驴。我将告诉他们，它们的家族，多少年来，一直与我们风雨共济、相濡以沫。我们的祖先和它们的祖先都是劳作和安息在同一块土地，受苦受累都是归于同一把黄土。而我们的后代和它们的后代还会亲密地生活在一起。我将告诉他们，是这些沉默的生灵们，曾经帮助我们度过了许多严寒和凄苦的日子，度过了许多战乱和饥荒。它们都有着一颗颗最能够忍耐、最甘于奉献的心！

第15堂课

感恩的诗

【阅读提示】

在美国一所小学的诗歌课上，睿智的老师出过这样一个问题："什么是诗？"

老师不要学生用语言或文字做出回答，而是给每个学生发了一张纸，要他们将纸裁剪或折叠成各种形式，来表达出自己对诗的看法。

回答是各式各样的。有一个学生将纸剪成一颗心的形状，他解释说：诗是要通过作者的心，到达读者的心的；另一个学生将纸折叠成螺旋形状，他解释说：诗是心的螺旋形的上升；还有一个学生将纸剪成碎片，说：诗是从破碎的心（忧伤）中流出的；更有一个学生只是将白纸原样交还给了老师，他解释：什么是诗，只能靠诗本身去体现……

老师最为欣赏的，是最后那个学生的理解：只有诗（真正的诗）本身才能够让读者体会到"诗是什么"。

是的，诗歌是最不容易解释的。一首好诗总是内涵丰富，寓意难以界定、难以说清的。因此，每一个读者都需要，而且也只能自己去感受，去体会。

这就牵涉到了读者自身的水平、自己的素养。尤其是，诗的境界、诗的韵味、诗的节奏等所组成的艺术魅力，更是难以用语言来说明的。这种审美能力只能依靠自己的努力去逐步提高。

下面的这一组小诗，虽然被命名为"感恩的诗"，但是可以肯定地说，它们所蕴含的，并不仅仅是感恩的寓意。其中有的传达着感恩与分享的幸福，有的表现了无私的友谊，也有的抒发了奉献的快乐。

懂得感恩与回报，乐于与他人分享快乐与幸福，这是人性中的大德与大美。感恩是快乐的，分享也是快乐的。要知道，在这个世界上，人人都拥有快乐，才是真的快乐；每个人都能够分享温暖的阳光、温暖的春天，生活才更有意思。而送人快乐，如同赠人玫瑰，自己手上也定有余香……

我们的世界很小又很大。我们的世界有阳光灿烂的时候，也有风雨交加的日子。那么，当风雨突然袭来的时候，当一些弱小无助者需要你，向你发出呼唤，渴望你给他们一点点帮助和救援的时候，你是否也能够毫不犹豫地伸出自己的双手，用你的爱心和友善的力量，为他们搭起一片遮风避雨的天空呢？

一片红树叶

秋天的风，
吹过了山谷和田野。
光秃秃的老橡树上，
还站着一片
小小的红树叶。

老橡树说——
再见吧，孩子，
等到明年春天，
我再听你唱歌……

小小的红树叶，
低声告诉老橡树说——
让我再等等吧，
等到雪花飘落。
冬天还在路上呢，
他还没有越过小河。
如果我们都走光了，
你有多么寂寞！

躲藏在树叶里的苹果

收获的季节到了，
果园里飘着嘿嘿嘿的笑声。
一只淡红的苹果，
躲藏在密密的树叶下，
望着人们忙碌的身影，
暗暗想道——
怎么没看见那个
穿红兜兜的小哥哥呢?
他可是为我浇过水的呀!
在炎热的夏天，
在我最渴最渴的时候……

护林的老爷爷

护林的老爷爷很老了，
他恋恋不舍地离开了山林。
他住在山下的村子里，
却夜夜梦见麂子、松鼠
和老虎身上的花纹。

麂子、松鼠和老虎们，
也觉得非常非常伤心。
它们在山谷里到处寻找：
老爷爷哪里去了呢？
就像在寻找自己的亲人。

一朵小野菊

秋天在小树林里散步，
每一片金色的树叶，
都追随着他，
想要把他留住。
一朵最小的小野菊，
张着鹅黄的小嘴巴，
羞涩地向他低语——
什么时候，
你再回来呢？
你会不会忘了
回家的小路？

新年的夜晚

新年的钟声刚刚敲过，
美丽的雪花们，
驾着谁也看不见的雪橇，
纷纷离开了遥远的天国。

她们降落在金色草垛上，
降落在新年的麦地和井台上，
降落在温暖的村庄和屋顶上……
仿佛正与大地妈妈悄声细语——
天国是辽阔的，
可是只有人间，
才有这么温暖的灯火……

大地巨人

我爱每一个
像露水一样明亮的早晨。
当我一个人坐在金色的草地上，
望着远方连绵的山群，
我总是把我们的大地，
想象成了一个巨人。

他那起伏的胸肌，
形成许多丘陵和盆地。
他遍身长满小草的绒毛，
每一片过往的云彩，
都是他擦脸的手巾。

他的头发和胡须，
是那茂密的森林。
他的每一声呼吸，
都是风儿吹过的声音。
橘黄色的太阳，
是他手中的红气球，
早晨让它升起，
晚上又让它下沉。

早安，大地巨人!
你这么宽厚地对待我们，
让我们把一幢幢沉重的房子，
盖满了你的全身。

第16堂课

游戏的童年（上）

【阅读提示】

下面的这组小散文，大部分写的都是我们这一代人的童年里一些"好玩"的事情。西方有句俗语："天下没有免费的午餐。"不，我们那时候就有"免费的午餐"。下面这些好玩的事儿，就是大自然妈妈提供给我们这些乡村小孩的"免费的午餐"。

是啊，现在想来，曾经有过多少快乐的暑假，都深深地留在我童年的记忆里啊！躺在金色的叶堆上，我和小伙伴们一起数过天河两岸的星星；坐在高高的草垛上面，我听奶奶讲过那些古老的银狐的故事；在井台边，在禾场上，在萤火虫飞舞的篱院里……我骑着一匹竹马，从天上跑到地下……

金色的池塘，是我夏天的乐园；村边的老槐树，是一把永不收拢的绿伞；知了在树叶里唱着正午的安宁与快乐；我在村边的大树下，轻轻地荡着童年的秋千……

也曾经盼望过，夏天一到，快放暑假，把暑假放到很远很远的地方去；也曾经盼望过，夏天一到，就去海边的外婆家，跟着一位老船长，去实现自己航海的梦；也曾经盼望过，夏天一到，就举着美丽的营旗，穿上漂亮的营服，到青青的山谷间去野炊，去露宿，去点起篝火，唱歌、朗诵、手拉手地跳舞……

就这样，多少个夏天在幻梦中远去，不再回来。可是，所有美丽的梦想，还留在我的心里，像满天的星星，像飞舞的萤灯，像落在夏日池塘里的翠绿的雨花……啊，童年的夏天，我是多么怀念你！

夏夜里的小灯笼

初秋的夜晚，坐在高楼的平台上，给我的小女儿念唐诗，念到了韦应物的一首《夜对流萤作》："月暗竹亭幽，萤光拂席流。还思故园夜，更度一年秋。"念着念着，思绪禁不住飞回到童年时的乡村谷场边和田埂上了……

星月迷乱，烟水浮动；清风徐徐，蛙鼓声声……

乡村的夏秋之夜，是孩子们捕捉萤火虫的夜晚。在那清凉如水的老井台上，在那星星洗澡的池塘边，在那金色的小山似的草垛间和谷堆上，在那开满扁豆花和打碗碗花的篱边墙头……

款款低飞的萤火虫，打着一盏盏像明亮的星星一样的小灯笼，或排成蓝色的长阵，或悄然划出道道金线和银线，忽上忽下，时明时暗，若有若无。当你欢愉地追逐着它，终于将它捧捉到手里，正准备细细观看时，不料，它又悄无声息地突然从你的指缝间溜走了……

小小的萤火虫，在深夜里，也提着星星一样的小灯笼，给泥土下的蚯蚓们送去了小小的光明和"晚安"的问候，给草丛里的蟋蟀们照亮了回家的小路……

几多欢乐，几多情趣啊！它引发出寂寞的孩子们多少幻想，多少牵念！这幻想，这牵念，也如点点流光，在黑暗中闪闪烁烁，经久不灭，使乡村的夜晚充满情趣和生机。

长大了，读书了，又知道了一些关于萤火虫的知识。原来，萤火虫是一种能发冷光的小甲虫。它能在地上产卵，小小萤火虫刚刚孵出来的时候，便藏在地下的草丛里，或躲在腐烂的老树桩里，如同老树怀抱里的小精灵。科学家们认为，萤火虫发光是便于夜间为自己找到伙伴，也便于让夜间寻食的鸟儿知道它们是哪种昆虫。更有趣的是，萤火虫还用这种光来传递"爱的信息"。雄萤在飞舞中发出求偶的"光语"后，雌萤如果有意，便会发出相应的回光信号。雄萤一旦破译了这秘密信号，或者逐渐向雌萤靠拢，或者自觉地掉头而去，另找伙伴……

最难忘的是，我念小学的时候，听村里的一位老先生讲述过晋代车胤囊萤苦读的故事，以至于直到今天，每当看见萤火虫，我便不能不想起"苦读"二字来，便情不自禁地要向着这小小的光明的使者深深地致敬！——正是它们，帮了那贫穷的读书人的大忙呢！

不仅如此。20世纪40年代里，光学家们从萤火虫的发光器中分离出一种荧光素和荧光酶来，然后研制合成为一种柔和的、不伤人的冷光源，从而发明出造福千家万户的荧光灯。这不也是值得我们深深地感谢的吗？

印度大诗人泰戈尔写过一首献给萤火虫的散文诗《萤火虫》。诗中写道："小小流萤，在树林里，在黑沉沉的暮色里，你多么快乐地展开自己的翅膀！你在欢乐中倾注了你的心。你不是太阳，不是月亮，难道你的乐趣就少了几分？"

诗人还赞美说："你冲破了黑暗的束缚，你微小，但你并不渺小，因为宇宙间的一切光芒，都是你的亲人。"

小孩子没有不喜欢萤火虫的。无论是过去、现在还是将来，也无论是乡村还是城市的孩子们。"银烛秋光冷画屏，轻罗小扇扑流萤。"夏夜秋夕，当你坐在凉台上，和小孩子们一起念古诗的时候，同时也教小孩子们去了解一些萤火虫的知识，使他们对大自然发生一点点兴趣，这不是一件很有意思的事情吗？如今的小孩子们大都在电子玩具、钢琴、作业的包围中长大，未必就是快乐和幸福的。

蝉叫声声

夏天的早晨，太阳刚刚升起，树林中的蝉儿就开始了响亮的大合唱。

蝉喜欢炎热的天气，气温越高的天气，蝉儿们的精神头越足。当太阳西沉，气温下降了，蝉也渐渐停止了歌唱，开始休息了。

蝉儿鸣叫的时候，就像吹口琴一样，使腹部的薄膜使劲振动，发出声音。薄膜边还有一个中空的共鸣器，就像小提琴的共鸣箱，可以使发出的声音更加响亮。

蝉儿能听到自己同类的鸣叫声，所以它们很喜欢和同伴聚集在同一片林子里，使劲地、不停地表演着大合唱。如果林子里有了什么动静，惊动了其中的一只蝉，那么其他的蝉也会立刻停止合唱，随时准备飞走。

蝉喜欢栖息在柳树上。我国古代的花鸟画中，常以"高柳鸣蝉"为画题，这是有道理的。

我们小时候玩过的蝉有这样三种：一种叫"马溜"，最大，身体是黑色的，叫声也特别响亮；一种叫"嘟溜"，较小，身体是绿色的，又有点银光，样子最好看，叫声好像是"嘎呜——嘎呜"；还有一种是"滋溜"，最小，身体是暗赭色的，叫声很细，像最细的琴弦上发出的声音。

并不是所有的蝉都会唱歌。雌蝉就是"哑巴蝉"，从来不会鸣叫。整个夏季在树上不停地鸣叫着的，都是雄蝉。

夏天里，如果你到树林里去仔细地观察，就会在树干上找到许多蝉蜕。那就是蝉蜕下的皮。蝉在地下大约要住上四年以后，才可以爬出黑暗的"地牢"，爬上树干，脱去长期保护它的硬硬的蝉蜕。

刚脱壳的蝉很软弱，看上去苍白无力，像刚出生的婴儿，嫩嫩的。不过，很快它身体的颜色就变深了，身体也强壮起来，而且用不了多久，它们就加入了成年蝉们的大合唱之中："知了……知了……知了……"

逮蝉有多种方法。我小时候经常使用的一种办法是：在一根长长的竹竿头上绑上个三角形或圆形的柳条框儿，再缠上很多有黏性的蜘蛛网。悄悄地走进有蝉的树林里，瞅准了一只蝉，便把竹竿轻轻伸到它的翅膀边，轻轻一捂，蝉的翅膀就被粘住了。还有一种办法是用马尾丝结一个活扣儿，套蝉。不过，这需要很大的耐心。这种办法一般是用来对付那些个头大而又有点傻气的"马溜"的。

也可以在雨后的黄昏，到树林里去寻找幼蝉。雨水下过之后，泥土松软了。这时候如果你在树下仔细观察，会找到幼蝉的洞口。它们正准备爬出地面，到树干上去脱壳呢！或许，有的已经爬上树干了。把幼蝉拿回家，用一个小筛子扣住它，第二天早晨，再去看它，就会发现它已脱壳，变成一只真正的蝉了。

童年的昆虫

叩头求饶的小甲虫

叩头虫是一种奇怪的小甲虫。如果你捉住了它，用手指摁住它的身子不放它走，它就会将头部一上一下地不停地叩动，啪啪作响，好像在向你叩头求饶似的，所以人们叫它"叩头虫"。乡村的孩子们喜欢捉住这种小甲虫，把它们放进空火柴盒里，这时候它们叩起头来的声音就特别响亮和清脆。叩头虫还有一项表演本领，如果你把它的身子翻过来，让它肚皮朝上，它会像鲤鱼打挺似的翻弹起来，看上去是那么灵巧、有趣。叩头虫的幼虫叫金针虫，生活在土壤里，专吃农作物的根茎，是一种小害虫。

金龟子

金龟子看起来非常可爱，小孩子们都喜欢捉金龟子玩。但是金龟子又是危害植物的大害虫。雌金龟子把卵产在松软的泥土里，卵在泥土下变成幼虫蛴螬。蛴螬在地下生活，最喜欢啃食庄稼的根。经过四年之后，蛴螬再变成金龟子飞出地面，在地面啃咬庄稼的叶子、花苞和果实。所以，春天里，播种的农民总要在播下种子的同时，也播进一点农药，目的就是为了消灭金龟子的地下幼虫。夏天的金龟子，是孩子们童年时代难忘的小伙伴。不过，许多小孩子并不知道，金龟子是一种害虫。

快乐的绿蝈蝈

夏天来了，快乐的、大肚子的绿蝈蝈一会儿伏在南瓜叶上，一会儿又跳到附近的豆叶上，不停地唱着一支绿宝石似的歌："蝈蝈……蝈蝈……蝈蝈……"声音很响亮,只是有点儿单调。当它唱累了,就会跳到一朵金色的南瓜花上,饱餐一顿,吃饱了,再接着唱,唱的还是:"蝈蝈……蝈蝈……蝈蝈……"

　　蝈蝈最喜欢伏在大豆叶和瓜叶上。孩子们逮住了蝈蝈就放进一个竹蔑编的小小的八角笼里。蝈蝈在笼子里还会不停地唱歌。蝈蝈喜欢吃南瓜花,所以要掐新鲜的南瓜花喂它。不过,蝈蝈的牙齿很大,逮它和喂它的时候都得当心,别被它咬住你的指头肚儿。据说如果用最辣的辣椒喂蝈蝈,它也肯吃,吃了辣椒的蝈蝈总是叫得格外起劲儿。不过,这似乎也太残酷了吧?所以,你千万别这么对待无辜的绿蝈蝈。

草丛里的"小提琴手"

蟋蟀是昆虫界里技艺高超的"小提琴手"。不要以为它是用嘴发出动听的声音。不，那美丽的音乐是蟋蟀用一只翅膀当琴弦，用另一只翅膀当弓，相互摩擦发出来的。

"瞿——瞿——瞿——"琴声多么响亮，仿佛金属片发出的声音。

夏天和秋天的夜晚，在井台边，在草丛里，在天井里，或者在竹床下，你都可以听到蟋蟀的音乐声。许多蟋蟀一起合奏时，那音乐的节拍准确得就像训练有素的乐队一样。

蟋蟀喜欢单独居住。有趣的是，蟋蟀却没有固定的窝。一只蟋蟀每天都要做一个新窝。蟋蟀做起窝来非常简单：找一片树叶卷起来，用嘴里吐出的粘丝把叶子边粘上，它自己就可以躲在里边奏起乐曲来了。越热的天，蟋蟀演奏的乐曲节奏越快。

我国最早的诗歌集《诗经》里说，蟋蟀七月里喜欢在野外活动，八月里就移到院子里，九月又转移到屋子里，十月里就会躲到人家的床底下了。这说明蟋蟀这种小虫很怕冷，天气一凉，它就逐渐从户外移到户内来生活了，所以我们秋天里躺在床上还常常听见"瞿——瞿——瞿——"的叫声。

民间谚语说："蟋蟀鸣，懒妇惊。"这是什么意思呢？

原来，我国古代农村妇女在家中的主要工作之一，就是纺纱和织布。一个人一年中要纺多少纱、织多少布，差不多是有规定的。蟋蟀在秋天里一叫，妇女们就会立刻想到秋天既到，转眼就是冬天了，就要检点一年的纺织成绩了，自然不得不加紧工作，于是蟋蟀一鸣，"懒妇"们就惊恐时光过得太快了。

我们每个人，尤其是小孩子，有时会在玩耍、嬉戏中忘了做功课，让时光白白从身边流走了，这时候，你是否也该想一想"蟋蟀鸣，懒妇惊"这句古老的谚语呢？

我国民间还有斗蟋蟀的游戏。蟋蟀这种小昆虫喜欢争斗。一个原因是雄蟋蟀为了抢夺雌蟋蟀做伴侣；另一个原因，就是雄蟋蟀有一个怪脾气，它只愿和雌蟋蟀住在一起，决不愿意和同性的蟋蟀在一起生活。如果是两只雄蟋蟀碰到了一起，那就又有一场争斗了。人们认识了雄蟋蟀的这种脾性，便常拿它们斗着玩了。而蟋蟀们自己也许还以为自己很了不起呢！

在我居住的这座城市的高楼上，有时夜间侧耳倾听，似乎也能够听见蟋蟀这个"小提琴手"的美丽的琴声。我从来没有找到过它。它是在和我捉迷藏吗？

那么，亲爱的蟋蟀，请原谅我奏不出那么美丽的琴声与你合鸣。我只能献上一首小小的诗歌，来表达我对你们这些大自然的"小提琴手"的感激：

> 小小乡村里长大的
> 纯真的小歌手呵
> 你躲藏在哪里？
>
> 你是不是我十二岁的时候
> 趴在外婆家的窗户边
> 静静地听过的那一只呢？
> 你是不是曾经躲在我的病床下
> 轻轻地为我唱过歌儿的那一只呢？
> 告诉我
> 你是什么时候离开了乡村
> 你是特意要和我居住在一起的么？
> 小小的诚实的伙伴
> 我寂寞时的知音呵
> 你躲在哪里呢？
>
> 你的忧郁的草哨般的歌声和琴声
> 又使我深深地怀念起
> 乡村的田野的气息了

怀念起那金色的叶堆

高高的麦垛

和莹莹草叶

和小小的白月光菊上的

一滴滴沁凉的露水……

小小的伙伴

你也怀念那里的一切么？

"免费的午餐"

是谁说过：天下没有免费的午餐？不，我们小时候就有过一些"免费的午餐"。下面这些好玩的事儿，就是大自然提供给我们这些乡村小孩的"免费的午餐"。

漂亮的萝卜蒜篮

冬天里，如果把一个大青头萝卜吊在一个温暖的地方，不久，萝卜上就会长出美丽的"萝卜花"来。"萝卜花"并不是真的花，而只是萝卜上发出的嫩芽儿，鹅黄色的，看上去像花一样。"萝卜花"开了，说明春天已经离我们不远了。

小时候我经常用青头萝卜做萝卜蒜篮。其实做起来也很简单：找一个大萝卜，切去尾部的一半，把剩下的一半挖成竹筒形，里面放些清水，再把一些大蒜瓣摆进去。无论多冷的冬天，只要你把这个萝卜蒜篮挂在温暖的屋子里，蒜瓣不久就会抽出鹅黄色的嫩苗来。等过了几天再看时，它也许就变成一个漂亮的花篮了。

花篮里开的，当然并不是真正的花儿，而是长得嫩嫩的、黄黄的蒜苗儿。

柿叶书签

柿子树叶到了秋天，就会变成通红通红的颜色，远看就像枫叶。不，比枫叶还要红，而且比枫叶厚大有光。柿叶一变红，我们就开始去捡柿叶了。柿叶可以加工成牲畜的饲料。如果把柿叶夹进书里，可以防虫蛀。所以用柿叶做书签，不光好看，还可以保护图书。

柿树是很长寿的树。不过鸟雀可不喜欢在柿树上筑巢。因为柿叶有防虫的功效，鸟儿把巢筑在柿树上，很不容易就近找到虫儿吃。鸟雀们当然有选择在哪里筑巢的自由啦！它们的选择还有一定的科学道理呢。

菱角小船

从前，有一个山里的秀才，到水乡去做客。水乡的朋友请他吃菱角。他自作聪明地说："好吃，真好吃，我在家里一日三餐都离不开菱角。"朋友问他："贵地也出菱角吗？"秀才说："出呀，满山满坡都是！"朋友于是哈哈大笑起来。

原因就是那个秀才压根儿就不知道，菱是一种长在水里的植物，菱角是结在水里的果实。菱的根生在泥里，叶子浮在水面上。它的叶子像一个个小三角，边缘还带着小齿呢！一到夏天，菱就开出白色的小花。菱花谢了，花蒂落入水中便结成了菱角。

菱角弯弯的，像两只小小的牛角连在一起。刚结出的菱角是绿色的，渐渐地便变成了褐色或黑色，这时候，水乡的人们便可以开始采菱了。我的家乡在山里，不出菱角，但在集市上能买到从外地运来的菱角。小时候，每当买到了弯弯的菱角，我们从来也舍不得弄碎它，而是在菱角中间穿一个孔做成一个菱角胸锁，挂在胸前。或者很小心地掏出里面的菱肉，用菱壳做一只菱角小船拿着玩儿——竟然也能玩得津津有味！

银杏叶书签

银杏叶有着长长的叶柄，看上去真像一把打开的小折扇，非常精致、美丽。银杏叶在春天和夏天里是翠绿色的，一到秋天，便纷纷变成了金黄色，阳光一照，金黄透明。更奇怪的是，银杏叶不但不会被虫蛀和染病，而且被秋风吹落后，很长时间都不枯萎变形。秋风吹起的时候，到银杏树下去捡拾一些金黄色的落叶，夹进书本里，就是一枚枚天然的、漂亮的书签啦！如果把这样漂亮、精美的书签当作小礼物送给老师和同学，不是也蛮高雅有趣的吗？

马齿苋花瓣

马齿苋的花瓣很小，看上去像一个个小小的圆囊。夏天里，马齿苋开花了，我们有时捉到了知了，就会用两片小小的马齿苋花瓣，扣在它的两只眼睛上——马齿苋花瓣套知了的眼睛正合适，然后一撒手，知了就拼命地往天空里飞，一直飞到看不见……不过，这样对知了也太残酷了！知了又没招你惹你，干吗要这么害它们？可惜，这样的意识是到我长大后才有的。

做一盏小橘灯

挑一个又大又黄的橘子，用小刀切去上面的一段皮，然后把橘子轻轻地揉捏几下，小心地掏出里面的一瓣一瓣的橘瓤来，这样，就有了一个完整的空橘壳了，看去就像一只金黄色的小碗。再用结实的细线把小小的橘碗四周相对地穿起来，像穿一个小筐似的，然后用一根竹筷或小棍儿挑着这个小筐，里面放上一小节蜡烛，这样，一盏美丽的小橘灯就做成了。美丽的小橘灯啊，照过我童年的几多欢乐，几许朦胧。

第17堂课

游戏的童年（下）

【阅读提示】

罗大佑的校园歌曲《童年》这样唱道："池塘边的榕树上，知了在声声叫着夏天，操场边的秋千上，只有蝴蝶停在上面。黑板上老师的粉笔还在拼命叽叽喳喳写个不停，等待着下课等待着放学等待游戏的童年……"这几句歌词写得真准确，几乎每个孩子的童年都是这样的。我们这代人清苦的小童年，就是在一些游戏中展开和长大的，许多快乐和美好的记忆，也来自那些又简单又"接地气"的老游戏。

游戏，是孩子们最正当的行为，正如玩具被称为孩子们的"天使"。有很多的老游戏，目的很单纯，就是让小孩子"玩"的，有的是和一些简单有趣的童谣配在一起，边玩边唱，给孩子们带来一个轻松快乐的童年，一个"玩的童年"。还有一些游戏，可以让小孩子得到身体肌肉、力量上的锻炼，有点像简单的儿童健身项目。还有的游戏，益处就更多元了：不仅有故事传说的缘起，有想象力的激发，还可以励志、培育美好感情、增进小伙伴间的友爱、养成一种团队协作意识等等。

我小时候还玩过一个"刚均宝"的游戏。至今我也没弄明白，"刚均宝"这三个字是不是这样写，又是什么意思。其实就是我们常见的"剪子、包袱、锤子"的游戏。二人背着手，面对面一齐说："刚均宝！"左脚一跺，从背后伸出右手。手形有锤子、包袱、剪子。拳头是锤子，五指伸开手心端平是包袱，伸食指和中指是剪子。锤子能砸剪子，包袱能包锤子，剪子能铰包袱，以此来判断谁胜谁负或决定先后。

成年以后，在一次文学会议上，我亲眼看见过，两位老作家徐迟先生和碧野先生（现在他们都已经不在了，愿他们的灵魂在大地母亲的怀抱里安息），也是当场用这种"剪子、包袱、锤子"的游戏，解决了两人发言的先后顺序，避免了相互谦让的麻烦。这件小事让我感到，有一些老游戏不仅孩子喜欢，就是童心未泯的成年人偶尔玩玩，也很有意思，仿佛童年重临心头。

美国诗人勃莱有一句诗："贫穷而能听见风声也是好的。"我想，我们小时候玩过的那些简单的乡村老游戏，不正像是伴随着我们度过了童年时代的春夏秋冬的风声吗？啊，小时候，已经是那么遥远了的小时候啊！

春天的游戏

割韭菜

小时候，我们玩过一种名叫"割韭菜"的游戏。这是从乡村现实中看护菜地、防人偷菜的生活实景演变出来的。游戏开始时，几个伙伴聚集在一起，每人伸出一根手指，由一名领头的按照顺序先数一遍指头，边数边唱："大拇指，二拇指，你是谁家小兄弟？小兄弟，不在家，找来找去就是他！"唱到"他"时，他就被定为看守菜地的人了。看守菜地的人必须在画出的圆圈内（代表菜地）担负起看守的责任，不许其他人（代表偷菜人）进入菜地。当然，看守人自己也不能走出菜地。偷菜的人分散在圆圈四周，不断寻找机会想闯进去"偷菜"，一边走动一边唱着："进园进园割韭菜，一割割上两布袋！"偷菜人既要想法进入菜地，又要不能被看守人捉住。几个小伙伴们一起玩这个游戏，可以玩得非常投入和开心，乐趣不断。现在回忆起来，我觉得它比深夜孤独地坐在电脑前去"偷菜"，要有意思得多。

放风筝

小时候，谁没有玩过放风筝的游戏呢？风筝又称"纸鸢"、"纸鹞"等，相传在古代春秋时期，中国木匠的"祖师爷"鲁班就亲手做过风筝。到了唐代，放风筝已成为民间常见的游戏。诗人元稹写的一首诗《有鸟》这样描写："有鸟有鸟群纸鸢，因风假势童子牵。"意思是说：一只只纸鸢看上去像一群大鸟，它们借助风力，在天上飞得很高很高，孩子们牵着它们在地上奔跑。因为有的纸鸢上还装有能发音的哨子，风一吹动，就像弹筝一样，所以又称"风筝"。我们小时候玩风筝，用长长的麻线牵着，放上天空，随风飘摇，可以飘得很远很远。春暖花开的时节，是我们成群结队放风筝的时候。爷爷告诉过我，春天的风是由下往上吹的，正适合放风筝；一过了清明节，风向就不那么稳妥了，所以放风筝的日子总是到清明节为止。

风筝种类很多，可以扎成燕子、老鹰、蜈蚣、蛇等各种动物造型。风筝的骨架是用细竹子扎的，然后用纸、绢、布等裱糊好，再画上一些漂亮图案。放风筝时，小朋友们可以互相比赛谁放得平稳、谁飞得最高。所以，不仅风筝要扎得牢、扎得漂亮，牵在手上的细绳也很关键：会放风筝的小朋友都会靠绳子的收、放和长、短来调节风筝的状态。放风筝是一种健康的户外游戏，可以培养对大自然的兴趣和自己动手、参与制作简单玩具的能力。

弹窝儿

我小时候是在山东胶东半岛乡下度过的，当时还玩过一种简易的竞技游戏叫"弹窝儿"，是打弹珠游戏的一种。我看到，这个游戏在《山东民俗》这本书里也有描述。小伙伴们一起玩时，先用木棍儿在地上挖出五个小洞，谁能连续把玻璃珠子弹进五个小洞里，谁就赢了。现在想来，这不是有点像"儿童版"的高尔夫球吗？我从日本的电视节目里看到过，日本儿童也是用这种方法玩玻璃球游戏的。也许，这个游戏本来就是从中国民间传过去的。那时候，我们每个小孩子的书包或口袋里，都装着许多五颜六色的玻璃球或小钢珠，一放了晚学，我们就会在宽敞的胡同口玩起弹窝儿游戏，有时候玩得忘记了时间，直到天快黑下来了，黄玫瑰一样的小月亮，悄悄挂在了村边的柳树梢上……

打瓦

在遥远的宋代，每当寒食节和清明节到来的时候，小孩子们就会聚集在村边，玩一种"飞瓦"的游戏：找一块平坦的场地，在距离四五十步远的地方，支上一块方砖，参加游戏的孩子每人手拿一块瓦片，从远处用力抛掷方砖。规定每人抛掷三次，谁把方砖击倒的次数最多，谁就是优胜者。

"飞瓦"的游戏，慢慢演变成了今天的小孩子们还在玩的"打瓦"，又叫"打阎王"。我记得，我小时候在故乡胶东乡下玩这个游戏，也叫"打观音鼻子"。因为支在远处的方砖，要有四块：左右各支一块，是两个"耳朵"，中间的一块，是"鼻子"，鼻子后面再支一块，就是"阎王"。玩这个游戏时，参与的小伙伴越多，围观的人越多，也越显得气氛热闹。小小瓦片，曾经给我的幼年时代带来了无限的快乐和笑声。

打瓦可以五六个小伙伴一起玩。方砖支好后，各位小朋友按顺序站在一条线上，轮流把手中的"瓦"抛掷出去，击打远处的方砖中的任何一块。"耳朵"最容易打，"阎王"最难打。谁能击中"阎王"，谁就是"司令"。如果打中了"耳朵"和"鼻子"，也算得胜，但不能当"司令"。任何目标都打不中的，就要挨罚："司令"可以命令打中"鼻子"和"耳朵"的小伙伴去弹他们的脑门儿，挨罚的小伙伴只能乖乖认输。

夏天的游戏

摸拐子

清风习习的夏夜里，我们几个小伙伴在村边平坦的禾场上，做起摸拐子的游戏。摸拐子又叫"瞎子摸象"。大家先是站在一起，用同时伸出手心或手背的方式，选出"瞎子"。如果谁在伸手心或手背时和大家不一样，谁就输了。大家用毛巾或红领巾把他眼睛蒙住，让他当"瞎子"。等"瞎子"在原地转上几圈、转晕了后，大家就悄悄地四散跑开躲藏起来。藏好的小伙伴可以大声挑衅他："瞎子瞎子，我在这儿哪！""瞎子"就开始循着声音去"摸拐子"。一旦谁被摸到了，谁就充当"瞎子"，游戏继续。小小的禾场上，月光如水；四周的池塘边，蛙鼓声声，流萤飞舞。摸拐子的游戏，给我们的小小童年留下了多少欢乐的记忆啊！"摸拐子"可以多位小朋友一起参加。如果要给游戏增加一点"难度"，那么，当"瞎子"选出后，其余的人可以把一只手绑在小腿上扮作"拐子"。游戏开始后，"拐子"可以吹口哨，好让"瞎子"循声去摸。"拐子"被摸住了，双方对换角色，继续游戏。因为"瞎子"的眼睛是被蒙上的，所以做这个游戏要特别注意脚下安全哦！最好选择到平坦的场地上去玩，避免摔跤或绊倒。这个游戏可以锻炼小朋友们的反应速度和模拟能力，培养良好的规则性。

打水漂

还记得小时候玩的打水漂的游戏吗？放学的路上，路过小池塘、小河边的时候，几个小伙伴会随地选择一些薄薄的石片和瓦片，弯下腰，对着池塘平静的水面打起水漂，比一比谁的瓦片跳得远，谁扔出的石片激起的圈圈最多。小小瓦片，擦着水面飞出去，碰到水面又弹起，继续向前飞，反复多次，直到最后落入水中。这可是一个很古老的游戏呢，据说从人类早期的石器时代就开始了。而世界上最新的打水漂纪录，是一个名叫拉塞尔·贝尔斯的人创造的，他抛掷出去的一枚扁鹅卵石，竟然在湖面上飞了76米，跳跃了51下，真有点不可思议。有的游戏专家经过多次试验总结出来：当小小石片第一次接触水面，与水面成20度角时，打出的水漂最为完美。

老牛耕地

"做游戏啊做游戏，大家都来比一比。两个人呀组一队，一起来玩牛耕地。一个双手来着地，一个把他脚抬起，号令一响来耕地，谁耕最快谁第一。"院子里的几个小弟弟正在草地上玩"老牛耕地"的游戏，一边玩还一边唱着一首儿歌。我仔细听来，这首儿歌正好描述出了这个游戏的玩法。

"老牛耕地"一般是两个小伙伴一组，身体棒的小伙伴双手着地当"老牛"，另一个把他的两条腿提起来，当扶犁耕地的人。两个人必须动作协调，一同前进，一边前进一边唱那首儿歌，一会儿就可玩得满头大汗了。如果另一方也想当一下"老牛"试试，那么双方就可互换一下位置，游戏继续。

玩"老牛耕地"的游戏可以每两人一组，多个小组一起互相比赛"耕地速度"。哪一组最先"耕完了地"（也就是最先到达指定的位置），哪一方就是优胜者。请注意哦：两个人一组必须动作协调一致，不可让双手着地的"老牛"跑得太快，不然就容易翻倒在地了。每一组"老牛耕地"也不能靠得太近，否则就会互相碰撞，找不到准确的方向了。这个游戏可以锻炼小朋友的动作协调能力，锻炼体力，也能培养小朋友们团结友爱、互相协作的进取精神。

秋天的游戏

走月亮

"走月亮"是一种很美的乡村游戏，又叫"走月"、"圆月"。每逢八月十五中秋夜，女孩子们就会三五成群，结成一组，乘着皎洁的月色，在村里的小巷或村外的田野小路上，结伴行走和游玩。"走月亮"至少要走过三座小桥，叫"走三桥"，而且走过的小桥不许重复。可以想象一下，这是一种多么美丽自在的游戏活动啊！快乐的女孩子们手牵着手在月光下嬉笑行走，一边走还一边唱："圆月，圆月，一斗麦子换一个！"然后去寻找和跨过那些弯弯的小桥。走累了，她们就会一起回到事先商量好的谁家小院里，坐在月光下吃吃月饼和瓜果，欣赏中秋夜的月亮，想象着月宫中的白兔、桂花树，还有嫦娥……就是这样一个美丽的游戏习俗，现在几乎已经没有小孩子知道，更不会在中秋夜邀请小伙伴一起来玩一次这个老游戏了，真是太可惜了！

下五道

小时候，在田垄、地头、禾场、胡同口，常常见到正在歇息的两个大人一起在玩一种棋类游戏，叫作"下五道"。慢慢地，我们小孩子看着看着也都学会了。于是，我们童年时代又多了一种有趣的游戏：下五道。只要两个小伙伴闲着没事，就可以在地上画出一个简易的"棋盘"，随便找一些小石头和小瓦片，就能"拼杀"起来了。我依稀记得，这个游戏还有另一个名字，叫"两块吃一块"。有时候又叫"走五虎"，不知道是不是这三个字。童年已经远去了，很想再邀约当年的那些小伙伴，一起再玩一次"下五道"，可是，我该到哪里去寻找他们呢？而当年的小伙伴们，你们都在哪里啊？

玩"下五道"游戏先要在地上画一个"棋盘"：有横竖各五条直线相交成

的一个正方形。游戏双方各执5枚小石头或小瓦片，摆在棋盘两端的5个点上。用"剪子包袱锤"决出谁先走。你走动一子，我也随着走动一子。当一方的两个子在同一直线相邻两格时，就可以"两块吃一块"，吃掉对方一子。如果一方吃掉了对方全部棋子，或者围住了对方所剩下的最后一子，使他无法移动时，就是胜者了。这个游戏可以锻炼小朋友的智力和随机应变的能力，是一种很有趣的益智游戏活动。

竖蜻蜓

快乐的绿蝈蝈，伏在窗户边的瓜叶上，不停地唱着一支绿宝石的歌。美丽的红蜻蜓，栖落在中午的荷尖尖上，安静地做着一个芭蕾舞的梦。看哪，这一群小小的男子汉，并排着倒立在矮矮的山墙边，做着"竖蜻蜓"的比赛。

竖蜻蜓，又叫"金鸡倒立"、"拿大顶"，也是一种古老的游戏。早在元代的戏曲里，就有"竖蜻蜓"的描写。小说《西游记》里也写到了，当时人们最喜欢玩的游戏有骑竹马、扑蝴蝶、竖蜻蜓。竖蜻蜓的时候，小朋友需要两手着地，双腿并拢向上，靠着墙边倒竖起来，就像红蜻蜓栖落在荷尖尖上一动不动，保持着平衡和稳定。"竖蜻蜓"有好几种"竖"法：一是用双手撑地，靠着墙倒立，头、背、脚紧贴住墙壁，保持平稳，有的小朋友也许在很小的时候，就在床上学会了这个动作；另一种竖法也是用手撑地，倒立翻上后，头、背并不贴墙，只是把双脚搁在墙上，这个动作难度要大一些，适合年龄大一点的小朋友玩；难度最高的一种玩法是不依靠墙壁支撑，把双脚悬空倒立，用双手当脚，在地上行走。竖蜻蜓比赛比的是倒立的时间长短。谁能稳稳地倒立的时间越长，谁就是最后的胜利者。

冬天的游戏

挤墙角

小时候在北方农村小学里读书，冬天很冷，一节课上完了，手脚都会冻得冰凉冰凉的，有时都冻僵了。所以，每到课间，我们这些三四年级的小学生，不分男生女生，都会抢着奔到一处避风的墙角，或者站到可以晒太阳的墙边，一起做"挤墙角"的游戏。

挤墙角要把队伍分成左右两队，每队派出一名个头最大、最有力气的伙伴，充当打头阵的人，其他队员一个紧挨着一个，跟在后面参加拥挤，直到我们把冬天里的寒冷全部"挤"走了，个个挤得额头冒汗，这时候，上课的铃声也响了起来……挤墙角的游戏，给我们小时候的那些寒冷的天气，带来了多少温暖和快乐啊！挤墙角没有太多的规则，也不需要什么特别的技巧，所以，人人都喜欢加入游戏的队伍。谁承受不住挤压，"扛"不住了，谁就会被挤出队伍。被挤出队伍的人，可以快速跑回自己小队的队尾，继续加入。哪个小队的队伍先被挤垮了、挤散了，哪个小队就算输了，然后，游戏重新开始。现在想来，这个游戏真有点像是"拓展训练"的内容，不仅可以锻炼人的抗压力和忍耐力，还可以训练和培养一种齐心协作的团队精神。

打滑溜

冬天到了，厚厚的雪，盖住了我们的村庄和田野。看，我们堆起的小雪人，正站在金色的草垛边，好像冬天里的一只小鸟，在默默地等待着春天；淙淙的小河，正在冰层下唱歌；青青的麦苗，在大雪的被子下呼吸；红嘴巴的小鸟，在草垛上吹着口哨；小小的蒲公英，也躺在泥土的被子下，做着长长的冬天的梦。寒冷的冬天里，许多小斜坡上，被踩过的雪结成了冰。就连小河的河面上，也都结了厚厚的冰层。这时候，正是我们小孩子们玩"打滑溜"游戏的时节。我们就像一群快乐的小鸟，谁也不愿错过飞翔的时光。在结冰的小斜坡上，在厚厚的冰河上，在上学的小路上，只要借助冰雪的光滑用力一滑，我们的脚上就像穿上了带轮子的冰鞋一样，身上好像也长出了飞向春天的翅膀……

"打滑溜"又叫"打滑达"，是生活在北方的孩子们冬天里玩的游戏。可以一两个小伙伴一起玩，也可以很多小伙伴排成队，轮流着玩。玩时要选一处有点陡斜，又比较光滑和安全的小坡，从高处往下滑。滑溜时可以做出各种姿势和花样：坐着滑、站着滑、蹲着滑、双人牵手滑、三人蹲着搂抱着滑、单腿滑，有的还可以头部和四肢后翘，只用胸膛贴着冰滑呢！玩这个游戏可以锻炼体力和身体平衡能力，还可以锻炼小朋友们吃苦耐寒的意志力。

拔柳树

"拔柳树"是一种摔跤游戏，但是和摔跤又不同，所以这个游戏又叫"拔腰"或"拔桩子"。我们小时候在田间地头玩的"拔柳树"是这样的：参加比赛的两个小伙伴并排着、脸朝着相反的方向站立。游戏开始，各自弯下腰，从侧面抱住对方的腰部，像倒拔柳树一样，从地面上往上"拔"对方的身体。谁能把对方先拔起来，谁就是胜利者。输了的一方要为大家表演小节目，胜利者可以继续"打擂台"。小时候，我们在田野里挖野菜、割青草的时候，还有冬天里在墙边晒太阳的时候，经常玩这种"拔柳树"的游戏，也可以玩得满头大汗、忘记了劳累和寒冷。这是一种典型的男孩竞技游戏，既比技巧，又比力气。它和摔跤是不同的，摔跤可以用双脚使劲，用手扭拉对方，把对方摔倒为止，但"拔柳树"不能用脚，只能用手臂上的力量，而且手臂只能抱住对方的腰部，不能抓挠其他部位。这个游戏可以锻炼腰力、臂力和比赛的耐心，也可以培养一种遵守公共规则、公平竞争的竞赛意识。

背缸倒缸

我小时候在山东胶东乡村念小学时，一到寒冷的冬天，就会玩一种两个人较劲儿的游戏，叫作"背缸倒缸"：两个人背靠背，四条手臂紧紧挽住，一个人向前弯腰用力，使背上的小伙伴身体后仰。两个人轮流动作，一直可以玩到气喘吁吁、身体发热，驱除了那冬天的寒冷。记得那时候一边玩，还要一边唱一首童谣："背缸，倒缸，腌菜，好香！"这个游戏还有一个名称，叫"背张哥"。时光过得真快啊！一转眼，当年和我一起玩过这个游戏的小伙伴，都已经变成中年人了。玩背缸倒缸这个游戏时，两个小伙伴的个头都要一般高才合适，不然动作就不好协调。配合这个游戏的童谣，还有另外一首，也可以边做边唱。甲把乙仰面背起后，甲会问："天上有啥？"乙就回答："有星星。"乙会反问："地上有啥？"甲就回答："有烧饼。"接着甲再问："水里有啥？"乙再回答："有水老鸦。"然后两个人可以同时唱："得儿呱得儿呱，你背我来我背你吧。"两个伙伴一唱一和，十分快乐有趣。这个游戏不仅可以健身和娱乐，也能够增强小伙伴之间的协作友爱。

打雪仗

冬天来了，洁白的雪花，纷纷扬扬地从天空飘落下来，飘落在金色的草垛上，飘落在村外的麦地和井台上，飘落在温暖的村庄和屋顶上，飘落在村边空空的打谷场上……一夜过后，大地就盖上了厚厚的一层"雪被子"。这时候，我们这些小孩子就开始玩起堆雪人、打雪仗的游戏。打雪仗是我们小时候最喜欢玩的游戏。厚厚的雪，捧起来用力一团拢，就是一枚"雪弹"，这是打雪仗用的"武器"；每个小伙伴都是可以进攻的"敌人"；"雪弹"可以到处飞动，有的在头上"开花"，有的在背上"爆炸"，还有的直接就被扔进了"敌人"的脖子里。看，我们堆起的小雪人，插着胡萝卜的鼻子，正站在金色的草垛边，好像冬天里的一只小鸟，在快乐地为我们打雪仗的战斗加油呢！打雪仗这个游戏没有什么严格的规则，可以"乱打"一气。好在冬天里大家穿得厚实，"雪弹"无论打到哪里都不疼，小伙伴们一直打到筋疲力尽、浑身冒着热汗时，才会一哄而散。这个游戏可以锻炼小朋友抗冻、耐寒、吃苦的能力和勇往直前的精神。因为打雪仗时可以"自由发挥"，所以这个游戏更符合小孩子天性，深得小孩子，特别是男孩子喜欢。

第18堂课

记住那美丽的习俗

【阅读提示】

　　美丽的乡村习俗，就像童年时代的成长课堂。当我们还在摇篮里的时候，那些古老而美丽的习俗就已经围绕在我们身边，仿佛是人类的另一种天性，它们先于一切法律，超越所有的艺术，制约和规范着每个人心中的价值取向和道德标准。所以哲学家休姆有言："习俗是人生的伟大向导。"

　　在下面这组散文里，我想用轻松、亲切、浅显和风趣的语调，细致地描绘出一些淳朴的风俗人情，讲述发生在乡土一角的那些日常生活故事，使我们在获得一些新鲜有趣的乡土知识的同时，也真切地感知到一个人对自己的乡土、乡亲的热爱与理解，感受到他对那种单纯、宁静和古朴的乡村文明的留恋与赞美。

　　描写这些乡村习俗的时候，我觉得，我所有琐碎的记忆与感受，其实都已经超越了狭隘的个人色彩，而变成了一代甚至几代人对于一种也许即将远去或消逝的乡村文明的留恋与追忆。它们是一代代乡土上的孩子的共同的记忆，是一道具有永恒意味的梦想的风景。

　　是的，一个人从一个小孩子，长成一个成年人，甚至一个老人，这是一个多么漫长和艰辛的过程。在我们每个人记忆的长夜里，都有过许多小小的、明亮的瓜灯或小橘灯，给过我们温暖、光明和幻想。但是，随着时间的推移和每个人精神世界的一次次蜕变，那些小小的瓜灯的光芒，也渐渐变得遥远和朦胧了，有的甚至已经变成我们遥远和模糊的记忆的背景，而不再是记忆的内容本身了。

　　但是我相信，对生活，对我们周围一切的诗意的理解，将是童年和少年时代留给一个人的最伟大的馈赠。一个人如果在后来漫长和艰辛的岁月中没有失去这个馈赠，那他就有可能成为一位拥有高尚的心灵、懂得珍惜和热爱人生的人。

甜甜的祭灶果

小时候总听大人们说，每年的腊月二十三日，"灶王爷"要骑着"灶马"到天庭上去，向玉皇大帝报告每家每户的善恶举动。玉皇大帝就根据灶王爷的讲述，来决定每家每户来年的福祸与凶吉。所以，为了求得来年一家人都能够平平安安、少灾免祸，在灶王爷上天那天，家家都要多多供奉一些祭灶果，尤其要多多准备一些甜果，好让灶王爷的嘴变得甜一些，在玉皇大帝那里多说几句好话呢。

甜甜的祭灶果，给我们苦涩而寂寞的童年留下了甜蜜的记忆。

记得爷爷在世时，他的炕头柜里总有个草编的、带盖儿的、四四方方的饽饽盒。送走灶王爷之后，祭灶果便收进了他的四方盒子里。爷爷分祭灶果给我们吃的情景，给我留下的记忆是长远而清晰的。

那些五颜六色的祭灶果，有麦芽糖、花生糖和芝麻糕，还有切成一小块儿一小块儿的枣儿糕、糖冬瓜、山楂片、苹果条和柿子饼。在我们那一茬孙儿孙女辈里，爷爷是最疼爱我这个长孙的，所以，每年我分到的祭灶果最多。

不过，一年里也就这么一次。我总是舍不得一口气就把它们全吃光，便悄悄地藏到只有我一个人才知道的地方，好慢慢地去享用。等到这些祭灶果终于吃完了的时候，新年差不多也就到了。

除了祭灶果，我记得我们家每年祭灶时，还要在灶边贴上一张发了黄的"灶马"画儿。那当然就是灶王爷的"坐骑"了。每年祭完灶后，爷爷就会小心地把它揭下来，放进房里的那个黑红色的大木箱子里。如今，这张灶马画儿早已不在人间了。如果能留下来，我想，它不仅可以做我的这篇散文的插图，兴许还有点文物价值呢。

长大后才知道，祭灶，是我国劳动人民的一个古老的风俗。灶王爷，又称灶君、灶神或灶菩萨，是民间所尊奉的一个神灵，因为他能"受一家烟火，保一家康泰，察一家善恶，奏一家功过"，所以家家都很敬畏和尊重他。据说，如果有谁被他在玉皇大帝那儿"告发"了，大错会减寿三百天，小错也要折寿一百日。多厉害哪！

祭灶神的供品也不限于灶果。有钱的人家还可以用蒸熟的猪头、煎好的全鱼或整只鸡。贫穷的人家也可以只用一碗清水代替灶果。就像那时候爷爷教给我们的一首童谣所唱的那样："灶王爷，本姓张，一碗清水三炷香。今年小子混得苦，明年再吃关东糖。"

说灶王爷姓张，也是长大后才弄明白的。有的风俗志里还说他"状若美女"。留在我印象中的灶王爷，其实是个挺家常的神。单就他愿意一年四季居留在寻常人家这一点，就不简单。至少我是这么觉得的。

如今，每家每户早已是用煤气灶台代替了传统的柴灶锅台，我怕灶王爷早就无处安身了。你没看见祭灶的风俗很少见了吗？至于祭灶果，现在几乎没有哪个小孩子会知道是怎么一回事儿了。他们知道得更多的是各种饴糖、果脯和巧克力。这实在是非常可惜而又无可奈何的事情。

我很自豪，我们这一代小时候生活在乡村的人，懂得了一种古老而朴素的风俗叫作"祭灶"。我也常常回味我们小时候的一种甜蜜的记忆，来自那五颜六色的"祭灶果"。至于将来的孩子们，还能不能知道什么叫祭灶，什么是灶王爷和祭灶果，恐怕就很难说了。

成年之后，我又渐渐体会到，祭灶这种民间习俗里，其实还蕴含着一种浓厚的感恩的意味。我相信，怀有这种感觉和感情的人，也不只我一个。诗人邵燕祥写过一首诗，写的正是因为"灶马"而引起的一种怀念的心情：

再也听不见灶马的叫声了吗
我奇怪我为什么这么想听
灶马叫。是不是我真的不能忘情
那烟熏的墙，昏黑的灯
只是因为掀开盖帘的时候
有一种扑鼻的热气腾腾
揭开盖帘的是亲人粗糙的手
那时候灶马被嘘得叫了几声
贫穷和温饱，灯光和人影
还有饭菜香，混合着灶马的叫声……

何时再得压岁钱

除了祭灶果，孩子们过年时最盼望的，也许就是压岁钱了吧？

欢欢乐乐地吃完了年夜饭，新年的鞭炮声便此起彼落地响了起来。这时候，全家人便会依着长幼顺序去向祖先的灵位行致敬礼，也就是跪下磕头。

这其实也是一种感恩和致谢的礼俗。给祖先们磕完了头，小孩子还得依次给长辈们，特别是给爷爷奶奶磕头。给爷爷奶奶磕头，是每一个小孩子都很愿意做的，因为磕完了头便可分到压岁钱了。

我清晰地记得小时候向爷爷奶奶讨压岁钱的情景。先是我们这群小孩子都聚集在正屋里，等到爷爷奶奶在炕头上盘着腿儿坐好了，我们便齐声嚷着：

"爷爷奶奶过年好！给爷爷奶奶磕头了！祝爷爷奶奶寿比南山！"

有时，我们拥挤着抢先去磕头时，不小心便会互相撞得小脑袋"咕咚"一响。但这时候即使再疼也顾不得了。大家都抢先跑到炕沿下，迫不及待地伸出小手高叫着："压岁钱！压岁钱！"

爷爷奶奶却一点也不着急。他们好像是故意磨磨蹭蹭的，从身后的炕头柜里端出那个四四方方的饽饽盒儿，一份一份地拿出事先就分好和包好的小红包儿。那里面当然是早就换好的崭新的咯吱咯吱响的压岁钱了。

钱不在多，但每人一份儿，谁也不偏向。这就够了。我们一旦拿到了压岁钱，便呼啸而散，各自躲到一边数钱去了。爷爷奶奶依旧端坐在炕头上，乐不可支地看着心满意足的满堂孙子孙女。炕上炕下充满了热热闹闹的天伦之乐。

长大之后，我读到了一首题为《压岁钱》的古诗："百十钱穿彩线长，分来再枕自收藏。商量爆竹谈箫价，添得小儿一夜忙。"写的仿佛就是我们孩提时代的情景。

我相信，那时候的每一个屋顶下，都有这样一个温暖的家，都有这样一份天伦的温馨。如今回忆起来，那份满足，那份快乐，真是难以用语言表达。

压岁钱可以由我们自己自由使用。是买摇鼓咚，还是买双排孔的小箫，或者买冰糖葫芦、炮仗，全凭你自己愿意不愿意。当然，懂事的孩子也可留着春节后上学时交学费用。

如今，爷爷奶奶都已过世多年了。这么多年来，再也没有谁在过年的时候分给我们压岁钱了。这也说明，我们都不再是小孩子了。

那么，就让压岁钱所带给我们的童年的温馨与乐趣，让压岁钱带给我们的那份充满感恩的回忆，永远地伴随着我们的记忆吧。我知道，生活的脚步，总是要向着新的岁月迈进的。

冬至的梦

很小的时候，爷爷就教我们背诵过那古老的《二十四节气歌》："春雨惊春清谷天，夏满芒夏暑相连，秋处白秋寒霜降，冬雪雪冬小大寒。"

那时候只知道，到了冬至，再过了小寒、大寒，便是我们小孩子所盼望的春节了。长大以后才明白，从地球绕着太阳公转，地面受日光的照射的角度来说，冬至这天是太阳运行到了南回归线的极点，北半球昼最短、夜最长；南半球则昼最长、夜最短。过了这天，地球绕太阳的运行就逐渐向北回归线转移了……

冬至前后，大雪飘飘。冬至是一年中最阴森最寒冷的一天。但是那谁也看不见的春天，也就在这一天随着那飘飘的白雪来到了我们中间。只不过她不愿意那么快地与人们见面。但她使一切有生命的，都开始做着自己温暖的梦、希望的梦。果园里的苹果树，白雪覆盖着的葡萄枝，泥土中的冬小麦与草根，地窖里的白菜和树苗，还有冬眠的青蛙和蚯蚓……

虽然你听不到它们苏醒的声音和梦中的呓语，但是慈祥而深情的大地妈妈，是能够感觉到那万物的生命的血液的涌动的。不信你拨开积雪或扒开泥土仔细地看看吧：黑色的藤条变青了，干硬的树枝变软了；冻土地开始松动了，冰河下面有了哗哗的声音了；细小的草根儿有的已经绽出苍白的芽苞了，地窖里的枝条上吐出了指甲大的紫红色的小叶子——它们好像都已经等不及了。

等不及也要再等等啊。我们糊得严严实实的小窗现在还不能打开。我们插在草垛上和挂在屋檐下的风车还不能摘下来。我们的冬至的梦，还要再经过九九八十一天才可以真正地在春天里醒来呢！

这是多么难熬的八十一天！记得那时候，爷爷的旧墙壁上总会挂起一张白色的梅花图，八十一瓣小花瓣，每过一天，就用朱笔涂红一瓣，一直等到八十一瓣都涂成红色，一树白梅完全变成了红梅，爷爷才会告诉我们：春天这下真的来了，你们可以换下厚厚的棉衣了。

哦，我多么想念那明朗的、温暖的春天！我更怀念那无数个漫长的冬夜里曾经做过的温暖的梦！那是雪的梦、花的梦，是梦里的希望。那是绿草的梦，是杨柳和燕子的梦，是渴望着返青和拔节的麦子的梦，是挂在高高的树梢上的风筝的梦，是一夜间就甜透了整个农家的冬米糖的梦……

梦里送走了多少个冬至，善良而勤劳的爷爷，也早已安息在故乡的大地上了。但我竟然没能保存下一张那给我留下了深深记忆的、由白梅变成红梅的梅花图来。我只依稀记得那写在图画两边的一副对子："但看图中梅树红，便是门外柳叶青"。若干年后的某一个冬天，我远离故土，生活在江南一个陌生的小城里。在一个最寒冷的冬至之夜，我裹紧身上的大衣，听着窗外的风雪声，心里默诵着白居易的诗："十一月中长至夜，三千里外远行人……"

这时候，不知道是一种温情还是一片乡愁，使我禁不住热泪盈眶。我在想，在遥远的家乡，一切有生命的，该又都沉浸在那深深的温暖的冬至的梦中了吧？

那么，请你们接受我的深深的遥远的祝福吧。

刺猬灯

　　金色的阳光，透过糊着白纸的窗棂，一格一格地照进来。一个多么好的天气啊！今天是正月十五上元节。这是我小时候最盼望的一个节日。

　　早晨一起来，奶奶就让我穿上了过年时才穿的新衣服，还给我围好了厚厚的围脖。奶奶说："小石头，快到外面等着看热闹去吧，镇上的锣鼓队很快就会来村里了。"

　　"奶奶，你不是要给我做刺猬灯吗？我想要个刺猬灯。"

　　"刺猬灯要等天黑了才能点亮哪！你放心，奶奶一定给你做的。"

　　上元节真是一个热闹的节日啊！好像全村的人，大人们和小孩们，都走出了家门，有的站在胡同口，有的站在村口的老槐树下，有的骑在墙头，有的坐在草垛上，都在等着看热闹呢。

　　小伙伴们都穿上了平时舍不得穿的新衣服。有的小宝宝还戴着漂亮的虎头帽子。

　　不一会儿，就听见从村外的小石桥那边，传来了热闹的锣鼓家什的声音。锣鼓声越来越近，越来越近……

　　渐渐地，一支浩浩荡荡的锣鼓队出现了。

　　这是我们小镇上最有名的锣鼓队。

　　鼓手们都穿着金黄色的绸子衣服，腰上扎着大红色的带子，头上缠着雪白的新毛巾。

　　爸爸告诉过我，这是从十里八村挑选出来的，全镇上最好的锣鼓手。是呀，难怪他们个个都是这么英俊帅气！

　　两组耍狮子的，走在锣鼓队最前面。踩高跷的，走在队伍中间。鼓、锣、钹、镲、铙……所有的锣鼓家什，全都派上了用场。锣鼓队里的每个人，好像都在使出全身的力气，吹奏出各自最欢畅的精气神儿。

　　那两只狮子，一只是公狮子，一只是母狮子，看上去是那么威风凛凛，一会儿跳跃，一会儿翻滚，好像真的一样。

耍狮子的在前面引路，锣鼓队跨过村外的小石桥，一路吹吹打打，来到了村口的那个宽敞的打谷场上。

你看吧，围在锣鼓队两边和后头看热闹的人，多得你就是数上多少遍也数不过来。当然，人群里最快活的，就是我们这些小孩子啦！

我骑在爸爸的脖子上，小脸儿兴奋得通红通红的。

踩高跷的，随着一位老爷爷挥动的小彩旗，走得要急有急，要慢有慢，风风火火，赢得了一阵阵的喝彩声：

"好哇，再来一次哪！"

这时候，打锣鼓的、踩高跷的，都越发来劲儿了。

爸爸扛着我，挤到挥令旗的老爷爷面前说："五爷，身子骨儿硬朗着哪！俺们爷儿俩给你们助威来了。给俺们来一段《天门阵》中不？"

老爷爷一捋白胡子，说了声："看好喽！"

话音未落，小彩旗向上一指，锣鼓点儿便急急地响起，一阵紧似一阵，大红腰带上下翻飞，打谷场上顿时一片欢腾……

这时，爸爸紧紧攥着我的小手，摇着颠着我说："长吧，长吧，快快长大呀小石头，长大了也给咱家出个锣鼓手！"

锣鼓队在村口的打谷场上，一直演奏到晌午时分，都快把我们这些小孩子乐疯了。然后，还是耍狮子的在前面引路，锣鼓队开始向邻村转移了。他们还要一个村庄、一个村庄地去表演呢。

有的小伙伴舍不得锣鼓队走，就跟在锣鼓队后面，一直跟到很远很远的村外去……

锣鼓队走远了，大人们开始回家忙活着，准备做上元灯了。

这时候，奶奶和妈妈正在揉着黄豆面，给我和弟弟、妹妹们做豆面刺猬灯。

在我们胶东乡下，每到上元节的夜晚，家家都要用黄豆面做成各种形状的上元灯。有鲤鱼灯，有小猪灯，有鸡灯，有羊灯……每盏豆面灯上，都会特意留出一个圆圆的"小碗口"，这是准备放豆油用的。

我最喜欢奶奶做的刺猬灯。奶奶先把刺猬的身子做好，再用剪子轻轻地剪出一根根小刺，然后，还用两粒黑色的花椒籽，给小刺猬安上眼睛。不一会儿，一盏小小的刺猬灯就做好了。

所有的豆面灯都做好了，奶奶还要把它们摆在一个大笼屉里蒸熟。奇怪的是，奶奶在蒸豆面灯时，还在每个"小碗口"里放上了几颗饱满的豆粒。

我问奶奶："奶奶，为什么要放进几颗黄豆呀？"

奶奶告诉我说，这里面有个讲究呢！原来，等一会儿，等豆面灯蒸熟了，这些豆粒胀得越大，就预示当年的雨水会更加充足。

不一会儿，热气腾腾的锅盖揭开了。

蒸熟的豆面灯，全都变得金黄金黄的了。

那些豆粒，果然都变得十分膨大了。

奶奶高兴得合不拢嘴，说："小石头，你知道吗，今年一定会风调雨顺，地里的庄稼，肯定有个好收成哪！"

奶奶在每盏豆面灯的"小碗口"里倒进一些豆油，再放进一根线芯。有的也直接放进一小截红蜡烛。接着，奶奶划燃了一根红头火柴，点亮了这些漂亮的豆面灯……

这时候，圆圆的月亮升起来了。

金黄色的月亮，把全村照耀得像白天一样。

家家户户都在门前挂起了红色的灯笼。每一条小胡同口的电线杆上，也都挂上了彩灯。一些皂角树上，也挂上了红灯笼，看上去就像秋天的柿子树上，结满了红红的柿子。

我们端着各自的上元灯，去摆放在不同的地方。

门前的石墩上，摆上小狗灯。

天井里的鸡窝边，摆上鸡灯。

水缸边上，摆上鲤鱼灯。

我的刺猬灯要摆在哪里呢？

告诉你们吧，要摆在装得满满的粮缸边。

奶奶说，上元灯可不能熄灭哦！谁的上元灯燃得最亮、最久，就预示着谁会在这一年运气最好呢。

所以，我们每个人的上元灯，都由自己小心翼翼地"看管"着，该添油的添油，该换蜡烛的就换蜡烛，从上元夜，一直点到了第二天天亮的时候。

新一天的太阳升起了。一年一度的上元节又结束了。

奶奶把所有的豆面灯都收集在一起，刮去上面的油垢和蜡迹，然后切成面片，为我们做成了香喷喷的豆面香菜汤片。

奶奶做的豆面香菜汤片，真是美味啊！

现在，奶奶已经不在了。

奶奶不在了，从此再也没有谁给我做豆面刺猬灯了。

我们都早已长大了。我离开故乡也已经三十多年了。

我多么怀念小时候的上元节，怀念亲爱的奶奶，怀念奶奶给我做的小小的刺猬灯啊！

又到年糕飘香时

春花秋月，柳色秋风。当二十四番花信风轮番吹过，最温情、最让人眷恋的，还是这冷暖人间的万家灯火。

新的年岁带给我们新的期待、新的希望。新的年岁带给我们新的梦想、新的力量。无论生活有多么艰辛，无论人生有多少烦恼和不如意，我们最终还是会珍爱生活，珍爱每一个新来的早晨，并且对未来的日子依然充满最大的信心和希冀。

江南有句俗语：端午未到，春事未了。年年春节前打出的年糕，余香尚在早春里飘着。是啊，谁的心中不曾保存过这样的童年记忆——

那必定是亲人们细细磨出的雪白的米粉。那必定是亲人们的双手温和地调制和蒸熟的米粉。是老祖母们的手，是母亲们的手，是姑姑和姐姐们的手。在锅盖揭开的那一瞬间，也必定是热气腾腾，香气扑鼻。

团团的，方方的，厚厚的，糯糯的。在江南，在乡村，在我们一代代人渐渐陌生的故乡里，在故乡淡蓝色的炊烟里，打年糕的声音里，总是透着全村老幼的欢乐。一方方温暖的香糯的年糕啊，一夜间就会熏香和甜透从冬到春的农家的梦。

那是高适的"故乡今夜思千里"；是黄子云的"知是邻家共迎灶"；是姜夔的"一夜吹香过石桥"；也是钱起的"万木已清霜，江边村事忙"。

年糕是最普通的民间岁时食品，但是年糕又何尝仅仅是一种年节食物。不，年糕的香糯里分明还凝聚着平民百姓心目中的一种"彩头"和乡思，带着吉祥、感恩和祝福的深深的寓意，所谓"年糕年糕，年丰寿高"。

清代叶调元在他写的《竹枝词》里，也记载过这种岁时民俗："新年春酒竞相邀，轿子何嫌索价高。提盒天天来送礼，汤圆春饼与年糕。"

年糕从来就是中国人最喜欢的传统食物之一。据说，年糕的由来也与遥远的春秋时期楚国的伍子胥有关。那是一个类似楚人用粽子祭念屈原的传说，百姓在丰年腊月用糯米制作成糕状食品，是为了怀念危难时不失复国之志的伍子胥。只是如今，每一方、每一团雪白和香糯的年糕里，分明又包藏着一种浓得化不开的"馅"，那就是现代城市人深深的怀旧感——一种复杂的乡愁的滋味。

我相信，无论是哪一个中国人，也无论他走到哪里，他都不会拒绝一块雪白的年糕。就像他不会拒绝那一声来自亲人的嘱咐，不会拒绝那一缕对于故乡、对于儿时的忆念与牵挂。正如一首老歌里所唱的，"你无论走得多么远也不会走出我的心，黄昏时刻的树影拖得再长也离不开树根"。

大地春常在，人间春常在。我深爱着和感恩于这个世界，包括它所有的悲苦。我深爱着和感恩于平凡生活中的点点滴滴，包括它全部的艰辛。

第19堂课

大声朗读童话诗（上）

【阅读提示】

在儿童文学的各种文体当中，童话诗，是一种美丽的文体形式。它兼有童话和儿童诗的双重美感，既有童话的幻想之美、智慧之美和故事性，又有儿童诗的抒情之美、空灵之美和可诵读性。

因为童话诗的故事情节一般比较单纯和集中，内容上往往带有不同程度的情感教育作用、成长智慧启示意义或儿童游戏精神，在篇幅上一般也比较短小和简练，语言上多半富有节奏和韵律。所以，童话诗往往也是一种最好的、最合适的亲子诵读文体。

在中外童话诗宝库里，我们有幸拥有了许多像珍珠一样闪烁着各自不同的光芒的伟大的经典作品。经典童话诗的创作者们用美好的智慧、情感、思想、想象力和优美的语言文字，给世界不同民族的一代代孩子，编织了一个个温暖和美丽的诗歌花园。这些经典童话诗中，中国的小读者们耳熟能详的，如普希金的《渔夫和金鱼的故事》，马尔夏克的《十二个月》，A.A.米尔恩的《好小熊和坏小熊》，克雷洛夫的《小树林与火》，斯蒂文森的《哑巴兵》和《小人国》，爱德华·里亚的《猫头鹰和小猫咪》，阮章竞的《金色的海螺》，柯岩的《小熊拔牙》，任溶溶的《一个怪物和一个小学生》等等。

有无数条各自分岔或相互交叉的幽秘小径，可以引导我们通往童话诗的美丽花园。大凡一个孩子在他漫长的生命成长过程中所能遇到的种种困惑与问题，我们从童话诗里都能够找到。例如感恩与分享、童年与幻想、智慧与宽容、勇敢与担当、励志与自信、生命与成长、自然与关爱、游戏与益智、美德与良知、亲子与亲情……

下面的这组童话诗，也涉及了友谊、诚信、感恩、奉献、机智、亲情等主题。当然，童话诗不会给孩子们提供一套成长难题的"解决方案"，但是，童话诗会引导着孩子们如何去面对、感知和思考这些问题。

小蚂蚁进行曲

下面我要讲的这个童话故事，
跟"友谊"这个词有点关系。
如果你是一个肯动脑的孩子，
也许还能读出一点别的含义。

说的是一场大雨下过以后，
雨水灌满了蚂蚁们的房子。
小小的蚂蚁失去了家，
却没有失去生存的勇气。
沿着一棵被风吹倒的大树，
他们浩浩荡荡开始了迁徙。
谁也不能阻止它们的步伐，
他们就像一支小小的远征军，
有着钢铁一样的意志。

突然，一只幼小体弱的蚂蚁，
跌落在注满雨水的车辙里。
仿佛跌进了波涛汹涌的深渊，
小小蚂蚁的生命危在旦夕。
幸好，有一只斑鸠正在喝水，
她赶紧啄下一片羽毛抛进水里。
一片羽毛就像一叶小小的舢板，
载着小蚂蚁，安全返回了陆地。

"斑鸠姐姐，谢谢你救了我！"
小蚂蚁说，"将来我一定会报答你！"
说完，他就告别了斑鸠，
继续去追赶自己的队伍。
他用力爬上了一棵小树，
在树叶间眺望蚁兵的踪迹。

忽然他看见有一个猎人，
正躲藏在树下的草丛里。
斑鸠却一点也没有发现，
因为猎人隐藏得无声无息。
她在青青的麦地里悠闲地散步，
寻找着那些散落的草籽。

狡猾的猎人端着猎枪，
瞄准了斑鸠正准备射击，
突然他感到手臂有点发痒，
端枪的手也变得颤抖无力。
斑鸠这时候才发现了猎人，
一瞬间就从猎人的眼前消失……

斑鸠姐姐当然并不知道，
这是小蚂蚁爬上了猎人的手臂。
他用自己无声的行动，
回报了斑鸠姐姐无私的帮助。

神奇的铅笔

妈妈给我讲过一个故事，
过去好多年了我也没有忘记。
说的是一个漂亮的小妹妹，
刚刚开始读小学一年级。
有一天她在小树林里玩耍，
突然拾到一支神奇的铅笔。

她用铅笔画了一只小猫，
小猫立刻就跳下了白纸。
她用铅笔画了一杯冰淇淋，
冰淇淋上立刻就淌出了草莓汁。
她还给小猫画了一座小屋，
小屋的四面立刻有了窗子。
只要她在纸上画出什么，
眼前立刻就会出现真的东西。
她想，给爸爸画一辆小汽车吧，
好让他上下班的路上坐得舒适；
给妈妈画一件漂亮大衣吧，
因为后天就是妈妈的生日。
　"哎，要是他们收到我的礼物，
不知道心里会有多么欢喜！"

第二天她又来到了小树林，
口袋里装着那支漂亮的铅笔。

她老远就看见一位老奶奶，
好像在那里寻找什么东西。
老奶奶问："可爱的小姑娘，
你有没有拾到过一支铅笔？"
"没……没有。"她捂着口袋，
很怕老奶奶发现她的秘密。
她的心儿咚咚地跳着，
赶紧跑回了自己家里。

她舍不得把铅笔还给老奶奶，
因为铅笔能带给她想要的东西。
她给自己画了满满一盒糖果，
还有玩具、发卡和巧克力。
她还给自己画了长长的睫毛，
还有金色的头发和漂亮裙子。
她想，伙伴们该多么羡慕我呀，
当他们看到我有这么多东西！

她一边想象着一边向外走去，
不知不觉来到一片金色的草地。
这时候那位老奶奶又出现了，
不用说，小妹妹心里一阵着急。
"小姑娘，你的裙子真漂亮啊！"
老奶奶慈祥的脸上带着笑意。
"这……是……妈妈给我做的。"
她的脸红得就像搽了胭脂。
"那么，你的金色头发和长睫毛，
也是妈妈做的吗？"老奶奶说，
"啊，我明白了，一定是你，

昨天拾到了我丢失的铅笔。"

"没……没……我没有……"
小妹妹想转身离开这片草地，
可是长头发挡住了她的目光，
小树枝也勾住了她的裙子。
这时候铅笔飞出她的口袋，
正好落在了老奶奶手里。
"神奇的铅笔啊快快显灵，"
老奶奶轻轻念出两句咒语：
"让撒谎的小姑娘画的东西，
快快从她的眼前消失！"

话一说完，老奶奶就不见了，
小妹妹也失去了所有的东西。
没有了糖果，也没有了裙子，
身上只剩下原来的一件睡衣。
没有了长长睫毛和金色的头发，
她又恢复到了原来的样子。
当然也没有了那支神奇的铅笔，
因为幸运绝不会亲近撒谎的孩子！

妈妈给我讲过的这个故事，
我一直把它深深记在心里。
我相信，在我们这个世界上，
一定还存在着这样的铅笔，
但它不会属于撒谎的人，
它也远远地躲避着那些懒惰的
和幻想着不劳而获的孩子。

可是我在这里要告诉你们，
另外一个小小的秘密：
如果你真的想拥有一支
又漂亮又神奇的铅笔，
那么请你和爸爸妈妈在春天里，
去种植十棵、一百棵小树。
当你向世界奉献出一片绿色树木，
世界会回报给你一支神奇的铅笔。

灯花姑娘

说的是一位瞎眼老婆婆，
一个人过着凄苦的生活。
她没有儿子，
也没有女儿，
只有一盏祖传的油灯，
伴她把漫长的黑夜度过。

老婆婆天天抚摸这盏油灯，
摸过了灯罩又摸灯座。
有时候一边抚摸一边叹息，
好像犯下了什么过错：
　"真对不起你呀，
我的好灯！难为你，
跟了我这么个瞎老太婆……"

多少白天，
多少黑夜，
油灯被抚摸得闪闪发亮，
在小屋里闪烁着瓦蓝的光泽。
年年秋风，
年年柳色，
只有这盏小小的油灯，
知道老婆婆心中的寂寞。

这一天，
小屋外吹刮着寒冷的风雪，
老婆婆摸索着铺好了被窝。
突然，有一个小姑娘的声音，
从她的耳边轻柔地飘过：
"善良的老婆婆呀，
好心的老婆婆，
您为什么一直不点亮我？
好让我为您照亮长长的黑夜。"

老婆婆以为自己正在做梦，
不由地捏了捏自己的耳朵。
她惊慌地捧起小小的油灯，
声音变得哆哆嗦嗦：
"这是你在跟我说话吗？
我的闪闪亮、
亮闪闪的好灯？
莫不是我年纪大了，
瞎了眼睛，又背了耳朵？"

"别害怕呀，老婆婆。
我不是鬼，也不是魔，
我是你的小小的油灯，
多少年来都在你的身边生活。
我的生命只有五百年，
五百年到今晚是最后的时刻。
求求您把我点亮吧！
让灯光照着我们分别……"

老婆婆颤抖着点亮了油灯，
小小的黑暗的茅屋里，
突然变得又亮又暖和。
"亮了吗？亮了吗？
我的好灯？
可惜我是个瞎老太婆。
要是烧到了你的手指，
就让我赶紧把你吹灭。"

"不，不，不要吹灭，
今晚我觉得最最快乐。
善良的老婆婆呀，
好心的老婆婆，
让我为您跳个舞吧，
再让我为您唱个歌。
要是没有您的疼爱，
不知道我这些年来的日子
有多么难过！"
老婆婆双手捧着小小油灯，
心里头感到十分暖热。
她舍不得油灯离开自己，
便紧紧地把它贴在心窝。
突然间老婆婆全身一震，
老眼里闪出明亮的光泽。
"啊，看见了！我看见了！"
老婆婆看见了一束小小的火苗，
好像夜里盛开的
橘红色的花朵……
啊，那正是小小的灯花姑娘，

站在小小的火苗里跳舞唱歌。
她的手臂就像白嫩的豆芽，
她的身肢就像鹅黄的柳叶。

老婆婆惊喜地去捧灯花姑娘，
火苗儿倏地一跳便匆匆熄灭。
只剩下一缕淡淡的青烟，
轻轻地从那窗边飞过。
老婆婆赶紧追出小屋，
屋外飘着漫天的大雪。
看不见星星，
也看不见明月，
只有一阵阵寒风吹过……

就这样，
美丽善良的灯花姑娘，
永远地离开了老婆婆。
她献出了自己小小的生命，
为老婆婆换来了光明的生活。

第20堂课

大声朗读童话诗（下）

【阅读提示】

童话诗是最适合大声诵读的一种文体。孩子们大声朗读童话诗，可以进入一种"悦读"的境界，他们获得的不仅是心灵上的感动、愉悦和放松，还有语言、文字、音韵上的美感和趣味，对美丽的母语的语感的玩味和体会。

童话诗的特点，我觉得至少有这样几点：第一，它应该是富有诗意的，能够起到对人间的真、善、美的传播作用，能够表现出人间的智慧、勤劳、正直、追求和愿望；第二，它应该比一般的叙事诗多一些幻想的成分和浪漫色彩，应该具有童话的想象力和超现实的特质；第三，它的故事情节不能过于曲折复杂，而是比较集中和单纯；第四，在语言上，童话诗应尽量朴素、自然、明快、流畅，在不影响诗的美感的前提下，多采用一点有情趣的、谐谑的民间文学风格的口语，也未尝不可。我希望今天的孩子、家长和老师们，都能够喜欢上童话诗这种美丽的文体。

七个小老鼠兄弟

故事发生的地方很远很远，
故事发生在很久很久以前。

有七个相亲相爱的小老鼠兄弟，
居住在美丽的呼伦贝尔大草原。
它们拥有一块小小的牧场，
小日子过得那么富足美满。

可是这个冬天他们遇到了不幸，
大雪一夜间覆盖了他们的家园。
盖住了烟囱也盖住了天窗，
小小的屋子里面一片黑暗。

七兄弟干了七天七夜才刨开大雪，
有一件奇怪的事情又出现在眼前：
一块又大又新鲜的黄油，
静静地躺在那雪地上面。

他们从来也没有见过这么好的东西，
闻起来喷香，捧起来又有点柔软。
六个哥哥仔细地商量了好半天，
决定把黄油交给最小的弟弟保管。

说是要留着它慢慢地享用，

每天可以用它做一道早点。
当然也可以用它来招待远客，
那样一定会赢得客人的称赞。

不过，最小的鼠弟弟熬不住嘴馋，
他背着六个哥哥一舔一舔又一舔，
不一会儿就把黄油全舔光啦！
这下子可急得小老鼠团团打转……

六个哥哥劳动回来不见了黄油，
一个个气得又吹胡子又是瞪眼。
他们把贪吃的小弟弟痛打了一顿，
小老鼠弟弟哭哭啼啼直到夜半。

这时候突然走来了饿猫可汗，
他自称是草原上最公正的法官。
其实他早就想吃掉七个小老鼠兄弟，
只不过一直没有找到理由开刀问斩。

单纯又天真的七个小老鼠兄弟，
谁也没有看出饿猫阴险的嘴脸。
他们认认真真地把家中的纠纷，
向着饿猫原原本本诉说了一遍。

饿猫装模作样地听着老鼠兄弟的申诉，
还不时地把一些重要的细节记录在案。
然后又煞有介事地沉思了半天，
最后高声地念出了他的宣判……

"小老鼠立即判处死刑！
理由是他独吞公共财产；
六个哥哥虐待未成年的弟弟，
也必须即刻押进我的牢监！"

可怜的七个小老鼠听完了宣判，
不由地吓得目瞪口呆浑身打战。
幸亏他们醒悟得还算迅速，
一眨眼便分头逃出了饿猫的视线……

眼看着就要到嘴的七只小老鼠，
突然间变成了竹篮子打水一场空欢。
七兄弟侥幸地避免了一场灾难，
气死了贪心又残暴的饿猫可汗！

这个故事从此便在草原上流传，
从那时起一年年流传到了今天。

妈妈的礼物

雪花像一群群白蝴蝶，
轻轻地从天外飞来。
新年的钟声就要响了，
圣诞老人的马车已停在门外。
啊，这是新年来临前的
最后一个夜晚，
苹果和烤鹅的香味儿，
已经飘满每一条大街。
橘黄色的灯光，
照耀着所有温暖的家，
孩子们都在想象着，
今年，圣诞老人的礼物，
会是带锡纸的糖果，
还是一束蓝色的发带？

哎，艰辛的人们有许多心事，
那些富有的人永远无法理解。
就像沉浸在欢乐中的人们，
有时候会忘记他人的悲哀。
今夜，有一只小蜈蚣，
就遇到了一件伤心的事情，
所以他怎么也不能让自己
像别的小孩那样快乐起来。
不是他想要的礼物太多太贵重，

也不是担心圣诞老人，
是不是忘记了他的存在。
不，他想要的礼物其实非常普通，
他多么希望在新年的早晨，
自己也能穿上漂亮的新鞋。

夜很深了，温柔的雪花，
轻轻把大地和屋顶覆盖。
小小的蜈蚣，怀着满腔委屈睡着了，
光光的小脚丫，排了长长的一大排。

哎，是谁最懂得孩子的心？
是谁还在这深夜的灯光下，
一针针一线线，又剪又裁？
啊，那是辛劳的蜈蚣妈妈，
正为自己的孩子赶制新鞋。

……98只，99只，100只……
妈妈悄悄做了整整一个冬天，
手上的血花像宝石花在盛开。
妈妈想：明天早晨，
当新年的太阳升起的时候，
每个小孩子，都会得到一份礼物，
而我的宝贝小蜈蚣得到的礼物，
就是妈妈的一片爱。

两棵树的故事

旷野上有两棵树，
曾经是那么友好。
一棵长得高大，
一棵长得矮小。
不过，那棵矮小的树，
正在努力地长高。

春天来了，
它们一起绽开所有的花苞；
冬天来了，
洁白的雪花落满了枝条。
像所有的树一样，
它们经常比赛着，
谁最先回到春天，
谁的叶子长得更绿、更繁茂。
有时还比赛谁的枝头上，
栖落的鸟儿更多、更会唱歌。
为了分出胜负，
它们有时互不相让，
闹得不可开交……
当然啦，大树并不总是占先，
有时候，小树比大树还要高傲。

不久，有人买下了这片土地，

从中间砌起了一道高墙，
不用说，高墙一下子挡住了，
两棵树彼此的目光。
大树感到好孤独啊！
它的叶子渐渐变得枯黄。
小树就在墙那边说——
大树，你要振作点啊，
我们一定会长得超过高墙！

它们共同经历了好长好长的，
一段孤独和离别的时光。
直到有一天，
大树看见一片绿叶，
从高墙那边攀伸过来，
就像小树的问候一样。
——等一会儿！小树，
我快来了！
大树兴奋地对小树说。
它在春天离去前也长高了许多，
它多么盼望早日和亲爱的小树会合！

它们又幸福地相逢了，
尽管岁月改变了彼此的容貌。
大树比以前更加高大，
小树也不再像以前那么矮小。

它们又开始比赛，
谁的枝头上绿叶更多、鸟儿更多。
它们是多么珍惜，

珍惜着这重逢的欢乐。
它们都在使劲地把手臂伸向对方，
只为了、只为了那友好的会合。

终于，它们的树枝交叠在了一起，
无论是谁，再也不能让它们彼此分离。
人们从它们下面经过时，
也许还以为听到了风声，
不，其实那是两棵树，
是两棵树在倾诉心中的秘密。

第21堂课

童年之歌

【阅读提示】

"晚风把天边的云彩轻轻吹动，草垛上又亮起了那颗蓝色的星星。妈妈，我的那张小床还在吗？那些萤火虫呢？它们飞到哪里去了？还有我的那盏小小的、朦胧的瓜灯，它还在吗？当儿时的伙伴都远走天涯，童年的家园也只出现在遥远的梦中……那盏瓜灯，它熄灭了吗？告诉我啊，在哪里还能够找到它们？我的迷失在昨天的那些美梦……"

这是我多年前写过的一篇小散文诗，写的是对童年时光的深深的怀念。谁的心中不曾保存过这样温暖的记忆？在你终于赢得成功的花束的时候，难道你不怀念那些遥远的路口？在你重新营造好的华美的屋宇里，难道你不怀念那些往昔的木头？有一天，在一座被人遗忘的古老的花园里，我看见一位老人，像一个乡下的孩子一样，在那里寻寻觅觅。我走上前去问道："老先生，您是在这里寻找蟋蟀吗？"他看了看我，说："是的，当然……如果可能……还有……那时候……"

小时候一点一滴的美好记忆，小时候所感知的小小的温暖和快乐，都会成为我们成年后的热情、信心和力量的源泉。

下面的一组散文，写的是我对童年时代的一些生活场景、节日习俗和熟悉的亲人的回忆与怀念。是的，我很怀念我们这一代小时候生活在乡下的人，亲身经历过那么多古老和朴素的生活习俗，它们给我们的童年留下了无限的温暖、甜蜜与快乐。我也常常回味留在我记忆里的这种温暖与甜蜜。

有位著名的电影导演说过：所谓最好的时光，其实是指一种永不回返的"幸福之感"。有时候，并不是因为它是那么美好而让我们眷念不休，而是倒过来，正因为它是永恒的失落，我们于是只能用怀念来召唤它，它也因此变得更加美好，更加让人难以忘记。

于是，我想用这些短小的散文，来告诉小读者们：无论生活中有多少烦恼和不快乐，我们都要学会用自己的眼睛和心灵去发现美、去发现快乐；学会用我们的心，去感知温暖，去体会和收藏温暖。请你们相信这样一个真理：只要寻找，就能发现。

失去的草篮

我有过一只小小的美丽的草篮。那是爷爷亲手为我编织的，用他那温暖的粗大的双手，用故乡的柔软的柳条儿，编织的。

那是一个静静的春夜，我坐在院子里，望着那遥远的红色的小月亮，寻找着我熟悉的星星。爷爷低低地说："不要光看天上的星星，你该知道地上的事情了。"说着就用镰刀细细地削着柳条儿，默默地编起草篮来……

后来我才懂得，爷爷为我编织的，不仅是一只小小的草篮，而是编织着一个勤劳善良的庄稼人对于自己乡土的深沉的爱，对于孩子们最纯朴的关怀与希望。

草篮编好了，爷爷说："拿着吧，想装什么就装什么。"从此，那只小小的草篮，便成了我最好的伙伴。提着它，我走过了许多春天和秋天，走过了我整个的童年，认识了我的祖祖辈辈生生息息的广阔的乡土：我们的绿色的田野和山岗，和我的家乡的每一条道路。小小的草篮，曾装过悄悄死去的小蜜蜂，和我为它采来的新鲜的花瓣；装过秋后仅有的榆钱儿和苦苦菜；装过妈妈留给我的唯一一只煮熟的土豆——那是贫穷的年月里最美味的东西！

我爱我的草篮。多少年后，当我怀着丰收的喜悦，再次走过故乡金秋的田野，或者在一个静谧的月夜，沿着故乡的小路向村庄里走着，在月光下幸福地跳过一团团美丽而又安静的积水……我才明白，我的那只草篮，它所装过的便是我生命最初的和最珍贵的爱、欢乐和温暖——那属于我的童年的全部的记忆，我贫穷而艰辛的故乡大地上那时候唯一力所能及的赠予。

如今，我已不再年轻了。岁月也使我失去了那只伴我一起经历过风吹雨淋和日晒的草篮。再也找不到了！那只草篮，连同那些岁月，连同我的勤劳而善良的爷爷——故乡的大青山成了他最后的安息地……还有那些童年的伙伴——我们最初的欢乐和忧愁的见证人，你们都在哪里呢？

我深深地怀念那只草篮。同时，我也在想，将来，不远的将来，我也要做爷爷的。那时我也应该为后来的孩子们编织一些小小的草篮啊！我还相信，将来的孩子们的草篮里，将不只是装有蒲公英、小野菊和彩色的小石子，也不只是装有美丽的画片和积木，它应该装进更美更多的幻想和愿望——些我们当年不曾有过的，那是只有未来的孩子们才拥有的东西啊!

为了这个愿望，我正努力工作着，像我的爷爷当年一样，用着自己全部的深情、智慧和力量。我仿佛听到了新一代的孩子们的脚步声，正从我的窗外匆匆奔过，提着他们各自金色的篮子，奔向了属于他们的丰沃的田野。

旷野上的星星

　　我不能确切地说出，我是在什么地方，从什么时候开始，留心观察到这颗星星的。这颗巨大的星星，像一朵静默的蓝色的雏菊，若隐若现，开放在我神秘渺远的生命的苍穹。

　　是不是从童年时代就开始的呢？当夕阳落山了，小鸟们都从遥远的天边和旷野飞回了村边的槐树林，我也沿着旷野上的小路，悄悄地走回了村庄。当我偶一抬头，便看见一颗巨大而苍白的星星，静静地闪烁在黑黢黢的峰顶上，仿佛是夜的眼睛，在深情地注视着我，和我们的旷野与村庄。

　　这正是一个晚秋时节，收获之后的田野一片宁静，冷冷的雾气在村路边的草垛上浮动。偶尔一阵风掠过稀疏的树梢，有警醒的夜鸟"哇"的一声飞走了。村路边的即将干枯的草叶上结满了白霜，淡淡的月辉把村边的两棵无叶的老槐树的黑色枝影，画在矮矮的土墙边……

　　而当胡同的深处，传来妈妈叫唤我的小名儿的声音的时候，我一抬头，突然看见，那颗星星也跟随我一起，从野外走进了村子。

　　后来，我独自离开妈妈和故乡，去遥远和陌生的城市里寻找自己的前程。

　　在一个寒冷的冬日的早晨，当我回过头，最后望一眼我的沉睡的村庄，我看见，那颗星星也在村庄的上空闪耀着，仿佛在为我送行。

　　我用感激的目光看着它，好像是在向它默示我心中想到的一切。这一瞬间，我又真切地感到了一种决心奋斗到底的信念和力量，也感到了一种慈母般的温情。

　　许多年后，当我仍然背着那小小的生命的行囊在广阔的人世间漫游，当我一个人走在异乡空寂的夜路上，或者疲惫地倚在那些陌生的村子之外的麦垛边，仰望着深邃的夜空，分辨着我的故乡的方向……

　　这时候，我又发现了，那颗星星原来一直在和我同行，并且一直在用兄弟般的情谊伴随着我，用妈妈一样温柔和祝福的目光安慰着我、鼓励着我……

我的心颤栗着。我的眼里无声地噙满了感激和惭愧的泪水。

我想到：不会错的，这就是它了！我的最初和最终的，一颗照耀着我全部的命运和幸福的星星——一颗时刻召唤着我，勇敢无畏地向着明天坚定地走去的星星！

爷爷的小木屋

我常常想念我的爷爷。

我的爷爷一年四季都住在故乡大青山上的一栋小木屋里。

他是一位护林老人，一辈子都没有离开过故乡的那片山林。

虽然他已经年老了，可是他仍然不愿下山，不愿意回到山下的村庄里居住。他说，他已经听惯了每夜每夜山林里呼呼的风声，听惯了山上的小鸟和小兽们在清晨里的嬉闹声，一旦下山居住，他在心里会十分惦念和想念它们的。

那么，今天，亲爱的爷爷，当窗外正在轻轻地落着雪花，又一个漫长的冬天来到了我们中间，我是多么的想念你啊！想念你背着一杆旧猎枪、提着那盏旧风灯四处巡山的样子；想念你那温暖的、挂满了各种晒干的野蘑菇和草药的小木屋；想念你那越来越苍老的、刻满了深深的皱纹的古铜色的脸膛；想念你在铺天盖地的大雪中一步步跋涉的样子，想念你在厚厚的雪地上留下的深深的脚印……

爷爷，现在我们都已经离开故乡，来到城市里居住了。可是，在我们离开你之后，我常常觉得那么孤独。公园里的落叶松上嫩芽绽开的时候，我好像也听见大青山的冰雪在融化。秋风起了，漫步在校园里的小路上，我会想象着，有谁能踩着遍地的落叶到山上去，为你送上过冬的衣裳？

爷爷，山坡下的那片小马尾松树，已经长大了么？告诉我，在我们走了之后，你一年年还在种植马尾松吗？你还独自去那个空旷的河谷里，坐在那古老的三眼泉边吹箫吗？

啊，那悠扬的箫声，总是在我们的心头，缓缓荡漾起最深沉的乡思。如果是在檐雨滴落的晚上，你的箫声，又会缓缓地吹出遍地明朗的月光，照亮我们心中的思念……那支长长的、紫色的洞箫啊，多少年了，还是那么清晰地横在我的面前，长长的，就像你冬夜里衔在嘴里的长长的旱烟袋一样。你那长长的紫竹烟袋杆啊，从我们童年时代的黑夜里，一直在燃烧到现在，多少故事，多少叹息和回忆，都在那暗夜里一闪一闪……

爷爷，离开你的时候，我们好像说过的，我们还会回来的。爷爷，我是说过我要回来的。即使长大了，故乡认不出来了，我也是要回去的，回去，献上我们对故乡的热爱的心；回去，献上我们对你的敬爱和思念。

爷爷，我会永远记得你的模样的，记得北方的故乡的模样，记得故乡那些美丽的声音，就像田野里飘起的麦笛声一样。还有，在我十岁生日的那天，你为我编成的一只白色的柳条小篮子，它还在么？它曾经装载了我小时候所有欢乐的记忆。离开家乡的时候，我没有告诉你，我把它留下了，留在你的小木屋里。爷爷，我是想让你突然见到它，就像意外地见到我一样。

哎，那像我小时候的心一样纯净的、空空的、留在家乡的小篮子啊，在今天，它不会只盛满时光的灰尘吧？

爷爷，今天看见窗外无声的落雪，我是这样深深地想念着你啊！

过新年

雪轻轻地落啊，落啊……

落在村外高高的山坡上；落在深深的河谷里；落在空旷的田野上；落在小河边的水磨坊和停止了转动的风车上；落在村边的谷场、草垛和电线杆上；落在静静的碾台上……不一会儿，洁白的雪，就盖住了村里所有的屋顶……

这时候，在我们的小村里，在一阵阵淡蓝色的炊烟里，家家都会炒着香喷喷的冬米糖。糯糯的、甜甜的冬米糖，一夜间就会甜透整个冬天里的农家的梦。

爸爸说，这是今年里的最后一场雪。因为新年快要到了……

大雪停了，天空中飘散出了新年将要到来的气息。

这时候，妈妈总会带着我和小姐姐到县城里去打年货。来来往往的大客车上，坐满了去城里打年货的人，还有从外地赶回老家过年的人。

是呀，谁不愿意过新年呢？就是那些远在千里之外的人，一到这时候，都会赶回老家和亲人们团聚的。

家终归是家，哪怕它是贫穷的。也许可以没有流油的烤鹅和喷香的苹果，可它毕竟会有一团暖暖的灶火，会有一个充满了一家人的真情的小小饭桌。

当然，还有妈妈亲手做的新衣裳，亲手做的八宝汤圆和红枣米饭……

还有爸爸挂起的大红灯笼。

还有爸爸每年都会裁好大红纸，请村里的那位老先生书写的大红春联。

还有小姐姐早早就剪好的，一幅幅鲜艳的红窗花。

小姐姐剪的窗花在全村里都有名呢。每当要过新年的时候，小姐姐都会教我剪窗花，可是我怎么剪也没有办法剪得像小姐姐那样灵巧和好看。

不过，小姐姐仍然会把我剪出的窗花，仔细地贴到窗户上。

吃年夜饭之前，爸爸还要带着我们祭奠天、地和祖先。爸爸站在前头，我们站在他身后。在大门口，在天井里，在堂屋里，我们对着天、地和祖先的灵位深深地鞠躬，默默地致谢，感谢天地和祖先赐给我们幸福和平安，保佑我们在新的一年里风调雨顺、富足安康……

欢欢乐乐地吃完了年夜饭，新年的鞭炮声，就在外面此起彼落地响了起来。这时候，我们全家人就开始"守岁"了。

这是年夜里孩子们最幸福的时刻。每一个屋顶下，都会有这样一个温暖的家。

爸爸说，年夜里的灯火，要一直点亮到大年初一的早上，等到新年的太阳升起的时候才可以熄灭。我们用这种古老的方式，迎接了新一年的到来。

新的年岁会带给我们新的希望，也带给我们新的梦想。

大年初一的清晨，爸爸会带着我在大门口燃放一串开门的鞭炮。

爸爸总是让我亲手去点燃开门鞭炮。他说，当他像我这么小的时候，爷爷也总是让他去点燃开门鞭炮的。

在噼噼啪啪的鞭炮声里，妈妈和小姐姐开始忙碌着包饺子了。妈妈会事先准备好用开水烫过的硬币，还有红枣和煮熟的栗子。妈妈会分别包成十二只钱饺、红枣饺和栗子饺。

妈妈说，谁先吃到这种饺子，谁就有福了，新的一年里肯定会有好运气。

不过，无论是谁吃到了这种"幸运饺子"，都不会出声的，只要自己心里有数就行了。当然，只要留心观察每个人的脸色就不难猜出，有谁已经吃到了"幸运饺子"。尤其是谁吃到了钱饺，硬币就会在碗里发出"当啷"的声音。这时候，大家都会恭喜他：恭喜！恭喜！好运来了……

新年的早晨，家家门外的雪地上，都会留下一片红色的鞭炮碎屑。这是我和小伙伴们最喜欢去的地方，因为在这里可以捡到还没有炸响过的小鞭炮。

在这里，我们还可以互相夸耀，谁家放的鞭炮最响、时间最长，谁得到的压岁钱最多，谁的新衣裳、新鞋子和新帽子最好看……

不过，大年初一这天是不能出远门的。妈妈说，这一天里也不能随便说话，更不可以说出什么不吉利的话来，也不可以大声嚷嚷。因为，大声嚷嚷会吓着回家过年的祖先们安宁的灵魂……

于是，我和小姐姐就只好都不说话。我们只能轻轻地，一小口、一小口地，享受着妈妈做的香喷喷的油糕和甜甜的冬米糖。

远处的田野和大山，还在厚厚的白雪的被子下，做着长长的冬天的梦。

从大年初二这天开始，家家都可以出门拜年、走亲戚了。每年这个时候，爸爸妈妈都会带着我和小姐姐，来到十几里外的一个小村子里，给外婆拜年，也给舅舅和舅妈们拜年。

外婆说，她最疼我这个小外孙了，所以，每年她都会给我准备好一个红包包，我知道，那是外婆给我的崭新的压岁钱。好久没有看到外婆了，她的牙齿又少了好几颗呢。不过，外婆还是那么慈爱、那么疼爱我和小姐姐。

我知道，我也非常非常爱我的外婆！

大红色的春联，还贴在家家的门楣上。大红色的灯笼，还挂在每一家门口，每一个村头。可是，新年的日历，正在一张张地翻过去。

我知道，等到厚厚的日历翻到最后一页，又一个新年，又一个春天，又会悄悄来到我们身边。

我们送走了一个又一个美好的新年。我和小姐姐的童年时光，也不知不觉地远去了。终于有一年，辛劳的爸爸也永远地离开了我们，他不再能为我们挂起新年的红灯笼了。

爸爸不在了。我也不再是一个小孩子了。

……现在，我们都已经长大了。

长大了之后我才懂得，新年，不单单是一个万家团聚的节日，更是一个浸润着浓浓的亲情、乡思的感恩的节日。

大地春常在。人间春常在。

我将深爱着这个世界，包括它所有的悲苦；

我也将深爱着生活中的每一天，包括它全部的艰辛。

童年之歌

那时候我还很小很小，爸爸妈妈都叫我"小石头"。

光滑的牛背是我的摇篮，辽阔的田野是我童年的家。

一支小小的草哨，吹出了我心中的歌。小牛犊、小山羊、乡间的燕子、布谷鸟、蝈蝈、小甲虫，还有村边的小树、田野上的风雨，伴着我长大。

妈妈的呼唤，总是和淡蓝色的炊烟一起，飘在金色的晚霞里。

妈妈常常这样叹气："该让小石头进小学校念书了！再这样下去，真的要变成一个野孩子了！"爸爸却抽着烟斗，慢悠悠地说："不急，不急，他还小嘛！何况小牛犊、山羊和小鸟又不会教他干坏事儿！"

我在屋后的院子里撒过胡萝卜的种子。我在蟋蟀唱歌的土墙边种过豌豆和向日葵花。也曾盼望过小麦能从雪地里长出来……

啊，那时候我曾经有过许多这样的小秘密。我用一颗小小的心守护着它们，像厚厚的雪守护着小草的梦，像高高的树守护着小鸟的家……

不，再高大的树也守护不了小鸟的家。因为哪里有鸟巢，哪里就会有我和小伙伴们的身影。一个春天里，我们差不多会爬遍村里所有的树，探望过所有大树上的小鸟的家。

就是在梦中，一只只小鸟也像小精灵一样，躲藏在密密的树叶里，夜夜呼唤着我的名字："小石头！小石头！……"

田野上的老鹰，常常飞进我家的院子。那是因为它看到了我家刚刚孵出的小鸡娃。可是，只要有我在，再狡猾的老鹰也休想偷袭成功。不过，每次看到老鹰展开的巨大的翅膀，我觉得自己也好想像老鹰那样，能高高地飞翔。

爸爸说过，大雁宿营在傍晚的苇林，白鹭起飞在清晨的河汉。而老鹰的翅膀带去了我的梦，我的梦想很小又很大！

多少个童年的日子里，我和小伙伴们尽情地玩着滚铁环的游戏。

在小小的胡同里。在村头的大树下。在空旷的谷场上……

而我们的小村庄，就像一朵美丽的大葵花，开放在蓝色的小河旁……

月亮挂在树梢的时候，它和我们一起欢乐，一起进入安静的梦乡。当太阳爬上高高的山冈，它又和我们一块儿起床。

每一片花瓣上，都有一个小小的家。花瓣儿合拢了，就能挡住所有的风雨；花瓣儿张开时，又会接住温暖的阳光。是的，我们的小村庄，就像一朵永不凋谢的大葵花，开放在我们每个人的心上！

收获的季节到了。金色的田野上，飘着农人们的歌谣。

香喷喷的风，吹过村庄，吹转了安静的风车和高高的树梢。村外的老皂角树，路边的风信子，它们都知道，收获的季节到了。

那一天，走在收获后的田野上，我问妈妈：

"妈妈，我们的秋天，是不是像捉迷藏一样，躲进金色的草垛里去了？"

起风了……风是多么的凉！一片片金色的树叶在山谷飘荡。孩子们都牵着风筝回家了，只有小小的山杨树还站在村路旁。鸟儿们也从旷野飞回来了，鸟儿们将飞回村边的槐树林里，那里有它们温暖的家，在那些密密的树杈上。

冬天说来就来了。雪在黄昏的时候，轻轻地落啊，落啊……

落在高高的山顶上。落在静静的山毛榉和马尾松的叶子上。落在密密的灌木林中。落在深深的河谷里。落在空旷的田野上。落在护林爷爷小小的木屋顶上。落在河边停止了转动的风车上。落在牛栏的墙上和村边的草垛上。落在静静的谷场与村边的道路上……一个夜晚，洁白的雪就盖住了所有的山林和小村庄。

清晨一开门就会发现，天地都变成了一片白色。屋顶、草垛、道路和山野……都覆盖着厚厚的白雪。温暖的屋顶上，飘着淡蓝色的炊烟。小麻雀们也会惊奇地醒来，到处吵闹着，幻想着找到一块没有雪的乐园……

光秃秃的老橡树，在寂静的河边做着春天的梦。我和小伙伴在冰河上玩耍，忘记了冬天的寒冷……

村外的小路上，有一些小小的影子，拖着黑色的、深深的脚印，正在向小学校里走去。他们就像孤独的雪孩子，站在金色的草垛边。像小小的蒲公英，躺在温暖的雪被子下面，做着长长的冬天的梦;也像冬天里的一只只小鸟，在默默地等待春天……

哎，童年的时光，就像小时候堆起的雪人。一觉醒来，就化得无踪无影了！当黄昏的星星从旷野上升起来，照亮了从旷野通往村庄的道路，这时候，我跳过一团团美丽而安静的积水，走回到自己的村子里去。我又听见妈妈站在村口呼唤我了，唤我回家加衣裳……

第22堂课

一生的邀请

【阅读提示】

很久以来,我就想写一本这样的书:它不是一本大书,而是一本精致和可爱的小书;它是由许多优秀的作家和艺术家的生活故事和创作轶事组成,而这些轶事又必须是简单、短小和生动有趣的;它不是对某一位作家或某一本书的全面分析与品评,但它将告诉读者们,什么才是作家和艺术家的伟大的和创造性的劳动,什么样的书才是世界上最美丽和最好的书,什么样的心灵才是伟大、善良、智慧、美丽和高尚有趣的心灵,什么样的精神才是能够激励我们、提升我们的励志精神……

通过这样一本书,我想表达出这样一些基本观念:书是我们生活中最好的伴侣;伟大的作家和艺术家的每一次灵感的到来、每一行文字的书写、每一个作品的完成,都是带着血脉的,它们凝聚着创作者生命的体验、深挚的情感和艰辛的思想;如果这个世界上没有他们的劳动与创造,没有那些伟大的书和崇高的作品,那么人类文化的大气层就会变得十分稀薄,我们的精神旅程就会走向歧途,迷失方向,我们生活的天空也将变得黯淡……

下面的这组散文,就是我为这本书所写的几篇作家、艺术家和名人故事。这是一些温暖的励志故事,更是一些刻画人物的叙事散文。

每一位作家、艺术家和名人,都是天边的一个星座,发生在他们身上的一些动人的故事,就像云层背后的星光,在熠熠闪耀。

每一位这样的作家和艺术家,也都是我们心灵中最伟大的朋友。他们身上所具有的美德与魅力,将永远被人们传颂和崇仰。世界如果没有他们为我们耕耘,将会变得多么荒芜和瘠贫!他们美丽感人的人生故事,将使我们对这个世界永远怀有美好的信念,怀有期待和向往。

祈求的手

在杜鹃花和野樱花盛开的春天里，我从美丽的意大利小城博洛尼亚，去往德国巴伐利亚乡间旅行。

我看到，公路两边的田野里，葡萄园的矮木架上，粗大的葡萄藤蔓已经吐出白绒绒的叶片，一片片麦苗已经返青。如果留心观察，不时地可以看到，青青的麦田里有许多野兔在互相追逐、撒欢。即使麦田附近正有农人在耙地或整理葡萄架，这些野兔看上去也丝毫不会害怕，依然玩耍得十分放松和惬意。实际上，没有任何一个人会去打扰这些自由自在的野兔，更不会去伤害它们。

这使我想到，生活在这里的野兔们，是多么幸福和安全。而生活在这里的人们，尤其是孩子们，也是多么幸福。因为在他们的童年和他们的身边，有这么多可爱的野兔相伴。它们不是奔跑在童话故事里，也不是追逐在图画书上，而是就生活在孩子们的身边和眼皮底下。

在德国美丽的小城纽伦堡，我把我所看到的田野上的景象，说给几位德国的作家朋友听，他们说，这有什么稀奇啊？野兔本来就是孩子们的朋友。他们还告诉我：如果你坐在德国公园的长条椅上晒太阳，还会有许多松鼠在你脚下窜来窜去，它们同样一点也不会惧怕和担心人们会伤害它们。

也许是因为我对野兔那么好奇和喜欢，当我离开纽伦堡的时候，在一家出版社工作的恩雅女士，送给了我一个包装漂亮、体积硕大的礼物。我打开一看，竟然是一只金色的野兔玩具，另有一本印刷精美的大开本画册。

"哇！是丢勒的野兔！"我一眼就认出，这只长耳朵大野兔的造型，出自画家丢勒的传世名作《野兔》，那本画册，不用说，就是丢勒的画集。

"没错，正是丢勒的野兔，纽伦堡的丢勒！"恩雅很高兴我喜欢这个野兔礼物，她翻开画册，很快找到了那幅有名的《野兔》指给我看，"没有一个纽伦堡人，不喜欢丢勒和他的野兔的，相信你也会喜欢的。"

接着，恩雅给我讲述了画家丢勒的许多小故事。

"他是纽伦堡最杰出的儿子！"恩雅说。

阿尔布雷特·丢勒是生活在15世纪的画家。1471年，他出生在纽伦堡附近的一个小村子里。丢勒童年时，家里有十八个孩子。他的父亲是一个辛苦的金银打造匠人，为了糊口，每天都要在作坊里劳作十几个小时，有时也出去给邻居们打打零工。

家境虽然如此窘迫，生活虽然如此贫困，可是丢勒从小就怀有一个美丽的梦想，想当一名艺术家。有意思的是，他的一个兄长艾伯特，也怀有同样的梦想。不过兄弟俩都很明白，家里根本出不起学费，也不可能把他们中的任何一个送到纽伦堡正规的艺术学院里去学习。

兄弟俩于是达成了一个"协议"，并且用掷硬币的方式来决出输赢：谁输了，谁就要到附近的矿区去做四年矿工，用他的收入供给赢了的兄弟到纽伦堡去学习四年绘画；学习绘画的兄弟，以后要用他出卖作品的收入，反过来支持做矿工的兄弟再去上学。当然，如果作品卖不出去，也有必要去矿区做工挣钱。

这是一个近乎残酷的选择方式。在一个星期日做完礼拜后，兄弟俩郑重地掷出了钱币。结果，丢勒赢了。他离开家到纽伦堡去学习艺术，而艾伯特就去了矿井挣钱。

在艺术学院里，丢勒十分发愤、用功，比别的学生付出了更多的努力。也许是命运女神也被这兄弟俩无奈的选择所感动，因此对他特别眷顾，有意要帮助他。很快，他就引起了人们的关注。

从这时起，以及在他后来的艺术生涯里，他在铜版画、木刻、肖像画、钢笔和铜笔素描、水彩画、木炭画等门类里，都取得了骄人的进步，甚至远远超过了他当年的教授们。人们说，这个心地善良、带着哥特式忧郁气质的青年画家，他的作品不仅真实地记录了历史，也讲述了他自己所生活的时代。而且，他用自己毕生的努力，几乎是独自一人将现代文化引进了德国，亲手揭开了德国文艺复兴的帷幕……

四年的时间一晃就过去了，当丢勒临近毕业的时候，他的绘画作品，已经可以卖到相当不错的价格了。

丢勒毕业后回到了自己的村子里。全家人聚在草地上会餐，祝贺他的毕业。丢勒端起酒杯，起身向他亲爱的兄弟艾伯特敬酒。他眼睛里噙着泪水说："现在，艾伯特，到了该倒过来了的时候了，你可以去纽伦堡实现你的美梦，而我，应该开始支持你了。"全家人都把期盼的目光转向艾伯特。

这时候，大颗大颗的泪水从艾伯特苍白的脸颊流下。他连连摇着头，呜咽着说："不……不……好兄弟，我不能去纽伦堡了，这对我来说，已经太迟了！你看……看一看四年来的矿工生活，使我的手发生了多大的变化！每根指骨都至少遭到一次骨折！而且近来我的右手还患上了严重的关节炎，我甚至不能握住酒杯来回敬你的好意了，更不要说握着画笔在羊皮纸和画布上画线条了。不，亲爱的兄弟，对我来说，已经太迟了……"

许多年后，为了报答艾伯特所做的牺牲，阿尔布雷特·丢勒饱蘸着自己的眼泪和心血，深情地画下了兄长的这双历尽艰辛和磨难的、几乎已经变形的手。我们看到，那细长的手指正在用力地伸向天空，仿佛想要去采摘和拥抱曾经有过的美好的梦想……

丢勒把自己的一颗感恩的心，融化在了动人心弦的画面里。当时，他只是简单地把这幅作品命名为《手》。可是，当这幅画展现在世人面前时，每一个观众都被这幅画深深地感动了。他们为这幅不朽的作品重新命名为《祈求的手》。

屋顶上的月光

在森林茂密的德国北方，有个图林基亚省。从16世纪开始，这里就居住着一个名叫巴赫的音乐家族。有人曾经统计过，这个家族拥有120多位音乐家。他们中有的一生都在灰色的乡村小教堂里弹风琴；有的是在公爵或亲王的宫廷管弦乐队里演奏；还有的是在图林基亚省当"游走艺人"，每逢节日或哪里有集市，他们就佩挂上阵，在街市上吹风笛……

因为巴赫家族的音乐家有这么多，以至于人们就把当地所有的音乐家都称为"巴赫"。那里的人们甚至还认为，假如一个人是音乐家，那么他肯定就是巴赫家族的人。

到了1685年，这个家族中最伟大的一位巴赫（1685—1750）诞生了。他就是位于图林基亚森林背阴的地方，一座名叫艾森那赫的小镇上的一位音乐家的第三个、也是最小的儿子，名字全称是约翰·瑟巴斯提安·巴赫。

不用说，这个出生在音乐世家里的宁馨儿，一来到世界上就开始接触美丽的音乐了。他还在蹒跚学步的时候，爸爸就开始对他进行最初的音乐训练。妈妈把他的小房间布置得十分雅致，无论是白天还是夜晚，在他的小房间里总能听见美丽的琴声。小巴赫8岁的时候，就进入了拉丁文学校读书，同时开始参加教堂的唱诗班。

可是，他童年时的幸福是那么的短暂。9岁时，他的妈妈去世了；10岁时，爸爸又永远地离开了他。小巴赫从此成了一个无依无靠的孤儿。他幼小的心灵就像一朵在寒冷的风中绽放的小花，寂寞而又孤独。不久，他被送到在附近一个市镇上当风琴师的哥哥约翰·克里斯托夫家里去了。哥哥不仅担负起了做家长的责任，还亲自教弟弟弹奏古钢琴。

不过，哥哥的生活也过得十分艰辛，只能靠辛勤的演奏来赚取生活费用。小巴赫看在眼里，不愿意给哥哥增加太重的负担，很想早一点学到一些演奏手艺，能够早一点自立。于是，他曾独自离开哥哥，去往几百公里之外的汉堡拜师学艺。一路上，这个小小的少年第一次经历了长途旅行的艰辛，饿了，他就吃一点干粮充饥，渴了，就喝一些山泉水，累了，就在路边乡村农家的草垛旁或马厩里歇一晚上。望着满天闪烁的星星，小巴赫的眼里充满了倔强的泪水。

历尽艰辛，他终于来到了汉堡。可是，这里的音乐教师收费昂贵，小巴赫哪里能支付得起呢。但他又不愿放弃好不容易得到的学习机会，于是，他几乎跑遍了汉堡所有收费比较低廉的音乐课堂，甚至要忍受许多白眼与嘲讽，最后总算得到了一位老师的认可，做了他的学生。没过多久，那位老师就发现了这个少年非凡的音乐天分，诚恳地建议他说："孩子，你在我这里已经学不到什么了，你到撒勒去吧，在那里你才能得到系统的音乐训练。"

于是，少年巴赫再次踏上艰难和孤独的求学路途，去往撒勒……

那时候，印刷或雕版的乐谱不仅少见而且价格也昂贵，许多比较贫穷的音乐家都只好自己亲手抄写乐谱。巴赫的哥哥也曾经手抄过一本当时欧洲所有有名的作曲家的作品乐谱，小巴赫很想早一点看到这部珍贵的乐谱。可是哥哥觉得弟弟年龄还小，音乐修养还不够扎实，暂时还欣赏不了这部乐谱。

"这些曲子我演奏了十几年还觉得吃力，你不要以为出去拜师学了一些日子音乐，就可以接触这些大师的作品了。你最好还是继续好好弹你的练习曲吧！再说，这么珍贵的曲谱，你弄坏了怎么办？"做哥哥的并不希望小巴赫那么急于求成，因此，每当他不用这本乐谱时，总是把它锁进书柜里。他担心弟弟心存什么幻想，而失去扎扎实实学习音乐的耐心。

其实，哥哥的担心是多余的。少年巴赫已经在心里明白，在音乐的道路上，并没有任何捷径可走。所以，在以后的每一个有月光的夜晚，只要哥哥出去演奏了，少年巴赫就悄悄拿出哥哥珍藏的曲谱，一页一页、一个音符一个音符地抄写下来。当时他们家里仍然很贫穷，买蜡烛都是一件奢侈的事情。一遇到月光暗淡的夜晚，巴赫就悄悄爬到屋顶上，好像这样就可以离月光更近一些一样。

在微茫的月光下，他埋头抄写着一张张曲谱。美妙的音符仿佛给这个少年插上了梦想的翅翼。乘着音乐和梦想的翅膀，一颗少年的心在美丽的月光下自由而骄傲地飞翔……

他整整花了六个月的时间，终于悄悄地抄写完了这部乐谱。一个夜晚，哥哥从外面演奏回来，身心已经十分疲惫了。可是临近家门时，他突然听到了一段优美的旋律，那是巴赫最后抄写的一支管风琴曲的变奏。忧伤的音乐在夜色中飘荡，好像正在向寂静的世界诉说着什么。哥哥站在月光下静静地倾听了许久，感动得流下了热泪。他终于相信，弟弟对音乐的深切理解，足以演奏好任何一支大师的曲子了。他走进屋子里，含着泪水轻轻搂住了亲爱的弟弟，决定全力支持弟弟继续深造⋯⋯

少年巴赫凭着自己的执着和勤奋，后来终于成为近代奏鸣曲的奠基者，被后人赞誉为"音乐之父"。巴赫晚年双目失明了，人们说，这是由于音乐大师小时候经常在微茫的月光下抄写乐谱，以至于把眼睛都累坏了。

当有人问他，是什么支持着你走过那么艰难和贫穷的岁月时，他说："不是别的，是那屋顶上的月光。"

月光奏鸣曲

现在要讲述的这个故事的主人公，仍然是伟大的音乐家贝多芬。

《月光奏鸣曲》是贝多芬的第14首钢琴奏鸣曲，创作于1801年。德国诗人柳德维克·莱尔什塔勃曾把这首奏鸣曲的第一乐章的慢板音乐，想象成一只小船飘荡在月光之夜的琉森湖上，于是人们便把这首奏鸣曲称为《月光》。可是，有谁知道，这首感情充沛、旋律优美的《月光》是怎么诞生的呢?

这是19世纪里的第一个春夜。古老的波恩正沉浸在刚刚进入新世纪的兴奋与欢乐之中。这天晚上，贝多芬陪着一位友人在街上散步。天已经很晚了，月光如同洁白的水银，泻满了城市的大街和小巷，斑驳的树影，仿佛是月亮画在大地上的图画。

他们经过一所小房子时，从里面传来了断断续续的钢琴声。贝多芬侧耳一听，脸上露出了微笑。"你听见了吗?有人在弹奏我的曲子。"他对友人说，"我们听一会儿吧。"说着他们走近小屋，站在窗户旁边听着里面的声音。

琴声时断时续，过了一会儿，琴声停下来了，里面传出了一个小姑娘啜泣的声音："要是能有钱去参加贝多芬先生的音乐会，去听一听真正的音乐家的演奏，多好呀!""可是……亲爱的妹妹，我们去哪儿弄钱呢?我们买不起音乐会的票啊!"这是哥哥的声音了。

贝多芬和友人知道了这是一对贫困的兄妹在说话。"这家人爱好音乐，我们进去看看他们吧!我来给他们弹首曲子。"贝多芬不待友人回答，便抬手敲了敲小屋的旧门。

"谁呀?请进来吧。"

他们进了屋。小屋里空荡荡的，唯一值钱的东西就是一架旧钢琴。旧钢琴旁边坐着一位有着金色头发的小姑娘，她两手捂着脸，低垂着头在抽泣。她的哥哥愁容满面地坐在她身边。

"啊，晚上好。刚才在外面听到你们的琴声了。我是个音乐家，我来给你们弹一支曲子好吗?"贝多芬诚恳地说道。

"啊,音乐家?……天哪!"姑娘惊喜地抬起头,"可是……可是我们连一张乐谱也没有……"

"那么,您刚才是怎么弹的呢?"贝多芬诧异地问道。因为屋子里很暗,贝多芬和友人都没看清小姑娘的脸庞。

"噢,几年前,我们家附近住着一位太太,她常常弹这首曲子,妹妹悄悄地记住了。"哥哥替妹妹回答说。贝多芬又感动又惊讶地望了望钢琴旁的小姑娘,这时候他才看清,原来小姑娘已经双目失明了。这一瞬间,贝多芬的心中一阵难受。他觉得,有一种什么东西正在他的心灵中升腾,他的头脑里掠过一阵可怕的战栗,仿佛电光一闪似的。

"来,亲爱的孩子,让我来给你弹奏这首曲子。"贝多芬坐在那张破旧的琴凳上,稍一沉思,便弹奏起来。他觉得,他的心中,他的手指,都充满了无限的激情,自己从来没有像这一次,在这位可怜的盲少女身边弹得这样好。虽然这架旧钢琴太破旧了,有的琴键已失去了原有的音调,但他觉得,他手上的激情与柔情,全部传递到了琴键上面……

这时候,美丽的月光透过窗户,把小屋映得明亮了许多。有一束月光正照着贝多芬英俊和骄傲的额头。他的头发在月光里舞蹈,他的手指在月光里跳动。他的悠扬和激越的琴声,飞出了这所小房子,在夜色里,几乎传遍整个波恩城,好像每一个热爱音乐的人都能够听见。

一支曲子演奏完毕,贝多芬在旧钢琴旁沉默了好一会儿,才站起身来。

"我们该怎样谢您呢?您给我亲爱的妹妹送来了一个终生难忘的夜晚……"小女孩的哥哥帮贝多芬拿起风衣和帽子。"不,我应该感谢你们!我看到了你们在倾听我的曲子,看到了你们是怎样热爱着音乐。"贝多芬回答。

"希望您再来,尊贵的先生!"小姑娘摸索着站起来,低声请求道。

"我一定来,再见!祝你们幸福!"

伟大的音乐家和友人告别了小屋。

"啊,多么美好和难忘的夜晚!"友人也激动不已。贝多芬突然说:"我得回家去了。"他心里知道,他感到了创作的激情之火正在燃烧。他回到家,关起门来,写了整整一夜。第二天一整天也没有走出房门。到了傍晚,他走出了工作室。一支新的、不朽的曲子完成了，它就是《月光奏鸣曲》。

人们说，《月光奏鸣曲》是属于刻上了"永垂不朽"的印章的作品，它表达了难以用人类语言表达的诗意和激情。

一生的邀请

1979年冬天，诺贝尔奖评选委员会把本年度诺贝尔和平奖授予了伟大的特蕾莎修女。这一年她已经有70岁高龄了。

颁奖那天，身材瘦小的修女仍然穿着她那身粗糙的、价值只值一美元的印度棉布纱丽。因为长年奔走操劳，她苍老的脸上皱纹纵横，双手骨节也已粗大变形了。她在极其豪华的大礼堂里发表了沉静和质朴的受奖演说。

她说："事实上，这项荣誉，我个人不配领受。但我愿意代替世界上所有的穷人、病人和孤独的人，来接受这项奖金。因为我相信，你们是愿意借着颁奖给我，而承认穷人也有尊严，也有在这个世界上生存的权利。"

她的话深深地感动了在场的每个人。所有人都相信，她是这个世界上最美丽、最仁慈、最崇高和最值得尊敬的一个人。

她把自己获得的这笔巨额奖金全部献给仁爱修会，用来救济各地的穷人和那些无家可归的人。同时，她还请求诺贝尔委员会，取消照例要举行的授奖宴会。

她的请求得到了答应。诺贝尔委员会把省下来的7100美元赠给了她所领导的仁爱修会。

许多人都知道，她亲手创建和领导的仁爱修会，拥有四亿美元的资产，世界上最有钱的公司都乐意无偿地捐钱给她。她的组织有七千多名正式成员和无数的志愿者与义工。她与世界各地许多国王、总统、皇室成员、金融和传媒巨头、企业集团巨子等等，都有着十分友好的关系，并受到他们的敬仰和爱戴。

然而，却很少有人晓得，她简易的寓所里，除了照明的电灯，唯一的电器是一部电话。她没有秘书，所有的信件都自己回复。没有会客室，她就在教堂外的走廊或草地上接待世界各地的来访者。

她常年穿的衣服都是白色粗布纱丽，一共只有三套，而且都是自己缝补和换洗。她没有袜子，只穿凉鞋……

特蕾莎修女就是这样一个伟大、仁慈和无私的人。她把自己的一生都奉献给了那些生活在最底层的穷人、病人和孤独的人。

诺贝尔和平奖颁奖典礼的授奖公报上这样评价她："她的事业有一个重要特点：尊重人的个性、尊重人的天赋价值。那些最孤独的人、处境最悲惨的人，得到了她真诚的关怀和照料。这种情操发自她对人的尊重，完全没有居高施舍的姿态。她个人成功地弥合了富国与穷国之间的鸿沟，她以尊重人类尊严的观念在两者之间架起了一座桥梁。"

联合国前任秘书长加利干脆说："特蕾莎修女，她就是联合国，她就是世界和平"。

特蕾莎修女的一位传记作家也这样说过：她的一生，就是上帝恩赐给我们这个世界的一件最高贵的爱的礼物。她带着无限的爱的光芒，在这片有限的大地上行走。她怀着非凡的大爱之心，却做着最微小、最琐细的事情。

是的，她的长长的、艰辛的和仁慈的一生，就是"一个邀请"。她深知我们活在一个光明与黑暗并存的世界里，因而她用整整一生来邀请我们，邀请我们去选择光明。

她和她领导的仁爱修会的工作人员，常年奔走在世界各地贫穷和脏乱的街头，亲手帮助那些穷人、病人、残疾人、被抛弃的人和无家可归者，给他们干净的水、食物和衣服，给他们微笑、温暖和安慰，为他们重新点亮生命的灯，帮助他们恢复作为一个人的尊严。她们所付出的辛苦是一般人所难以想象的。

但是，在特蕾莎修女看来，她来到这个世界上的天职，就是去关心、去爱他们，她必须住在那些穷人中间，无条件、无界限地为他们服务。

她说："每个生命都是尊贵的。他们都是我的家人。"

她也深知，要求世界上的每个人都能够像她、像仁爱修会里的人那样去关心穷人，那是不现实的。所以，她在诺贝尔受奖演说里说："我很清楚，在座的各位做不到将家产倾其所有去布施穷人，我们也不需要大家这样做。"

但是，她殷切地希望和呼吁："我们一定要为美好的生活而生活。不为大而爱，只为琐细而爱。从细微的小事中体现博大的爱。"

她相信，一些细小的事情，例如一个微笑，一次握手，一声问候，一口干净的水，一件温暖的衣服……却是人人都可以拿得出来的。

"除了贫穷和饥饿，世界上最大的问题是孤独和冷漠……孤独也是一种饥饿，是期待温暖爱心的饥饿。"她说。

因此，她告诉周围的人们，那些饥饿的、患病的、赤身露体的、无处栖身的人所需要的，除了食物、衣服和能够遮蔽风雨的房屋，还有一份爱，一份来自他人的关怀以及与他人的关系。

为此，她愿意自己一生都做那些需要帮助的人的手臂，永远为最微小的而做，哪怕自己只是一支小小的不显眼的铅笔——只是一件小小的工具。

她的一生都是这样做的。所以，有一天，当她被上帝召唤而去，离开了这个世界的时候，不仅她的故乡加尔各答在哭泣，全世界都在为一个伟大和纯净的生命的离去而悲伤。

当时的法国总统希拉克的一句话，说出了全世界的心声："今晚，世界失去了一些爱，一些悲悯，一些光明。她留给我们的话语没有国界，不分信仰：助人、倾听、团结。"

特蕾莎修女用她纯净的一生，邀请我们去选择光明。我多么希望，在这个世界上，能有更多的人，愿意自觉地去接受她的邀请。

那将是一次灵魂的朝圣。那将是一次精神的洗礼。只要我们能够向着那个伟大和纯净的生命走近一小步，也就是向着一种谦卑、无私和博大的爱，走近了一小步。

第23堂课

你在为谁读书

【阅读提示】

我曾经应邀为《读者》杂志写过一首短小的诗歌，赞颂读书之美："读书，就是阅读全世界；读书，就像水手去航海。你的忧愁，就是我的风暴；你的欢乐，就是我的云彩。做一个读者是幸福的，我阅读，所以我美丽；我思想，所以我存在。"

美国女诗人艾米莉·狄金森，也写过这样几行诗，来谈论读书之美："没有任何大船，能像书本一样，载着我们远航；没有任何骏马，能像一页奔腾的诗行，把我们带向远方。"

从一个小孩子长成一个成年人甚至老人，是一个多么漫长和艰辛的过程。在我们生活的这个世界上，有过许多美丽的经典图书，就像明亮的童话的神灯，给过我们温暖、光明、幻想，还有智慧和力量。但是随着时间的推移和每个人精神世界的一次次蜕变，那些神灯的光芒也渐渐变得遥远和朦胧。即使有些书中的故事和人物我们都还记得，但经过了这么多年之后再打开它，却发现那已经是另一本书，另一个故事了。时间和经验在我们不知不觉中已将它们颠覆或重新整合。因此，读书，应该成为一个人一辈子的"阅读计划"。

我们不是在为别人读书，我们是在为自己的生命和心灵能够变得更加丰富、美丽、博大和坚强而读书。读书是多么幸福的一件事啊！我有一个酷爱读书的朋友告诉过我，读书也不仅是"精神层面"上的事情，读书甚至可以疗伤和治病！她这样描绘过自己阅读时的情景与感受："我习惯在床上阅读。身体慵懒地伸展在被子里，只有双手紧紧抓住喜爱的书，将它搁在胸前或架在肚子上。四周寂静无声，或许有风在窗外掠过，而我的世界触目可及：一圈黄晕柔情的灯光，一只软硬适度的靠背，一本期待着我的书籍。"她甚至觉得，读书可以缓解身体的病痛。她告诉我说，有一阵子，她就用日本文学，用谷崎润一郎、永井荷风或松尾芭蕉的散文，尤其是用清少纳言的《枕草子》，抚慰和舒解自己的胃疼，竟然比药片还有效。

下面的这组谈读书之美、读书的乐趣和阅读的方法的散文，也许能帮助你迷上书香、爱上阅读。数千年来人类有幸拥有的经典图书，就像是我们共同的幸福花园和精神宝库。我们都应该敬重书香、热爱阅读，让伟大的阅读传统和芬芳的书香薪火相传、延绵不断……

苹果树下的书香

不记得是在哪里了，曾读到过这样的两句诗："可怜儿女牵衣闹，哭话邻家午饭香"。在我的童年时代，我除了常常馋羡别人家的"午饭香"，有时候也非常渴望一些小伙伴所拥有的"书香"。那是贫穷和荒芜的年月，充满了饥荒也充满了书荒。对于我们这些乡下的穷孩子来说，尤其是这样。

那年秋天，我在家乡的社生联中念初一。我的同桌，是一位从县城转学来的女孩子，叫谢小芳。她父亲在县城里工作，她住在离我们村有五里远的外婆家里。她那里有好多书。有《林海雪原》、《敌后武工队》、《小马倌和大皮靴叔叔》、《小英雄谢荣策》，还有《卓娅和舒拉的故事》、《古丽娅的道路》等。我几乎是仅仅冲着这些书，便二话没说就和谢小芳"好"了起来。她有不会做的作业便问我，我总是不厌其烦地给她讲解。我的语文和数学成绩都比她好，尤其是作文，更在全联中闻名，所以我简直也成了她心中的"英雄"。

老师每次布置的作文，我总愿意写出两份，一份留给自己，另一份是代谢小芳写的。我的目的当然是希望从她那儿更多地看到一些书。而她呢，也常常因为全班只有她才有那么多的书而感到自豪，而且也乐于有人像我这样鞍前马后、随叫随到地围绕着她、抬举着她、恭维着她。例如有的同学叫她"冬妮亚"，我就背着同学们对她说道："冬妮亚有什么不好，人家多爱干净呀！"

谢小芳听了这话，肯定很舒服，扑哧一笑说："给，这两本书你肯定没看过，可不能让别的同学看到了，爸爸也不准我看的！"这两本书，确实是我没有看过的，一本是《新儿女英雄传》，一本是《苦菜花》。

我与谢小芳的交往，自然也引起了一些同学的嫉妒。有的值日生还告到了老师那里，说谢小芳每次给我书看，里面都夹着"纸条儿"。对此，谢小芳高傲地笑笑说："气死他们！"

有一次，她甚至鼓动我把一个背地里说我们风凉话的男生狠狠地揍了一顿。当他向我保证"再也不敢胡说"的时候，谢小芳在旁边骄傲地笑了。那笑声就像保尔·柯察金在湖边揍盐务长的儿子时，冬妮亚所发出的笑声一样。

因为书的缘故，我和谢小芳的友谊逐渐加深。有时放了晚学后，我干脆先不回家，而是跟着她一起到她外婆家去，或是补课，或是帮她外婆挑水、扫院子。

她外婆家的小院子里有一棵老苹果树，一到秋天就结满了通红的苹果。有时候，我们就坐在晚霞映照的老苹果树下，一边吃着苹果，一边津津有味地读着那些厚厚的小说。

一阵阵苹果的芬芳连着美丽的书香，让我常常忘记了回家的时间。等到我揣着厚厚的新书跑回自己的村里时，月亮已经升起来了，村路上已经起了白雾，耳边尽是汪汪的狗吠声……

然而好景不长，刚刚同桌了一个学期，谢小芳就转学走了。我送给了她一个崭新的笔记本作纪念，而她留给了我一大摞书，有《钢铁是怎样炼成的》、《青春之歌》、《欧阳海之歌》和《野火春风斗古城》等。她在《钢铁是怎样炼成的》的扉页上，抄上了那段著名的话："人的一生，应当这样度过……"她的字写得并不好看，但很认真，一笔一画的，没有一点潦草。

我回家后就把这些书一一写上"谢小芳送我的书"的字样，然后仔细地包上书皮，整齐地排列在我的枕头底下。

我就枕着这个高高的书的枕头，闻着阵阵书香，夜夜做着我的书的梦。

现在认真地想一想，我最早读到的一批真正的文学书，正是从谢小芳这儿开始的。她的书，在我的心灵里最早播下了文学的种子——虽然那时候我根本没想到，自己将来也能够写书。

从那时到现在，一晃三十多年过去了。我常常想起这位相处短暂而交往又那么密切的初中同学，也想念她的善良的外婆，想念那棵结着满树通红的果实的老苹果树。

不知道她现在在什么地方，会是什么模样？更不知道，她是不是还会记得一个爱书的男孩，记得那段纯真的、亲密的，使我悄悄靠近了文学的少年时光。

你在为谁读书

读书，原本是多么幸福和有味的一件事。有多少人在回答那个著名的"孤岛访谈"的问题时，都只愿意带上一本书前往"孤岛"。大作家博尔赫斯甚至希望，自己的一生都能"在书籍中旅行"。他还想象着，天堂的样子，也应该像一座图书馆才好。青年学者张新颖还曾以《读书这么好的事》为书名，专门写过一本小书，畅谈阅读之美，历数读书的幸福与愉悦。

可是，曾几何时，读书却被"应试教育"弄得那么乏味和无趣，甚至于极其沉重和艰辛，使许多莘莘学子视读书为畏途，望读书而兴叹。我甚至想，这些年来之所以有那么多"少年作家"脱颖而出，通过各自秘密的岔路和小径而进入人们的视野，那绝不是因为现行的教育方式所培育的果实，恰恰相反，那是一些有灵气、有创造力的少年对现行教育方式的叛逆、逃离和挑战的结果。逃离之后，他们的想象力、创造力才得到了释放与发挥。

读书，从来没有像今天这样，成为无数学生、家长，甚至包括学校的校长、老师们心上的一个沉重的包袱，以至于"你在为谁读书"、"读，还是不读"，竟然成了一个哈姆雷特式的"To be or not to be"的问题，并且需要用一本本的专著来做出解释和回答了。

在这里，我想为少年朋友们推荐一本书：《你在为谁读书》。这是一位营销战略专家、同时也是一位知名的企业管理咨询公司的CEO专门写给青少年们的一部励志读本。全书当然不仅仅是在解释、论证和回答"你在为谁读书"这么一个具体的问题。作者是以"读书"为切入点，以一个CEO的从平凡到优秀、进而走向卓越的成长轨迹与奋斗历程，以一个对自己的孩子同样怀着拳拳爱心和殷殷期待的父亲的立场，和青少年读者谈论如何在学生时代就开始培养和积蓄自己的智慧和能力，如何培养和聚集使自己日后成为优秀的和卓越的可能与潜能……诸如此类的规划与"实施"方案。

这本书类似挪威著名畅销书作家乔斯坦·贾德为青少年们创作《苏菲的世

界》和《橙色女孩》。同样是略带神秘感而又颇具亲和力的书写风格，同样是以一位父亲写给儿子的书信的形式，同样是面对那些已经十五六岁、正需要成长关怀和人生点拨的读者群体。但这是写给生活在中国当下这个大环境里的青少年的一本充满温暖和智慧的书。

清新的散文文笔，人生哲学的深入浅出的探讨，如同家庭餐桌边的轻松对话，"滴水观海"般的励志故事，信手拈来而又那么熨帖中肯的中外名言，间或穿插着类似心理与智力测试、训练的纸上游戏。在"读书"这个大命题之外，诸如失败与成功、幸福与磨难、勤奋与机遇、自卑与自信、爱情与命运、幻想与现实、诚信与宽容、卓越与平庸等等在成长过程中所无法回避的一些"课题"，在本书里都可以找到讨论的章节和平台，字里行间弥漫着一种亲情怡怡的成长关怀的温暖，也洋溢着一种成熟、宽容和优雅的生命智慧。

你在为谁读书？读书到底有什么意义？如果你正因为这些问题在苦恼着，那么，我推荐你去找到这本书读一读。也许，你会从中找到一些答案和解决的方法。

声讯时代为什么要重读经典

人类进入高科技和声讯网络时代之后，传统的书斋生活的平静与安稳已被打破，书香馥郁的图书馆和研究中心，也不再是皓首穷经的学者和莘莘学子唯一流连忘返的地方了。轻轻的点击之间，世界缩小了。让我们这样想象吧：互联网势必变革我们那些传统的生活与学习方式；声讯和光影将会逐渐取代语言文字；E-book将成为所有纸品出版物的终结者，人们将进入一个彻底的"读图时代"……

这是声讯时代所能带给我们的诱人的金苹果。然而，"潘多拉的盒子"也就此打开了。从纸质书到电子书，我们传统观念上的语言文字遭到前所未有的"瘟疫"的袭击。甚至，它为我们带来的，将是一曲"读书的挽歌"。

大量的、公共的、千篇一律的、不再具有什么个人色彩的单词与词组的设置，势必成为一种"数字化霸权"，使我们从此将失却纯粹的和个人的语言风格，我们将不再去推敲和寻找最准确、最细腻、最富表现力的词语。我们将失去最后的精确与多样的风格。还有思想上、文学精神上的损失。这方面的损失也许更大。

声讯时代，大多数人追求的是流行阅读、快餐式阅读。这些阅读使我们获得的是感官上的轻松，表层上的享乐，而不可能进入大脑，沉淀于心。我们已经看到和感到了，流行阅读只能让我们获得一种"生命中不能承受之轻"。

诚然，随着网络信息的发展，电子商务、网络生活、远程教育、虚拟社区……已经渐渐成为人们的生活方式和生存必需，然而，大量的充斥期间的文字侵扰，也许与流行、时尚相关，却与精神、灵魂、思想、哲学、生命、本质等等无关，甚至背道而驰。总之，生存在网络时代，我们将面临一种危机。每一个有点文化修养和文化良知的人其实都感到了这种危机和"瘟疫"的侵袭。挪威著名畅销书作家、安徒生文学奖获得者乔斯坦·贾德，甚至把网络上的快餐式阅读称为"电子毒贩子"们投向未成年人的"毒品"。他希望所有的成年人，都能用芬芳的书香去帮助青少年们抵御"电子毒贩子"的侵袭。

我们知道，俄罗斯一直是一个充满书香的国度。过去不同的年代里——即使是战争期间，人们仍然不放弃经典阅读，甚至集体农庄的农妇，都可以为你背上一段普希金的诗或契诃夫的剧本台词。国民素质一直很高。然而进入后工业文明时代后，这么好的阅读传统在俄罗斯却渐渐不见了。流行阅读代替了经典阅读。结果是，人们的精神状态日趋萎靡，社会风气急剧败坏……因此，有人感叹说：有什么样的阅读，就有什么样的社会。因为，老一辈俄罗斯人，都是读着普希金、屠格涅夫、果戈理、陀思妥耶夫斯基和列夫·托尔斯泰所提供的精神养料成长起来的，他们心灵坚强、宏大、高尚，而现在的一代人，不读这些作家了，没有这样的精神养料了，所以也就有了那样的精神状态。他们最后得出的结论是：什么样的社会，产生什么样的阅读和什么样的畅销书；反过来看，什么样的阅读，什么样的畅销书，也产生什么样的社会。

美国人也许正是从俄罗斯的经历中得到了启发，引起了警惕，所以他们这些年一直在倡导阅读经典。美国教育机构仅为高中学生求学期间列出的必读的经典书目就有二十部之多。我们不妨看一下这个书目：莎士比亚的《哈姆雷特》，弥尔顿的《失乐园》，柏拉图的《理想国》，奥斯汀的《傲慢与偏见》，马克思和恩格斯的《共产党宣言》，陀思妥耶夫斯基的《罪与罚》，托尔斯泰的《战争与和平》，马克·吐温的《哈克贝利·费恩历险记》，惠特曼的《草叶集》，爱默生的《演讲集》等等。这是美国高中在校生的必读书目，而且教育部门规定，这些书目"数十年不变，且要参加相关内容的考试"。

他们的目的当然在于培养新一代人的思想素质和文学艺术素养。他们是要以这些伟大作品所展现的宏大、高尚、开阔的精神境界去帮助新一代抵抗丑恶，改造贫乏和平庸，远离虚无和轻浮，同时也获得对于古典美、传统美的认识与理解，从而更好地去创造自我、创造世界。

人类社会千百年来先进的思想文化的精华，凝聚在那些政治的、经济的、文学艺术的经典之作当中。我们的教育部门和学校不妨精心选择一些必读书目，让学生认真去阅读，借以提高他们的思想、情感和道德素质，丰富他们的文学艺术素养，让这些伟大作品所展现的宏大、高尚、开阔的精神境界，引导和帮助我们的青少年一代去抵抗丑恶，改造贫乏和平庸，远离虚无和轻浮，同时也获得对于古典美、现代美的认识与理解，从而更好地去创造自我、创造世界。

美国著名批评家斯文·伯克茨写过一本名为《读书的挽歌》，专门谈论"电子书"产生以后，人们的阅读方式发生了根本的变化，这个时候我们将得到什么？我们又将失去什么？他说："我对此感到恐惧。……我允许流行文化（污染程度较轻的一类文化）之河在我女儿身边自由流淌。然而同时，我则尽我所能让她接触各类（经典）书籍。在儿童想象力的自由市场上，较传统的产品以其趣味性及独特性享有自己的地位。同样，我也坚信儿童心灵的原始活力及其独立性。"

这是一种比较公允和合乎理智的态度，即在注重经典阅读的同时，也并不排斥对流行阅读和声讯、光影的亲和。亲和之中他们将获得一种有力的"抗体"。他们将拥有一种对古典美、现代美双重的敏感和认识判断能力与接受能力。在轻轻的点击之间，抛弃本该抛弃的，获得理应获得的。

我要读书

手上有一本三十年前的旧书《高玉宝》。这是我童年时代的读物。这么多年了，它一直伴随在我的身边，仿佛我童年时代的影子——不，它是我幼小时的心灵的回声，是那充满了饥荒和书荒的年代里的一面镜子。

1970年代中期，我也有过一段失学的经历。在我因为家境贫困所迫，不得不离开学校，在故乡的大洼地上为生产队放猪、放牛的日子里，在我像一只失群的孤雁，奔跑在旷野上的狂风骤雨之中的时候，我总是用小高玉宝勤奋好学的精神激励着自己、安慰着自己。我的耳边似乎也时刻响着一个声音："我要读书！我要读书！"甚至，小高玉宝的妈妈说过的话，也像我的妈妈的叮嘱，响在我的耳边："孩子，要好好地念书，妈妈才喜欢。"

可是，当时的生活现实却以冰冷的面孔拒绝了我这小小的愿望。我离开了课堂，成了大自然中的一个小牧童。几册被我读得破破烂烂的语文课本和《高玉宝》这本儿童小说，成了我失学以后朝夕相处的读物。——啊，这艰辛而苦涩的童年啊！沉重的往事回忆起来，能使最坚强的心灵也变得呜咽。

《高玉宝》的作者，就是书中的主人公：高玉宝。他是在穷苦人家里长大的孩子。他童年时当过放猪娃，当过地主家的童工和日本人的劳工。小时候他十分眼馋富家的孩子能上学，因此常常向父母亲哭闹：我要上学！我要上学！可是在那时候，他们一家连肚子都吃不饱，哪有钱供他上学呢？

有一天，因为父母亲不能答应他上学的要求，他就哭着往邻村的小学校里跑。妈妈一面难过地擦着眼泪，一面气喘吁吁地在后面，跑着追他，一直追出半里多路，好不容易在河沿上追上了他，一下子把他抱住，母子二人坐在河沿上伤心地哭了半天。妈妈泪水满面地劝小玉宝说："孩子，你怎么这样不懂事啊，我们家穷得没有米面下锅，连肚子都吃不饱，到哪里去弄钱供你上学？你别再为上不起学整天哭闹了，难为我和你多病的爹爹了……"

小高玉宝看着妈妈为他把眼睛都哭肿了，难过极了，急忙安慰妈妈说：

"妈妈别哭，我听话，再也不往学校跑了。"从此，懂事的小玉宝再不向父母哭闹要上学读书了。但他每天上山拾草时，看到背着书包上学的富家孩子从身边走过，心里十分难受，常常伤心地悄悄抹眼泪。有时实在忍不住，他就背着父母，挎着拾草的破筐，站在小学校门口，偷偷地听上课的孩子们念课文。

教书的周庆轩老先生，知道了这个破衣烂衫、经常站在学校门口外听他讲课的小男孩的遭遇，很同情他，便亲自到高玉宝家里去告诉他父母，要免费收他上学读书。高玉宝和他的父母亲都高兴得夜里睡不着觉。妈妈连夜用一块破布给他缝了一个小书包。不幸的是，他刚上了一个月学，因为父亲病重，家里没有劳力，就被保长周长安逼着给他家放猪去了。后来，高玉宝在极其艰辛困苦和多年背井离乡的日子里，度过了自己苦难的童年和少年时代。

就在中华人民共和国诞生的前夕，高玉宝的家乡也解放了。他光荣地参加了中国人民解放军。在部队上他很能吃苦，参军半年就加入了中国共产党。在辽沈、平津等战役中，他先后立过六次大功、两次小功。战争年代里的革命战士，大都是受苦人出身，小时候都上不起学，不识字，连封家书都不会写。高玉宝在当通信员、警卫员、军邮员、收发员的时候，因为识字少，吃了不少苦头。比如，他经常为把战友们的信和首长的文件送错而难过得吃不下饭、睡不着觉。所以，在部队里，他下决心学习文化。部队整体行军作战，根本没有条件，也没有时间学习，为此，他就常常利用行军作战空隙的点滴休息时间多认识几个字。当时学习写字既没有笔，也没有纸和本子，更没有桌子和凳子，他就把平地当纸当本子，用石头和草棍当笔，蹲在行军的路边练习写字。在行军中，一到传口令休息了，他就开始蹲在地上，或坐在背包上默写学过的字……

就这样，经过几年刻苦的学习，他终于达到了一定的文化程度，并且在部队首长和战友们的鼓励下，产生了要为穷苦人写书的念头，为此，他又学习写起小说来。《高玉宝》这本书，就是他以自己童年时代的亲身经历为素材写成的一部自传体长篇小说。首长和战友们知道了他的经历和他的志向，都鼓励他说：写吧，高玉宝，希望你把自己的故事写成像《钢铁是怎样炼成的》那样的小说！他果然没有让首长和战友们失望。他克服了许多人们难以想象的困难，终于完成了这样一本书。

《高玉宝》这本小说里最令人难忘的，是"我要读书"、"半夜鸡叫"和

"母亲的死"这几章。我们这一代人当中，没有读过《高玉宝》这本小说的可能很少。这本书不仅使我们这一代人认识了过去农村劳苦大众种种悲惨的生活景象，认识了世道的崎岖和命运的不公，而且也从高玉宝的经历中获得了人生的勇气与信念，那就是：生活条件越是艰难，我们就应该越发坚强，应该咬紧牙关努力地生活下去，哪怕是艰辛的生活不容你立脚的时候，你也要像钢铁一般顽强地生存下去！总有一天——就像小说结尾所写到的——天色会大亮，大海尽头的天边上，会布满朝霞，那时候，"太阳就要出来了"。

《高玉宝》这本小说迄今已经发行800万册以上了，还被改编成了近三十种连环画，十多种文艺演唱形式和戏曲，在国外也有了二十多种文字的版本。这是一本家喻户晓、影响了几代人的好书。"忘记了过去，就意味着背叛"。高玉宝那一代少年的苦难生活，当然不必、也不可能再让今天的这一代少年儿童去经历一番了，但那样的历史，那样的社会背景以及那样的生存环境，让今天的孩子们知道一些，却是十分必要的。它不仅是一本苦难之书、控诉之书，也是一本有生命力的教育之书、励志之书。不少读者还把它称为"中国的《钢铁是怎样炼成的》"。

我相信，无论时代怎样变迁，无论人们的道德观念、价值取向发生了多大的改变，有一些最基本的、最善良和最质朴的美德与精神，却是永远改变不了，也永远不会消逝的。所以，每次翻开《高玉宝》这本旧书，我就觉得，童年的一切重临心头，那个纯朴、善良、坚强、好学的，就像北方田野上的一株红高粱一样质朴的、满怀正义的苦难少年，又会手提一个小小的包裹向我走来……

第24堂课

师恩难忘

【阅读提示】

曾经有一位记者去访问《雪人》的作者、英国图画书作家雷蒙德·布里格斯。记者有一项提问是："通过《雪人》，您想传达一种什么样的信息呢？"

布里格斯的回答是：当初我还真没想过传达什么信息，不过，假如你非要一个答案不可，我就会说，雪人代表走过我们生命的一些不同寻常的人，我们意外相逢，立即就很喜欢他们，无奈他们总有离我们而去的一天，去到另一个地方，去到另一个世界，比如我们的长辈，比如一些不同寻常的人——他们都像雪人一样，总会融化的……布里格斯在这里说到了每一个人在自己的成长之路上或整个生命过程中，都必须面对的一种情感状态，那就是：相逢与别离，拥有与失去。

人生在世，总是会失去一些什么东西的，甚至是极其宝贵的东西。例如童年的纯真烂漫，青春的壮志与热情，曾经有过的美梦与遐思……谁又能不失去什么呢？也没有谁能知道，它们丢失在什么地方，又是从什么时候起丢失的。等到你发现它们已经被你丢失了时，一切都已经晚了——你可能再也找不回它们了。

我一向以为，自己童年和少年时代的生活，无论经过多少岁月，也不管去不去想它，它都会一一地存留在自己的记忆里，绝不会离弃自己。而童年时代的"那个孩子"——那个尝过了寂寞和贫穷的滋味，善良无助而又心比天高的孩子，无论我走到什么地方，也不管我变得多么苍老，他都会永远地活在我的心灵里，让我随时都可以与他对话。可是，当我一旦拿起笔来，面向那些流逝的岁月，追忆起那些曾经何其熟悉的亲人、长辈和青梅竹马的伙伴们时，我却不能不感到无限的伤感。童年与我之间，原来已经有了这么遥远的距离！当我转过身来，远远地望着我的少年时代，我看见的是一个已经模糊不清的影像。我的心，也品尝到了一位前辈诗人曾经写到过的那种人生况味："当我年轻的时候，在生活的海洋中，偶尔回头，遥望六十岁，像遥望一个远在异国的港口。经历了狂风暴雨、惊涛骇浪，而今我到达了，有时回头，遥望我年轻的时候，像遥望迷失在烟雾中的故乡……"

下面的这组故事，都是叙事散文，写的都是"走过我生命中的一些不同寻常的人"——我的老师们。

师恩难忘。我在童年和少年时代，得到了他们亲人般的关爱与鼓励，他们伴随着我，走过了一段段童年的小路。回想着这些辛酸的和美好的往事时，我仿佛又看到了那一张张熟悉、慈祥和亲切的面容，听到了他们一声声朴素的乡音。当夜深人静时，我会觉得，他们都默默地站在我的背后，无限疼爱而又有所期待地注视着我，使我既感到温暖，又感到严峻，让我透出对于自己正在从事的事业的全部激情和信念！是的，为了他们，即使仅仅是为了他们，我也应该好好地生活，好好地去热爱和报答这个世界！我知道，无论何时何地，他们都将与我同在。

遥远的风琴声

三十多年前，我正在家乡的村小学里念书。我的记忆里保存着这样一个画面：由一栋古旧的祠堂改成的校舍前，是一块绿茵茵的小操场。春日的小操场上，阳光灿烂。一群纯朴的乡村孩子——我是其中的一个——正紧紧地围坐在一位年轻而美丽的女教师的身边。她在聚精会神地弹着一架老风琴。那嗡嗡颤动的大和弦的旋律，好像从远处的山口涌来的一阵阵和煦的风声。孩子们正跟着女教师学唱一支古老的歌，那整齐的童声传得很远……

这时候，农人们正赶着一群牛羊缓缓地走向村外的山冈，他们听见了从操场上传出的风琴声和合唱声，便不由自主地停下来聆听一会儿。羊群也停在那里，咩咩地叫着……白云缓缓地飘过我们的头顶……

就是这样一幅画面，现在想起来，我忍不住要笑出声来了——这可真有点巴比松的情调啊！我还记得，我们当时学唱的那首歌好像就叫《春天之歌》："啊，春天来了，春天来了，它带着温暖，也含着微笑……"

这当然要感谢我们的乔姗老师。她是来我们村"插队"的一位知识青年。她留在我的记忆里的形象，的确是和蔼而美丽的。皮肤很白，眼睛大而明亮，体质似乎有点瘦弱，但却没有丝毫的病态。冬天里她喜欢围一条大红围巾，春天里则总是系一条白纱巾。她来我们小学教我们唱歌时，我正好读五年级。我们都喜欢跟她上课，尤其是她欢喜在天气晴朗的时候，把我们带到户外那金色的草地上去上课。

她告诉过我们，她的父亲是济南很有名的音乐教师。她从小就跟着父亲学会弹奏各种乐器。可惜的是，我们的村小学里只有这么一架老掉牙的老风琴，要是在阴雨天，那嗡嗡的或吱吱的声音，听起来可真像受了潮的风箱的响声。我到如今也没弄明白，这架老风琴是怎么到了我们村小学的，是什么时候就有的。是买来的吗？是谁捐赠的吗？我后来甚至还猜想过，这说不定是当年日本人从我们家乡撤走时留下来的呢！但就是这么一架老风琴，却是二十年前我们整个学区里的一件了不起的宝贝。邻村的好几所小学里都没有风琴。他们充其量只有一把胡琴。没有风琴，不知道他们的音乐课是怎么上的，大概只有跟着老师"清唱"了。

而我们的音乐课却是有风琴伴奏的。乔姗老师会唱许多歌，能弹出许多首曲子。记得当时学会的歌中，既有《快乐的节日》（"小鸟在前面带路，风啊吹向我们……"）、《让我们荡起双桨》、《听妈妈讲那过去的事情》等五六十年代的创作歌曲，又有像《毕业歌》、《长城谣》、《小号手之歌》、《红星照我去战斗》这样的不同年代的电影插曲。还有一些更老的歌和一些外国歌，是时隔多年之后我才知道的。

这些歌，有的当时能够理解，有的则是似懂非懂的。好在它们的旋律都很美，它们成了我们这些乡村孩子最早的音乐启蒙。现在想来，它们的感染力委实是了不起的。多少年了，无论在哪里，只要一听到这些熟悉的旋律，我的脑海里立即就会浮现出我们当年的小学校和小操场的模样，浮现出乔姗老师闭着眼睛按着风琴、长久地沉浸在她的和弦之中的形象，还有我的同学伙伴们，一个个认真地张合着嘴巴，一句一句地学唱的样子。是的，当我想起这些的时候，唱歌时的天气、环境和温暖的感受，都聚拢到了我的身边，童年重临于我的心头。

罗曼·罗兰曾经写到过克利斯朵夫在风琴声里对于大自然的感受："……倾听着看不到的管弦乐队的演奏，倾听着昆虫在阳光下激怒地绕着多脂的松树轮舞时的歌唱，他能辨别蚋虫的吹奏铜号声，丸花蜂的大风琴的钟声一样的嗡嗡声，森林的神秘和私语，被微风吹动的树叶的轻微的颤动，青草的温存的簌簌声和摇摆，仿佛是湖面上明亮的波纹的一呼一吸的荡漾，仿佛听到轻微的衣服和亲人的脚步的沙沙声……"约翰·克利斯朵夫是具有音乐的耳朵和十分美妙的艺术想象力的艺术家。而我当时虽然不善于歌唱，也缺少那种敏感和丰富的想象力，但也不能否认，那动听的风琴声和整齐的合唱声，也确实为我沉睡和懵懂的心灵打开了一扇扇透亮的窗户。歌声和斜阳，琴声和草地，还有白云、羊群、远山……这一切都增添了我的愁思，濡染着我对世界最初的理解和感受。套用康·帕乌斯托夫斯基的一句话说：对生活，对我们周围一切的诗意的理解，这便是童年时代——尤其是这二十年前的风琴声，所给予我的"最伟大的馈赠"。而且所幸的是，经过了这么长的岁月的颠簸和淘洗，我不但没有失去这个馈赠，相反，倒越来越觉得它们的伟大与珍贵了。或许，正是它们，教会了我如何去认识人生和热爱生活。

但也不是没有遗憾的。当年乔姗老师不仅教我们唱会了许多美丽的歌，而且还手把手地开始教我们按风琴了。我还记得，每当要上音乐课了，我们都会争先恐后地跑到学校那唯一一间教师办公室里，把那架可爱的老风琴轻轻地抬到我们的教室里或草地上。六七个人抬着它，小心翼翼地就像抬着一位娇贵的新媳妇一样。乔老师从最基本的脚踏、手按的动作教起，我们每个人学得都极其认真。虽然我那时总是把"哆、来、咪"念成阿拉伯数字"1、2、3"，但毕竟是已经开始了第一种乐器的学习。如果就此认真地学习和发展下去，到我青年或成年之后，说不定已经具备相当的音乐修养和演奏技能了呢！可惜的是，我们仅仅跟着乔老师学了一个学期的风琴，便到了小学毕业的时刻。乔老师也没能听见我们这些做学生的亲手按出略成曲调的风琴声，倒是先听到了我们齐声合唱的忧伤的"骊歌"。

从此以后，我在音乐上便如过早地断了奶一般，再也没有得到更好的学习机会，以至于到今天，在音乐素养上，真正成了先天不足，原原本本地还停留在乡村小学五年级的水平上。这是令人唏嘘不已而又无可奈何的事。倘若今天乔姗老师在远方有知，我想这也许是最让她失望和感到痛心的吧。

记得小学毕业前夕，整个学区还曾组织过一次规模较大的歌咏比赛。我作为学校的合唱队员之一参加了这次比赛，而且站在最前面的一排。我们个个都穿着清一色的学生蓝裤子，上衣是雪白的衬衫，系着鲜艳的红领巾。乔老师在一侧按着风琴，我们跟着琴声张着小嘴巴使劲地唱着，那认真的样子，可想而知了。记得当时还照了相的，作为纪念，我们参加了合唱队的同学每人都得到了一张纪念照。这张黑白的大照片我曾一直保存在身边，一直到1982年。但令人痛心的是，那年秋天我大学毕业回家的途中，丢失了一纸箱书籍，里面就夹着这张照片。另外还有一套人民文学出版社1978年版的十一卷本的《莎士比亚全集》。这套书当时很便宜，十一卷，也就十几元钱，淡绿色的封面，至今还存留在我的脑海里。这套书和这张照片的失去，至今想起来仍然让我惋惜和心疼。

　　"遥遥天涯边，芳草知几株。不见春风至，秋雨又满湖。"是的，岁月悠悠，逝川滔滔，该丢失的，终归是要失去，任你怎么收集和保存，也是白搭；而值得留存下来的，即使你自己不经意，无言的时间多少总会为你留存下来一点点的。就像这三十多年前的风琴声，童年时代唱出的歌声，它们隐隐约约，断断续续，总是撞响在我的心中。风，吹不散它；岁月的巨剪，也剪不断它。

体 育 课

从小学，到初中，再到高中，我一直是很喜欢体育的。

前几年，我曾为北京的《东方少年》杂志写过一篇《会当水击三千里》，写的就是我在家乡的小学，在社生联中和温泉镇高中时的一些体育方面的经历，如冬天早晨里的爬山越野比赛；"军事化"的长途拉练行军；为了比试一下自己的意志与胆量，而故意在翻江倒海般的暴风雨中呼喊着，奔跑于大青山之上……

使我特别难忘的是在温泉镇中学时，陈丹青老师常常对我们说过的话："你们跑吧，来回地奔跑吧！风吹也好，雨淋也好，'天将降大任于斯人也，必先劳其筋骨，苦其心志……'现在既然无法'文明'你们的头脑，那就先'野蛮'你们的肌体吧！"

而我那时一到上体育课，也确乎会有一股"自信人生二百年，会当水击三千里"的壮志豪情涌上心头。

进了Y县一中文科班，我明显感到，体育课之于我们，似乎已经无关紧要了。因为我们是毕业班，面临的是高考，而体育课是不在考试之列的，也因此，我们的体育课只上到春季就结束了。

一进入夏季，校方便没再给我们文科班开体育课。

不过也还有一些有趣的故事值得记忆。

带我们体育的老师姓丁名一，他自称，他的这个名字是世界上笔画最简单的，只有三画。

可不是么，世界恐怕再难找出笔画如此简单的名字了。

丁老师五十来岁，黑黑的，个子不高，但非常精干、敏捷，像一个精明、机智的猎人。

他的体育课给我们留下最深的一个记忆就是，不知道他是从哪儿弄来那么多的"体育名言"，每次上课前，他都要在黑板上给我们抄几则，如果是户外课，就会给我们背上几则，并要求我们也像背课文一样背熟、记牢。等下一堂体育课时，他很可能就点名让某位同学背一遍。

背书是我的强项，几则短短的体育格言，何足道哉！

倒也因此，我记住了不少一般人不太注意的体育名言——后来轮到我去当老师时，这些格言正好派上了用场：我曾一遍遍地把它们全部"贩卖"给了我的学生们。

如："我首先要请你注意自己的健康。时代在好转，它将对你的身体提出很多要求。所以你要锻炼它，而不要损害它。"这是伟大的革命家卡尔·马克思的。

又如："伟大的事业基于高深的学问，坚强的意志在于强健的体魄。"这是孙中山的。

"坚实在于锻炼，锻炼在于自觉。"据说，这是毛主席的。

还有不记得是谁的了："要培养出健康、强壮、灵敏、机智、勇敢，既善于克服困难，又卓有信心正视前面的人，那么体育和运动乃是很重要的因素。"

还有一条是人人熟知的："生命在于运动。"也许只有少数人知道它是大哲学家伏尔泰说的。

像这样的格言、名言，丁老师大概教我们背下了几十条之多。他自己也有一句"格言"，也曾要求我们牢记的：

"你们不能把身体仅仅看作是自己的，它们更是国家的财富，所以你们要爱护它，让它变得健康，健康，再健康。"

这样背诵下去的结果，我们文科班的"才子"们也耐不住寂寞，不免"技痒"，也自己制作起"格言"来了，甚至有好事者制造出了带有"领袖"语气的"格言"来。

我记得就有这么一条，大概是叶小羽"创作"的：

"世界是你们的，也是我们的，但归根结底是你们的。你们青年人要从小把自己锻炼得身强力壮，不要娇滴滴的。×××的身体就很娇滴滴的，我看这很不好，很不好啊！你们要注意啊！"

丁老师在我们那一届还留下过一个笑话，而且与我有关。

那是在春季运动会期间。我们文科班也报名参赛，而且也知道，这是我们在母校进行的最后一场赛事了。所以，从老师到同学，都决心干得"漂亮些",拿一个名次回来,让理科班的人看看,文科班绝不是"吃素的"。

许多同学都报出了自己的强项。我根据自己的长处,报了5000米的长跑。

记得5000米长跑这个项目安排在运动会最后一天。当时的情况是,我们班的团体总分已经进入了前几名,如果我这个5000米再拿上一个名次,那么,文科班就稳稳进入了前三名。

所以,我这个5000米可是非同小可的,胜负在此一举。

因为重任在肩,我不能让老师和同学们失望,所以起跑之初,我发挥得特别好。

然而糟糕的是,临到要冲刺的一两圈时,我却突然摔了一跤,膝盖流出了血。

眼看就要失去夺名次的机会了,这时候,丁老师、白老师和同学们都着急了。尤其是丁老师,他扔下正在担负着的别的项目的裁判任务,紧紧地贴在跑道里面,一边跟着为我助跑,一边挥着拳头,不停地为我加油。

天知道他一着急,竟大声地喊出了四个字:

"垂!死!挣!扎!垂!死!挣!扎!……"

而且他喊得非常铿锵有力。

显然他在这里是用词不当。像这样的用词不当,也只有丁老师这样的体育老师吧。有趣的是,他却岸然不经其意,根本没意识到自己的用词不当,他才不管当不当呢!

他仍然紧紧地、有节奏地挥动着拳头,一边为我助跑,一边喊着:

"垂!死!挣!扎!……垂!死!挣!扎!……"

旁边的老师和同学听到了丁老师的加油词,先是一愣,继而大乐,也一齐附和着,高声呼喊着:

"垂!死!挣!扎!……垂!死!挣!扎!"

看来,我只有忍住疼痛,"垂死挣扎"下去了。

是的,我不能停下来。我得赶上去,为文科班争光,为丁老师争气!而且我分明觉得,我还是可以继续"挣扎"下去的。

这样想着,力量就来了,涌上了全身。

文科班的荣誉,就在这最后的时刻了。

谢天谢地，就在临近冲刺的数百米的距离里，我迅速地、几乎是奇迹般地超越了几位理科班的同学，像飓风一样，呼啸而过，终于取得了一个第五名。

好！文科班如愿以偿，以前所未有的好成绩，结束了在母校的这场最后的比赛，同时也为丁老师，为我们短暂的一段师生情谊，画了一个圆满的句号。

不过，从此以后，这"垂死挣扎"的笑话也留下来了，成了我们这一届"知名度"最高的趣事之一。

现在，丁老师已经退休了。听说又受聘于Y县体校，担任一些项目的主教练。

前几年，我和几位同学一起去看过他一次，他很高兴，说我们都是很懂事儿的学生，连他这位体育老师都没有忘记。

丁老师仍然是那么黑黑的脸膛，好像也没有变老多少，样子还像一位精明、机智的猎人。

我们同学之间有时通信忆旧，也还常常引用丁老师的"体育格言"相互勉励：

"你们不要把身体仅仅看作是自己的，它们更是国家的财富，所以你们要爱护它，让它变得健康，健康，再健康！"

每逢同学聚会、见面，互相开起玩笑来，又总忘不了把"垂死挣扎"的笑话抖出来大乐一番。

比如有一次聚会，不知说到什么事儿，我叹了口气说："不行了，老了，再写下去非得趴下不可了。"

这时候，有位同学便接过话去，模仿着丁老师当时的动作和语调叫道："垂！死！挣！扎！"

于是，我们一帮人到中年的同学都一齐大叫道：

"垂！死！挣！扎！垂！死！挣！扎！……"

仿佛又回到了十六七岁的时候。

可不是么，在以后漫长的人生道路上，无论遇到什么困难和挫折，即便是不幸跌倒了，受了伤，我们也还是应该爬起来，"垂死挣扎"下去的。我想，这不正是丁老师所期望于我们每个人的吗？

那么，加油吧！我的老同学们，别忘了丁老师的话：

"一场比赛的意义并不限于比赛的双方，一艘船也并非只对船上的水手才有意义。"

润物细无声

大凡做学生的，只要你对哪门课程有着特别的兴趣，或者表现出了特别的天分，那么，你总会赢得那门课程的任课老师的偏爱。

从小学到初中，再到高中，我在语文方面的成绩总是很好的，尤其是作文，常常得到老师的表扬。也因此，我曾一再获得语文老师的偏爱，可以说是深受其惠。遥远的水源一直润泽着今天的河床。

转入Y县一中不久，第一次上作文课，我就为自己创造了一点不小的"轰动效应"，使得文科班的所有同学，从此都对我这个"外省少年"刮目相看了。

当然，这首先应该感谢我们的语文老师和班主任白启瑞老师。

是他，用一双温情的大手，轻轻拂去了那笼罩在我头上的自卑的阴云，又用他那慈爱的目光，无声地鼓励我说：

"徐延泽，你要相信啊，再小的星星，也会有自己的位置和光亮！"

我记得那次作文课，白老师出的题目是《记一次难忘的经历》。我写的是自己在胶东乡村中学里失学之后，和村里的一位单身老人，我们都称他为"老哥哥"的，一起在大洼地里放猪养鸭的故事。

这的确是我的一次难忘的经历，是我的"人生哲学第一课"。

不用说，我写得肯定不会是多么完美，却是动了真情的，字里行间洒下了一个贫穷无助的少年的眼泪。

作文本发下来时，我看见，白老师用红笔写了长长的一段批语，其中有一句，直到今天我还记得："从水管里流出来的终归是水，从血管里流出的才是血。善矣哉，老哥哥！"

不仅如此，白老师还把我的这篇作文打印了出来，作为"范文"，人手一份，在讲评课上大讲特讲了一番。

最后，白老师还总结说："古人云：文如其人。通过这篇作文，我们不难想到，作者是一位经历曲折，内心世界丰富和热爱自己家乡的人。好文章总是出自真情实感，此即一例矣！"

如果说，"打印"的作文也算"发表"的话，那么，这篇作文可以算是我第一次公开"发表"的作品了。整个文科班的同学都是我的读者。从此，同学们都对我刮目相看了。

听说，作文事后，叶小羽对人说，徐延泽就像契诃夫笔下的那个"万卡"一样，内心孤独、想家、落落寡合；对了，还有点像《白净草原》里的费嘉，纯朴而自卑……

"你知道吗，徐延泽，我对你的好感，就来自你的'万卡'般的经历，当然，还有你纯朴的外貌。"有一次，叶小羽还直接对我说，"有经历的人才会有出息，我很相信这一点。"

而那个从来一点正经话都没有的李瓜，也拍着我的肩膀说：

"嘿呀，亲爱的侉子，真看不出来，你还遭过这样的磨难！都怪瓜哥我有眼不识金镶玉，得罪之处，请兄弟多多包涵！"

从此，李瓜也对我另眼相看了。在一些场合，他甚至还能"罩"着我，充当了我的"保护神"。

白老师，从青年时代起就是一位文学爱好者。现在回想起来，他给我们讲语文课，对一些文学性很强的课文，讲的是那么生动，至今使我难忘。

例如，他讲《哥德巴赫猜想》时，讲到一段：

"……只见一个一个的场景，闪来闪去，风驰电掣，惊天动地。一台一台的戏剧，排演出来，喜怒哀乐，淋漓尽致；悲欢离合，动人心肺。一个一个的人物，登上场了。有的折戟沉沙，死有余辜；四大家族，红楼一梦；有的昙花一现，萎谢得好快啊。乃有青松翠柏，虽死犹生，重于泰山，浩气长存！有的是国杰豪英，人杰地灵；干将莫邪，千锤百炼；拂钟无声，削铁如泥。一页一页的历史写出来了，大是大非，终于有了无私的公论。肯定——否定——否定之否定。化妆不经久要剥落；被诬的终究要昭雪。种子播下去，就有收获的一天。播什么，收什么。……"

还有关于数学家陈景润的手稿的那一段：

"何等动人的一页又一页！这些是人类思维的花朵。这些是空谷幽兰、高寒杜鹃、老林中的人参、冰山上的雪莲、绝顶上的灵芝、抽象思维的牡丹……"

对于这样一些段落，白老师讲得是多么细致和精彩啊！

他一边讲一边发出赞叹：

"瞧瞧吧，这才叫文章啊！工整有力的对仗，淋漓尽致的排比，铿锵有力的音节，何等精彩的文笔啊！若有神助，若有神助呀！"

现在想起来，他那陶醉的欣赏者的神态和语气，都历历如在眼前。

我还记得，他当时还告诉过我们，老作家徐迟是位精通英文的人，他写《哥德巴赫猜想》，是先用英文写成，然后再自己翻译成中文的。而且为了写好数学家陈景润，作家自己也苦攻了一番高等数学和微积分……

那时候，白老师和我都怎么能够想到，十几年后，我竟能作为《哥德巴赫猜想》的作者的助手，几乎每天都可以面对面地听他谈创作、谈生活经历、谈高科技了。

也正是从白老师那里，我平生第一次知道了"徐迟"这个名字，而这个名字，也将要影响着我今后一生的创作——这里且不说了吧。我有时想，这其中莫非果真有什么因果和缘分存在？

除了《哥德巴赫猜想》，我记得印象很深的，还有《包身工》、《长江三日》、《古战场春晓》等现代散文名篇，也是白老师给我们重点讲过的课文。

讲《包身工》时，白老师有意或无意地让我们记住了这样的一些句子：

"黑夜，静寂得像死一般的黑夜！但是，黎明的到来，毕竟是无法抗拒的。索洛警告美国人当心枕木下的尸首，我也想警告某一些人，当心呻吟着的那些锭子上的冤魂！"

多有力的语言啊！

讲《长江三日》时，我首先记住的，也是作者引用过的那些诗一般的语言，例如：

"前进吧！——这是多么好啊！这才是生活啊！"

"天空啊，云彩啊，以及整个生命的美，并不只存在于佛龙克，用得着我来跟它们告别？不，它们会跟着我走的，不论我到哪儿，只要我活着，天空、云彩和生命的美，都会跟我同在！"

实在是，这样的语言本身是极其精彩的，而白老师又把它们的美赏析到了我们都能够与之产生共鸣的地步了。

受着这样的语文课的熏陶，我们班上的大多数同学，都不能不或多或少地对文学产生了兴趣。

我应当承认，我以后能逐渐地走上文学创作的道路，是与白老师的影响不无联系的。正所谓"好雨知时节，当春乃发生。随风潜入夜，润物细无声"吧。

我还记得，有一次，当白老师得知我们许多同学都在竞相传抄着普希金的诗、冰心的《繁星》和《春水》的时候，他非常高兴，带着欣赏的口吻，学着《哥德巴赫猜想》里那位高中老师的语气，对我们说道：

"好哇好哇！有志者事竟成啊！真的，昨天晚上我也做了一个梦，我梦见你们中间有一位同学——不，有好几位同学，都成了作家，成了诗人……可不得了啊！"

他的话说得我们都相视而笑。

课后，叶小羽对我说："喂，徐延泽，你听见了吧？白老师说他梦见的是你呢！你要加油啊，别让白老师失望！"

"不，我不行……"

"你怎么不行？你一定行的！你是我们的'皇村之星'……"

我连忙摇头，满面羞惭：

"不，不，白老师说的是你，我哪里行呢！"

"要我说呀，白老师梦见的是你们两个！"

同学阿美在一旁大声叫嚷说。

我知道，她的话里有点别的意思。

"没错！未来的文学天空里，将有一个新的'双子星座'，那是从我们文科班升起来的，啊，多么耀眼，多么辉煌，多么……多么！"

副班长李涛也展开双臂，大声地说道，像在朗诵。

正是朗诵，一点不错。

那一天，我们的教室里充满了欢乐的"诗"的气氛。

大家都在谈论着和憧憬着白老师的那个美丽的梦。

那一天，我的内心里也确实有一种什么东西在涌动。

我突然感到，在我的心里，对自己的未来、对自己的前程，我有了一种强大的信心！

和别的语文老师不一样，白老师似乎从来也没有限制过我们看课外书。这大概也是那时我们班上特别盛行一些文学书，甚至是"手抄本"的一个缘故吧。

不少名著，我们读得津津有味。白老师自己也爱看一些文学作品，我记得，那时候他订了一本《人民文学》杂志，上面正连载老作家魏巍的长篇小说《东方》。他自己每看完一期，就介绍给我们看一看。

当时还有一些有名的小说，如《珊瑚岛上的死光》、《彩云归》、《蓝蓝的木兰溪》等等，我都是从白老师订的《人民文学》上读到的。

1978年暑假里，我还从白老师那里借到了一册《曹禺选集》。

第一次读话剧剧本，感到新奇无比。

《雷雨》和《日出》，都给我留下了深刻的印象。

后来，我又有多次机会重读《雷雨》和《日出》，但都没有这第一次阅读它们时的快意与激动了。看来，有一些书，如果我们没有在童年或少年时代读到它们、为它们动过真情，那真是莫大的遗憾了。

依我当时的年龄，似乎还不能够完全理解这些作品在揭示人性、揭露旧世界的虚伪与腐朽上的深刻与真实，但我偏偏就读得那么"投入"，并且为之激动和兴奋，直到今天想起来，仍然恍若昨日一样。

文学啊，你的力量，你的神奇的魔力，谁能够说明白呢？

在我们毕业后不久，白老师也离开了Y县一中。我们从此再也没有见过面。听说，他现在也在我所工作的这座城市，不过已经退休。

我真想找到他，去看看他啊！

我永远忘不了他所给予我的鼓励和关怀，忘不了他所给予我们这班同学的，在文学上的无声的影响。